갈등 버리기

갈등 버리기

초판 1쇄 발행 2020년 10월 30일

지은이 김범영, 박비현
펴낸이 장길수
펴낸곳 지식과감성#
출판등록 제2012-000081호

디자인 이현
편집 이현
교정 김혜련
마케팅 고은빛, 정연우

주소 서울시 금천구 가산동 벚꽃로 298 대륭포스트 6차 1212호
전화 070-4651-3730~4
팩스 070-4325-7006
이메일 ksbookup@naver.com
홈페이지 www.knsbookup.com

ISBN 979-11-6552-513-2(03180)
값 16,000원

ⓒ 김범영, 박비현 2020 Printed in Korea

잘못된 책은 구입하신 곳에서 바꾸어 드립니다.
이 책의 전부 또는 일부 내용을 재사용하려면 사전에 저작권자와 펴낸곳의 동의를 받아야 합니다.

이 도서의 국립중앙도서관 출판예정도서목록(CIP)은 서지정보유통지원시스템
홈페이지(http://seoji.nl.go.kr)와 국가자료공동목록시스템(http://www.nl.go.kr/kolisnet)에서
이용하실 수 있습니다. (CIP제어번호 : CIP2020045241)

홈페이지 바로가기

인간관계의 갈등을 해결하는 필독서

갈등 버리기

共著 김범영, 박비현

기업 임직원의 갈등/고부간의 갈등/부부의 갈등
부모와 자녀의 갈등/청소년의 갈등/교사의 갈등
감정노동자의 갈등/공무원의 갈등/군인의 갈등

서문

우리는 수많은 인간관계 속에서 스트레스와 상처를 안고 살아가고 있다. 행여 내가 도태되진 않을까, 행여 내가 무너지진 않을까. 매일 끊임없이 노력하면서도 조바심과 불안감에서 벗어나지 못하는 것이 우리의 현실이다.

우리는 행복을 추구하면서 자신의 행복기준에 맞지 않아 실망과 좌절을 하는 경우가 생긴다. 행복한 삶을 좇아가다 보니 불안한 인생을 살아가게 된다. 우리는 행복을 추구하는 만큼 행복이 감소된다는 것을 알아야 한다.

슬픔, 불안, 좌절 등과 같은 상처의 감정을 기억하고 있는 것은 결코 나쁜 것이 아니다. 내 마음의 상처가 내 삶을 행복하게 만든다는 것을 알아야 한다. 상처를 피해 일시적으로 좋은 기분을 만드는 것은 진정한 행복이 아니다.

수많은 행복법과 힐링법이 있지만 왜 행복하지 못하고 만족하지 못할까? 수많은 행복의 도서, 강연, 교육이 존재하지만 심리에 문제가 생긴 상태에서의 힐링방법은 오히려 킬링을 유발할 수 있다는 것을 알아야 한다. 심리가 안정되었을 때의 힐링이 진정한 힐링방법이 될 수 있다.

갈등의 근본을 해결하지 못한 상태에서의 힐링방법은 순간적인 기분전환이 될 수는 있다. 그러나 현실로 돌아오면 이내 다시 갈등을 반복하게 되면서 결국은 좌절하게 되는 계기가 된다. 이제는 갈등의 원인을 올바로 알고 반복되는 갈등을 멈추어야 한다.

각자의 살아온 삶과 인생이 다르듯이 각자의 행복이 다를 수밖에 없다.

자신의 행복을 느끼는 것은 자기 자신밖에 없다. 행복해지는 방법을 찾는 것이 아니라, 각자의 삶과 인생에서 행복을 만드는 능력을 스스로 만들어 가야 한다.

인간의 마음과 심리에 대한 정확한 이해(理解)를 통하여 각자 스스로 행복을 만들어갈 수 있다. 희로애락에서 마음의 상처가 없으면 행복이 존재할 수 없고, 자신의 상처를 정확히 이해하고 치료하여 삶의 행복을 만들 수 있다.

이 책은 인간관계에서 갈등이 왜 생기고, 작용하는지를 분석함으로써 인간관계의 행복에서 갈등이 얼마나 중요한 역할을 하고 있는지 이해하는 것에 목적을 두고 있다.

앞으로도 지속적으로 인간의 마음과 심리가 작용하는 원리를 알려줌으로써 모든 사람들이 각자의 행복을 만들어갈 수 있도록 끊임없는 연구와 노력을 지속할 것이다. 이렇게 끊임없는 연구할 수 있도록 도와주시는 모든 전문가들에게 감사의 말씀을 드린다.

2020년 9월
한국심리교육원 교육원장 박비현

목차

서문 | 4

1장 갈등의 힐링 | 8

2장 갈등의 이해 | 28

3장 기업의 갈등 | 58

4장 고부의 갈등 | 69

5장 부부의 갈등 | 90

6장 부모와 자녀의 갈등 | 110

7장 청소년의 갈등 | 143

8장 청년의 갈등 | 168

9장 교사의 갈등 | 196

10장 감정노동자의 갈등 | 215

11장 공무원의 갈등 | 230

12장 군인의 갈등 | 252

맺음말 | 273

제1장

갈등의 힐링

갈등이란 각자의 의미와 가치가 충돌하는 것인데, 내가 추구하고자 하는 의미와 가치가 다른 사람과 다를 때, 나의 생각과 틀리다로 생각하기 때문에 갈등이 발생한다.

인간은 각자 저마다의 기억을 갖고 생각을 하는데, 나와 생각이 과연 같을 수 있을까?

마음은 의식과 무의식으로 구성되어 있고, 이 마음을 몸 안에 존재하고 있다. 몸을 통하여 무엇인가를 인식하고, 기억하고, 표현하게 되는데 이를 심리라고 한다. 사람이라면 누구나 이렇게 몸과 마음과 심리로 구성되어 살고 있고, 죽으면 신체와 함께 마음과 심리도 죽는다.

마음은 무의식에 의하여 의식이 자각하는 생각이라고 할 수 있고, 나의 생각은 나의 마음에서 나만이 느낀다. 상대의 생각을 알 수 없기 때문에 상대의 말과 행동과 표현을 인식하고 해석하여 '저 사람이 이렇게 생각할지도 몰라'라고 추론하게 된다. 상대의 생각은 내가 느끼지 못하기 때문에 추론할 뿐이지 확신을 할 수는 없다.

그렇다면 '나'는 무엇일까? 내가 생각하면서 현실에 존재하는 것이 '나'이다. 나 혼자서 있을 때는 사람으로서 존재한다. 사람과 사람이 함께 심리작용을 하면 이를 인간관계라고 한다. 사람과 사람의 관계성을 갖는다는 의미로 인간이라고 한다. 결국 인간은 사회적 동물이라고 하는 이유이다. 사람은 나 혼자서 존재할 때를 의미하기 때문에 사회적일 필요가 없다.

자유와 평등의 의미는 사람일 경우에 해당된다. 그러나 사람과 사람이 심리작용을 하는 인간일 경우에는 나와 다른 사람들과 함께 사회를 구성하게 되기 때문에 사람과 사람의 관계에서 조화와 질서가 필요하다. 결국 인간은 사람으로서 자유와 평등을 갖고, 인간으로서 조화와 질서를 갖고 살아간다.

존재의 의미와 가치

우리는 무엇인가 만들어 갈 때는 노력을 해야 한다. 노력할 때 스트레스가 생긴다. 이를 반대로 생각해보면, 스트레스가 있을 때는 무엇인가 만들어지고 있다는 이야기이다. 만들어지는 사람에게만 스트레스가 존재한다. 상대에게서 스트레스를 받고 있다면, 상대에게 나의 의미가 존재하고 있기 때문이다.

상대가 나와 관계없는 타인이라면 스트레스를 받을 일이 없다. 내가 스트레스와 상처를 받고 있다는 이야기는 반대의 이면에서는 행복하고자 하는 마음이 공존하고 있기 때문에 스트레스를 결코 나쁜 것이라 볼 수만은 없다.

인간으로 살아가면서 조화와 질서가 필요한 이유는, 인간으로서 살아가는 존재의 의미와 가치를 추구해야 하기 때문이다. 의미와 가치를 추구하는 자아실현은 인간관계에서만 가능하다.

의미는 감정이자 행복이고, 가치는 기분을 추구한다. 이때 세 가지의 가치를 추구한다. 사회적 가치, 관계적 가치, 경제적 가치 등 이 중에 한 가지의 가치만 추구하더라도 내가 살아가는 가치가 존재하게 된다. 존재의 가치는 사람과 사람이 함께 가치를 만들 때 가능한 것이다. 존재의 의미는 사람과 사람이 함께 감정을 만들 때 가능한 것이다.

의미와 가치의 자아실현을 추구할 때는 사람과 사람이 서로 각자의 자유와 평등을 양보하면서 서로가 함께 의미와 가치를 만들기 위하여 조화와 질서가 필요하다. 그렇다면 함께하는 인간의 조화와 질서는 혼자인 사람의 자유와 평등을 반드시 억압하고 통제하게 된다.

인간으로서 힐링이 필요할 때는 철저히 사람으로 돌아가면 된다. 예를 들어 혼자서 여행을 가서 사람들과 말을 하지 않다가 오는 것도 하나의 방법이다. 그러나 여행을 가서 누군가를 우연히 만나 이야기를 나눈다면 이는 사람으로서 힐링한 것이 아니라 새로운 인간관계를 만든 것으로서 힐링이 아니다.

존재의 의미는 행복의 감정에 연결되고, 가치추구는 기분에 연결된다. 대부분의 여자는 의미를 중요하게 생각하고, 대부분의 남자는 가치추구를 중요하게 생각한다. 그래서 여자와 남자의 갈등이 많은 것은 당연할 수밖에 없다. 의미와 가치추구의 생각기준이 서로 충돌하기 때문이다.

의미와 가치가 충돌할 때는 두 가지 경우가 있다. 나의 생각과 다를 때와 틀릴 때이다. 다르다는 것은 생각기준을 적용하지 않는 것이고, 틀리다는 것은 생각기준을 적용하고 있다는 것이다. 각자의 생각기준을 갖고 의미와 가치추구를 하는데, 이것이 같은 사람은 전 세계에서 단 한 사람도 없다. 그런데 나의 의미 또는 가치추구의 생각기준을 상대에게 적용하였을 때, 맞지 않으면 나와 틀리다로 생각하게 된다. 틀리다고 생각할 때 충돌이 일어나고, 나와 다르다고 생각하게 할 때는 충돌이 일어나지 않는다. 내가 존재하는 의미와 가치에 관계가 없는 사람인 경우에는 나의 생각기준을 적용할 이유가 없기 때문이다. 나의 의미와 가치추구에 관계가 있는 사람이라고 생각되면, 나의 생각기준을 상대에게 적용하게 되면서 갈등이 생길 수밖에 없다.

갈등의 원인

갈등은 남자에게 스트레스를 유발하고, 여자에게는 상처를 유발한다. 이런 갈등의 원인은 왜 생기는 것일까? 고부갈등을 예로 들어보자. 시어머니와 며느리가 갈등을 일으키게 되는데, 서로 각자의 생각기준이 틀리다고 생각하기 때문이다. 각자 자기의 생각기준만을 생각하기 때문에 갈등이 생기는 것이다. 이때 시어머니와 며느리가 서로 관심이 없다면 고부갈등은 생기지 않는다. 갈등이 발생하는 근본은 서로의 관심에서부터 시작한다. 상대와 갈등하고 있다는 것은 누군가 잘못하고 있는 것이 아니라 서로의 생각기준이 다르다는 것을 모르고 틀리다고 생각하기 때문이다.

서로의 생각기준이 다르다는 것을 모르면, 갈등은 스트레스와 상처를 유발한다. 상대의 생각기준이 나의 생각기준과 틀리다고 생각하기 때문에 발생한 스트레스와 상처이기 때문에 갈등에서 만들어진 스트레스와 상처는 나의 생각기준에 의하여 내가 만든 것이다. 서로 다르다는 것을 정확하게 아는 것이 갈등의 이해이고 치료의 방법이다.

　나의 생각에서 만든 나의 생각기준이기 때문에 나에게는 맞는 것이고, 상대는 상대의 생각에서 만든 상대의 생각기준이기 때문에 나의 생각기준이 틀린 것이라고 생각하지 못한다. 그러나 그 누구도 잘못한 것이 없다. 다만 서로의 생각기준이 다르다는 것을 알지 못했을 뿐이다. 사람은 누구나 자유와 평등의 생각기준을 갖고 인간으로서 생각하면서 올바른 판단을 하면서 살아갈 때 의미와 가치를 추구해 갈 수 있다.

　외부의 정보를 인식하는 것은 사람으로서 생존하기 위해서 필요한 것이고, 기억과 표현을 하는 것은 인간으로서 의미와 가치를 추구하기 위하여 필요한 것이다. 생각은 기억을 바탕으로 하는데, 과연 생각이 같은 사람은 전 세계에 몇 명이나 되겠는가?

　누구나 자신의 의미와 가치로 생각하기 때문에 사람마다 생각기준이 다를 수밖에 없다. 그런데 서로의 생각기준이 다르다는 것을 모르고 틀리다고 생각하기 때문에 갈등이 생길 수밖에 없다.

조화와 질서

　인간으로서 사람과 사람이 살아가면서 조화와 질서가 깨질 때도 갈등이 생긴다. 각자 사람으로서 자유와 평등의 생각을 갖고, 인간으로서 조화와 질서에 의하여 자아실현을 추구하는 것이 바람직한 인간관계라고 볼 수 있다. 조화와 질서의 의무를 갖고, 각자의 자아실현의 권리를 찾아가는 것이 인간이다.

　인간관계에서 갈등을 하지 않고 살아가기 위해서는 첫 번째로 상대와 나는 생각기준이 다르다는 것을 아는 것이다. 다르다는 것을 알기 위해서는 상대의 생각기준도 알아야 한다. 상대의 생각기준을 알기 위해서는 서로 대화하면서 말과 행동을 통하여 알아가야 하는데, 상대의 말과 행동에 대하여 나의 생각기준으로 상대의 생각기준을 추론하기 때문에 갈등이 시작된다.

가까운 사이일수록 나의 생각기준이 맞을 가능성은 거의 없다. 가족관계에서 상대도 나와 같을 것이라는 생각을 당연하다고 느끼기 때문이다. 그러나 상대의 생각기준이 나의 생각기준과 맞을 가능성이 거의 없다.

인식과 표현

상대가 표현을 하고, 나에게 인식되어 들어온 것은 기억을 잘 하게 된다. 그러나 내가 표현할 때는 대부분 무의식이 작용하기 때문에 의식적으로 기억되는 것은 극히 일부분이다. 예를 들어 노트에 글을 쓴다고 할 때, 펜을 잡는 방법은 각 개인별로 제각각이지만, 펜을 잡는 방법을 생각하지는 않는다. 펜을 잡는 습관이 무의식에 있듯이 각자 표현할 때도 자신도 모르게 무의식으로 표현한다. 네가 무의식으로 표현한 것들이 나에게 기억되는 것이 거의 없다.

과연 내가 말과 행동과 표정으로 표현했던 것을 얼마나 기억할 수 있을까? 가까운 사이일수록 자신이 상대에게 표현했던 것을 기억하기 힘들다. 가까운 인간관계일수록 무의식의 표현이 더욱 많기 때문이다. 표현한 것은 기억하지 못하기 때문에 인식되어 들어온 상대의 표현이 나의 감정을 만들었다고 생각하게 된다. 그래서 대부분의 사람들에게 갈등이 발생하면 상대를 탓하게 되어 있다. 서로의 잘잘못을 생각하고 있기 때문에 갈등이 생기고, 문제가 생기는 것이다. 서로가 생각기준이 다른 것을 인정하고, 인식과 표현의 차이를 정확히 알기만 하더라도 많은 갈등이 사라질 수 있다.

생각의 기준

인간은 각자의 생각기준이 있기 때문에 자아실현을 추구하면서 살아간다. 그런데 상대와 나의 생각기준이 다를 것이라고 생각하지 못하고 나와 생각기준이 틀리다고 생각하기 때문에 충돌이 발생한다. 상대에 대한 관심을 클수록 더 자주 충돌하게 된다. 그렇다면 죽을 듯이 갈등하고 싸우는 사람들은 과연 어떤 인간관계일까? 죽을 듯이 갈등하고 싸우는 사람들은 죽고 못 사는 사이라 할 수 있다.

죽을 듯이 싸운다는 것은 상대에게 관심을 가진 만큼 자신의 생각기준을 관철시키고자 노력하기 때문이다. 상대도 나와 같은 생각기준을 갖도록 만들기 위하여 노력하는 것이 갈등의 근본적인 현상이다. 그러나 그런 노력은 상대에게 나의 생각기준을 강요하는 것밖에 되지 않는다. 가까운 사이일수록 나와 상대의 생각기준이 다르다는 것을 인정하고 받아들이는 것이 필요하다. 그래야만 갈등을 최소화하고, 싸움을 하지 않을 수 있게 된다.

가족의 갈등

부모와 자식의 관계를 살펴보자. 부모는 각자의 자아실현에 대한 생각기준이 있고, 자녀들도 자녀들만의 생각기준이 있을 것이다. 부모와 자녀의 사이에 갈등이 많다면 그 원인은 무엇일까? 부모의 생각기준과 자녀의 생각기준이 다른데, 서로 틀리다고 생각하기 때문에 갈등이 발생하는 것이다. 엄마가 생각할 때는 딸의 생각기준이 잘못된 것이고, 딸이 생각할 때는 엄마의 생각기준이 잘못된 것이라고 생각하기 때문이다. 서로에 대한 관심이 많을수록 갈등은 더 커지고 자주 발생한다. 엄마의 입장에서는 딸에게 관심이 많기 때문에 자신이 살아왔던 삶의 생각기준을 주입시키려고 노력하고, 딸은 엄마의 생각기준이 자신의 생각기준에 맞지 않기 때문에 엄마의 생각기준을 거부하려고 노력하게 된다.

만일 딸이 엄마의 생각기준을 받아들였다면, 딸이 살아가는 인생은 딸의 인생일까? 엄마의 인생일까? 또한, 딸의 자아실현은 딸의 것일까? 엄마의 것일까? 결국 상대에게 자신의 생각기준을 강요하는 것은 상대가 인간으로서의 존재의 의미와 가치를 추구하지 못하고 나의 의미와 가치만 추구하라고 강요하면서 상대의 의미와 가치를 말살시키는 행위가 되는 것이다.

갈등은 상대에게 관심을 갖고 자신의 생각기준을 강요하면서 상대의 자아실현의 생각기준을 없애버리려고 할 때 생기는 것이다. 이는 누군가의 잘못이 아니라 서로 다르다는 것을 몰랐기 때문에 나타나는 현상이다. 몰랐던 것치고는 너무 많은 갈등과 문제를 안고 살아왔다는 것을 알 수 있다. 이와 같이 갈등은 자기의 행복과 상대의 행복이 충돌하기 때문에 나타나는 현상이다. 따라서 인간관계에서만 발생하는 것이 갈등이다. 사람으로 혼자서 살아갈 때는 갈등이 생기지 않는다. 나의 생각기준을 적용할 대상이 없기 때문에 갈등이 발생한 이유가 없는 것이다.

나의 기준을 상대에게 강요할 권리가 과연 나에게 있는지 한 번쯤은 생각해보기 바란다. 인간관계에서 각자 조화와 질서의 의무를 갖고 자아실현을 추구하는 권리를 갖고 있지만, 상대에게 자신의 생각기준을 강요할 권리는 누구에게도 없다. 엄마가 딸에게 자신의 생각기준을 강요한다는 것은 딸에게 딸의 자아실현을 버리고 엄마의 자아실현을 위하여 대신 살아가라는 것밖에는 되지 않는다.

엄마가 자신이 살아온 인생에서의 잘못된 것이나 후회에 대하여 딸이 겪지 않도록 해주기 위하여 딸에게 생각기준을 만들어준다면, 결국 딸은 엄마가 살아온 인생보다 더 못한 인생을 살게 된다. 자아실현을 위한 의미와 가치의 생각기준은 누구에게도 강요해서는 안 된다. 인간관계에서 각자가 시행착오를 겪으면서 스스로 자아실현의 생각기준을 만들어가는 것이 매우 중요하다. 딸에게도 의식과 무의식의 생각을 갖고 있고, 기억하고 표현하고 있다는 것을 인정해야 하며, 딸의 생각기준이 나의 생각기준과 다르다는 것을 엄마는 알아야 한다.

갈등의 힐링

내가 관심을 갖고 있는 사람들의 생각기준이 나의 생각기준과 같지 않고 다르다는 것을 아는 것이 중요하다. 상대가 나와 다르다는 것을 알게 되면, 어떠한 것이 되었든 나와 다르다는 것을 인정하게 되면서 갈등이 발생하지 않는다.

그런데 의식과 무의식의 마음을 갖고 있는 인간이기 때문에 누구나 순간적으로 실수하고 갈등하고 싸움이 될 수도 있다. 그러나 상대가 나와 다르다는 것을 알고 있다면, 갈등과 싸움으로 짜증 또는 화를 내고 난 후에 다시 생각하면서 상대와의 갈등을 해결하고자 하는 노력을 할 수 있게 된다.

이때 서로의 상처가 치료되고 스트레스가 힐링되는 것이다. 이것이 갈등의 힐링방법이다.

정확하게 이해되면 갈등이 생기지 않을 수 있다. 그러나 갈등은 처음부터 발생하지 않도록 노력하는 것이 아니라, 서로 관심을 갖고 싸울 수도 있다는 것을 알고, 갈등이 발생하더라도 화해할 줄 아는 것이 중요하다. 화해하면서 상처가 치료되고 스트레스가 해소되면서 비로소 행복을 느낀다. 인간이라면 누구나 실수로 표현할 수 있고, 서로 갈등이 생길 수 있지만, 이 갈등을 힐링하여 스트레스와 상처를 치료할 수 있게 되면서 행복을 느끼는 것이다. 즉 갈등이 힐링될 때 행복이 생긴다.

갈등은 충돌이고, 충돌이 생겨야 힐링이 필요하게 된다. 갈등이 없으면 힐링할 필요가 없다. 갈등을 만들지 않으려면 상대에게 관심을 갖지 않고, 관계가 전혀 없는 타인으로 생각하면 된다. 또는 자신의 자아실현을 포기하면 자아실현의 생각기준을 적용할 필요가 없기 때문에 상대로부터 스트레스와 상처를 받지 않게 된다. 그러나 스트레스가 힐링될 때 열정이 만들어지고, 상처가 치료될 때 사랑과 행복의 감정이 만들어진다는 것을 잊어서는 안 된다.

힐링과 킬링

좋은 기분만을 추구하는 사람들은 감각기관에 의존되어 있는 사람들이다. 다섯 개의 감각기관, 즉 인식에 초점이 맞춰진 사람들은 계속해서 좋은 기분이 들어와야 한다. 좋은 기분만 찾는 사람들은 의미를 추구하지 않고, 자신의 가치만을 추구하게 된다. 인식과 표현의 밸런스, 즉 삶의 의미와 가치의 밸런스를 찾아가는 것이 인간으로서의 삶이다.

　인간으로 살아가면서 인간관계에서 갈등이 생기고, 그것을 해결할 때 비로소 힐링된다. 따라서 갈등이 발생하였을 때 누군가의 잘잘못을 논해서는 안 된다. 각자의 기준을 갖고 살아가고 있기 때문에 서로의 생각기준에 개입하여 각자의 생각기준을 중재한다는 것은 각자의 인생에 개입한다는 것과 같다. 이럴 때는 서로의 생각기준이 다르다는 것을 알려주고 스스로 서로 다르다는 것을 인정하고, 인간으로서 조화와 질서에 맞추어 가도록 이끌어주면 된다. 즉 누구의 잘못이 되지 않고 서로를 힐링시킬 수 있도록 해야 한다.

　갈등은 자신의 생각기준에 의하여 스스로 만든다는 것을 정확히 알아야 한다. 마음이 작용하는 원리를 정확하게 이해하면 자신의 스트레스와 상처를 스스로 치료한다. 이때 주의할 점은 스트레스와 상처를 이해하는 것이 아니라, 마음이 작용하는 원리를 이해하는 것이다.

질문과 답변

　[질문] 여자도 남자심리를 가질 수 있고, 남자도 여자심리를 가질 수 있는데 이렇게 심리가 바뀐 상태에서도 갈등이 발생하였을 때 갈등을 해결하는 방법이 똑같나요?

　[답변] 예를 들어서 여자의 몸과 마음을 갖고 있는데 남자의 심리를 가질 수 있다. 이때 마음과 심리는 다르다는 것을 알아야 한다. 마음은 의식과 무의식으로 구성된 생각이다. 신체가 여자라면 의식과 무의식의 마음은

여자의 마음을 갖고 있고, 신체가 남자라면 의식과 무의식의 마음은 남자의 마음을 갖고 있다. 성전환수술을 하더라도 태어난 본래의 성별에 의한 마음은 바뀌지 않는다. 이때 심리는 몸과 마음의 중간에서 작용하는 인식, 기억, 표현을 말한다. 여자는 주로 의미를 중심으로 심리가 작용하고, 남자는 주로 가치추구를 중심으로 심리가 작용한다.

여자의 마음을 가지고 남자와 같은 심리가 작용하면 가치추구의 비중이 많아진다. 여자의 마음이 없어서 의미를 추구하지 않는 것이 아니고, 여자의 마음으로 가치추구에 비중을 많이 갖고 있기 때문에 남자와 같은 심리로 작용하는 것처럼 느껴질 수 있다. 그런데 여자의 마음을 가지고 여자의 심리로 작용하는 여자는 대부분을 의미에 비중을 두게 된다. 가치추구를 크게 중요하게 생각하지 않고, 의미를 기초로 하는 자아실현을 추구하는 것이다. 이는 여자의 마음을 갖고 여자의 심리가 작용하는 여자이다.

남자의 마음을 갖고 남자의 심리가 작용하면 가치추구가 자아실현의 전부라고 볼 수 있다. 그러나 남자의 마음을 갖고 여자와 같은 심리가 작용하는 남자는 의미가 자아실현의 전부가 된다. 이때 남자는 감정을 느끼지 못한다는 점이 문제이다. 그래서 남자의 마음을 가지고 여자와 같은 심리가 작용하는 남자는 여자의 마음을 가지고 남자와 같은 심리가 작용하는 여자를 만나지 못한다면 온전한 자아실현이 매우 어려울 수도 있다.

말과 행동과 표정

친밀한 인간관계에서의 남자는 상대의 표정에 가장 큰 비중을 두게 된다. 표정이 70%, 행동이 20%, 말이 10% 정도를 차지한다. 즉 남자는 상대의 표정에 의하여 기분이 좌지우지될 수 있다. 반면 여자는 남자와는 정반대로 표정이 10%, 행동이 20%, 말이 70% 정도를 차지한다. 여자는 상대의 표정보다는 상대의 말이 매우 중요하다. 여자는 상대가 좋지 않은 표정을 하고 있더라도 좋은 말을 해주면 좋게 인식되지만, 남자는 상대가 좋지 않은 표정을 하고 있다면, 어떤 말을 하더라도 모두 스트레스로 작용한다.

그런데 친밀하지 않은 타인의 인간관계에서는 정반대로 작용한다. 남자의 경우는 타인의 표정은 중요하지 않고 말에 매우 예민하게 작용한다. 여자의 경우는 타인의 말보다는 표정에 매우 예민하게 작용한다.

이처럼 말과 행동과 표정은 세 개의 심리 중의 하나인 표현이기 때문에 여자의 마음을 갖고 남자와 같은 심리가 작용하는 여자는 남자와 비슷하게 심리가 작용하고, 남자의 마음을 갖고 여자의 심리가 작용하는 남자는 여자와 비슷하게 심리가 작용한다.

[질문] 말씀하신 내용은 인간관계에서의 갈등인데, 그 갈등이 선택문제의 갈등이 있잖아요? 간단히 이야기하면 오늘 돈가스를 먹을까? 부대찌개를 먹을까? 또한, 결혼하기 전에 이 남자가 결혼해야 되는데, 이 여자랑 사귀는데 갈등이 생길 수 있잖아요. 내가 과연 이 여자랑 결혼해야 될까 말까 하는 그런 갈등과 인간관계에서의 갈등은 다른 것이 아닌가요?

[답변] 선택의 갈등은 자신의 기억으로 생각에서 하는 갈등이다. 즉 자신의 의미와 가치에 관련된 자기 혼자만의 갈등인데 그 또한 원리는 같다. 예를 들어 돈가스를 먹을지, 부대찌개를 먹을지 그것은 자신의 생각기준에 의하여 결정하는 것이지 상대와는 관련이 없다.

요즘 흔히 결정장애라는 말을 쓴다. 자신의 의미와 가치, 즉 자신의 자아실현의 생각기준이 무엇인지 명확히 알지 못하고 있기 때문에 스스로 갈등이 생기는 것이다. 자신의 의미와 가치를 모르고 자아실현을 추구하는 사람들이 대부분 결정을 잘하지 못한다. 의미와 가치의 생각기준이 명확하면 결정할 필요가 없이 자신의 생각기준에 의하여 결정하게 된다.

조화와 질서

조화와 질서는 규약을 정해 놓은 관습, 도덕, 윤리, 법 등이다. 이는 인종과 국가와 문화에 따라서 틀릴 수 있다. 관습, 도덕, 윤리, 법 등이 조화와 질서를 유지하는 기준이 된다. '악법도 법이다'라는 말은 악법이라 할지라도 조화와 질서를 위해서는 필요하다는 것이다. 그래서 조화와 질서의 규칙을 만드는 사람이 중요하다. 이 규칙을 만드는 사람이 심리장애 또는 정신적인 질병이 있다면 그 사회, 국가, 민족은 심각한 상황이 될 것이다.

도덕, 윤리, 법이 광범위하고 세밀하게 되면 자아실현의 폭은 매우 좁아진다. 자유와 평등을 많이 부여해 줄 것이냐, 조화와 질서에 맞도록 자유와 평등을 많이 억압하고 통제할 것이냐는 것은 큰 숙제이기도 하다.

분노조절장애의 경우는 자신의 자유와 평등이 억압된다는 피해의식으로 발생하는 것이다. 조화와 질서를 만드는 사람들이 일반 사람들의 개인별 자유와 평등을 억압시켜 놓고, 자신의 자아실현을 위하여 자유와 평등을 독식하고 있는 경우가 많다. 그러다 보니 일반 사람들의 심리가 심각해지는 것이다.

[질문] 규칙을 말씀하셨는데, 요즘 같은 시대에서는 관습이나 윤리가 사회적으로 규정되어 있는 것이 아니라 개인마다 윤리기준의 차이가 더 크다고 보고 있습니다. 그러면 사회 큰 틀에서의 조화와 질서인지, 개인과 개인 간의 기준점이 되는 것인지 궁금합니다.

[답변] 이는 같은 것이다. 사람과 사람이 만나면 인간관계이다. 조화와 질서의 기준이라는 것은 둘이서 함께할 것이냐, 가족끼리 함께할 것이냐, 사회적으로 함께할 것이냐 등 관계상에서 만들어진다. 따라서 조화와 질서는 절대적인 것이 아니라 인간관계에서 얼마든지 기준이 바뀔 수 있다. 조화와 질서의 포괄적인 영역에서 두 사람만의 몇 가지 기준을 만들어가는 것이다. 그런데 하나하나 모든 것에 기준을 만들면 정상적인 인간관계를 만들기 매우 어렵다.

피해의식을 느끼는 이유는 나의 의미와 가치가 조화와 질서에 의하여 억압되어 자신에게 문제가 발생했다고 생각하기 때문이다. 사회적으로 피해의식이 강한 사람은 억압되어 있는 것이 매우 많다는 뜻이다. 법률적으로 억압하는 것과 심리적으로 억압하는 것은 다르다. 법률적이나 물리적으로 억압되는 것은 그렇게 중요하지 않다. 가장 위험한 것은 심리적인 억압이다. 예를 들어 말을 해야 하는데 말을 못 하게 한다던가, 행동으로 표현해야 하는데 표현하지 못하게 한다던가, 이렇게 개인의 마음을 억압하고 통제하기 때문에 위험한 것이다.

[질문] 고부갈등에서는 시어머니와 며느리 사이에 남편이 끼어 있는 거 잖아요.

[답변] 남편이 중간에 끼어 있는 것이 아니다. 시어머니는 엄마로서 자신의 아들에 대한 자아실현의 기준을 가지고 있는 것이고, 며느리는 아내로서 자신의 남편에 대한 자아실현의 기준을 가지고 있는 것이다. 시어머니는 아들에게 엄마로서, 며느리는 남편에게 아내로서 가지고 있는 생각기준이 다른 것뿐이지 남편이 중간에 끼어 있는 것이 아니다. 고부갈등이 있다는 것은 시어머니와 며느리가 서로에게 관심이 많은 것이 아니고, 시어머니의 아들이자 며느리의 남편에게 관심이 많기 때문에 그에 따른 기준이 충돌하는 것이다. 그래서 고부갈등이 있을 때 남편은 누구의 편을 들어서는 안 된다.

[질문] 교사와 학부모의 관계를 보았을 때도 비슷한 갈등이 많은 것 같습니다. 교사가 학생에게 가지는 생각기준과 학부모가 자녀에게 가지는 생각기준이 달라서 생기는 것인가요?

[답변] 교사는 스승과 제자에 관련되는 생각기준을 갖고 있고, 학부모는 부모와 자녀에 관련되는 생각기준을 갖고 있다. 두 생각기준은 당연히 다를 수밖에 없다. 교사와 학부모의 갈등이 생기는 것은 학생 또는 자녀 때문이 아니다. 각자 학생 또는 자녀를 바라보는 생각기준이 다르기 때문에 생기는 갈등이다. 각자의 생각기준이 다른데 학부모들이 자신들의 자녀에 대한 생각기준만을 교사에게 강요하기 때문에 교사의 심리가 심각해지는 것이다.

교사의 입장에서 학부모와 갈등이 생겼을 때는 우선 학부모로서 자녀에 대한 생각기준을 인정해주고, 교사의 입장에서 학생에 대한 생각기준을 이야기하면 학부모가 함께 인정하고 의견을 들으려고 한다. 그런데 서로 각자의 생각기준을 상대에게 강요하기 때문에 서로 인정하지 못하고 갈등을 발생하는 것이다.

[질문] 자기의 생각기준을 강요하는 것이 심리를 무너트리는 것이라고 하셨는데, 인간이라면 분별에 대한 생각기준이 없다는 것이 말이 안 된다고 생각합니다. 어차피 상대적이라도 그에 대한 생각기준이 생길 수밖에 없습니다. 그 생각기준은 어떻게 봤을 때는 상대적으로 이것이 더 옳을 수도 있고 잘못됐다고 생각할 수 있는데, 그 생각기준을 강요하는 것이 나쁜 것인가요?

[답변] 언어적 표현에 관련해서 살펴보면 알 수 있다. 예를 들어서 'A 그러나 B'라고 하면 이 사람은 무엇을 강조하여 이야기하고 있는 것일까? 사실상 A는 중요하지 않고 B를 강조하고 있는 것이다. 이것이 언어의 의미이다. 무엇이든 객관적인 것과 주관적인 것이 있다. 나의 생각에서 갖고 있는 생각기준은 주관적이기보다는 객관적인 것이어야 한다. 인간이라면 조화와 질서에 바탕을 둔 자아실현의 생각기준을 가져야 한다. 이때 나의 자아실현의 생각기준은 주관적일 수밖에 없다. 즉 객관적인 조화와 질서에서 각자 주관적인 자아실현의 생각기준을 가져가는 것이 중요하다. 나의 본질은 객관화될 수 없다. 따라서 각자의 생각기준을 강요해서는 안 된다.

재미와 즐거움만 추구하는 사람은 의미와 가치를 갖고 살아가는 인간이 아니라 다른 사람과는 관계없이 자신의 행복만을 추구하는 사람으로 살아가는 것이다. 상대는 나에게 재미와 즐거움을 만들어주는 대상일 뿐이다.

이것이 심리장애이다.

[질문] 내가 생각하고 행동하는 것이 상대의 의미와 가치추구를 침해하는 것은 아닌가 하는 생각을 하면서 살아야 하나요?

[답변] 상대의 생각을 알려고 해서는 안 된다. 내가 상대의 생각이라고 확신한 것이 틀릴 확률은 99%라고 보면 된다. 잘못된 나의 생각을 확신하고 내가 스스로 상처를 만드는 것밖에 되지 않는다. 조화와 질서를 추구하는 것이 아니라, 조화와 질서 속에서 나의 자아실현을 추구하는 것이다.

규칙이라는 것은 어떤 사람에게는 좋지만, 어떤 사람에게는 좋지 않을 수 있다. 그래서 규칙을 만들 때는 협의와 합의의 과정을 반드시 거쳐야 한다. 그런데 현재 사회에서는 협의와 합의를 중요하게 생각하지 않고 매우 일방적으로 규칙을 만들기 때문에 사회문제가 발생하는 것이다.

예를 들어 학교의 교실을 살펴보자. 교실에는 선생님이 있고, 학생이 있다. A라는 규칙을 만들 때 선생님이 학생들에게 규칙의 필요성을 설명해준다. 15명의 학생 중에 10명이 찬성하고, 5명이 반대한다면, 반대하는 학생들은 왜 반대를 할까? 이는 자신의 자유와 평등에 위배된다고 생각하기 때문에 반대하는 것이다. 자신만의 자유와 평등을 요구하면 문제가 발생하기 때문에 규칙이 필요한 것이다. 그래서 다수의 행복을 위해서는 조화와 질서가 필요하다는 이해시켜주는 것이 필요하다. 학생들은 몰랐을 뿐이지 잘못한 것은 없다. 이해하는 것부터 서로 알아가는 과정을 만들어주면 스스로가 본질을 알아가려고 한다.

힐링과 킬링

　많은 상담과 강연을 보면 나쁜 기억은 지우고 좋은 것만 생각하라는 이야기를 많이 한다. 그러나 기억을 갖고 생각하는 것은 '나'인데, 나쁜 기억일지라도 기억을 지운다는 것은 '나'를 없애고 나의 인생을 없애고 있는 것이다. 상처의 기억을 지운다면 행복도 같이 사라진다는 것이다. 이것은 힐링이 아니라 킬링이다. 상담이나 강연으로는 상처를 치료할 수 없는 이유이다.

　자살예방치료 프로그램도 정확히 알고 진행해야 한다. 사람들이 자살을 하는 이유는 의미와 가치의 자아실현이 상실되면서 자신의 미래에서도 자아실현이 불가능하다고 확신하기 때문에 살아야 하는 이유를 잃었기 때문이다. 자살만이 현재의 고통에서 벗어나서 편안해질 수 있는 유일한 방법이라고 생각하기 때문이다.

　[질문] 취중진담은 속에 내재되어 있는 것이 술이라는 것을 통해서 나오는 것인가요?

　[답변] 남자가 술 마시고 이야기할 때, 그 순간은 진심이다. 그러나 기억은 파편의 조합으로 생각되기 때문에 술을 마셨을 때 무엇이 기억으로 떠오를지는 모른다. 만약 기분이 좋았을 때, 어떤 기억이 떠오르면 그 기억은 현재의 기분에 의하여 좋은 기억이 된다. 반면 기분이 나쁠 때, 어떤 기억이 떠오르면 현재의 기분에 의하여 좋지 않은 기억이 된다. 취중진담이라는 것은 듣는 사람이 진담이라고 확신하는 것뿐이다. 술을 마시면서 이

야기를 한 사람은 내일이 되면 이야기한 내용의 대부분을 잊어버린다.

[질문] 동성끼리 갈등이 생겼을 때와 이성끼리 갈등이 생겼을 때, 이를 해결할 때의 다른 점은 무엇인가요?

[답변] 예를 들어 상대가 여자라면 해결할 때 우선 대화로 시작해야 한다. 전화로 대화하는 것보다는 만나서 이야기하는 것이 중요하다. 또한 상대가 남자라면 우선 만나서 웃는 표정이 중요하다. 여자와 해결할 때는 근엄한 표정으로 이야기하고, 남자와 해결할 때는 웃는 표정으로 이야기하는 것이 중요하다. 그러면 이야기의 가치가 훨씬 더 커진다.

제2장

갈등의 이해

생각의 기준과 갈등

우리는 살면서 갈등이라는 이야기를 많이 하면서도 갈등이 왜 발생하는지 정확하게 알지 못한다. 갈등은 혼자서 하는 것이 아니라, 나와 상대가 대립하거나 충돌하는 경우에 서로 갈등한다고 말한다. 물론 각자가 갈등하는 방법이나 형태는 다를 수 있지만, 왜 서로 대립하고 충돌하는지는 알아야 한다.

나와 상대의 생각기준이 다르기 때문에 갈등하게 되는데 '다르다'와 '틀리다'를 정확하게 알아야 한다. '다르다'는 것은 나의 생각기준을 상대에게 적용하지 않고 상대의 생각기준이 나와 다르다고 인식하는 것이다. 또한 '틀리다'는 것은 나의 생각기준을 상대에게 적용할 때 상대의 생각기준이 나와 틀리다고 인식하는 것이다.

인간관계에서 상대에게 관심을 갖게 되면 자신도 모르게 나의 생각기준을 적용하게 된다. 상대의 생각기준이 중요한 것이 아니라 나의 생각기준이 상대에게 어떻게 적용되느냐를 생각하게 되고, 나의 생각기준과 맞다 또는 틀리다는 생각을 하게 된다. 우리는 상대와 내가 다르다는 것을 알고 있지만, 자신도 모르게 나와 다르다가 아니라 틀리다로 생각하기 때문에 갈등이 발생한다.

여자는 상대와 갈등이 생기면 상대가 자신을 좋아하지 않는다고 생각한다. 남자는 상대와 갈등이 생기면 나쁜 기분인 스트레스로 생각한다. 이때 자신에게 발생하는 기분과 감정에 의해서 나의 생각기준과 틀리다고 생각하면서 갈등이 발생하고 불화가 생기는 것이다.

사랑하는 사람 또는 가까운 사람일수록 갈등이 많아질 수밖에 없다. 관심이 없는 사람이라면 대립하고 충돌할 필요가 없기 때문이다. 여러분은 누구와 가장 많이 갈등을 겪는지 생각해보면 확연하게 알 수 있을 것이다.

흔히 성격차이로 서로 호감을 갖게 되고 연애를 하고 결혼을 하게 된다. 성격차이는 나에게 없는 것을 상대가 보완해주기 때문에 호감으로 이어지는 것이다. 그런데 결혼 후 나의 생각기준과 맞지 않은 상대의 생각기준이 하나둘 보이기 시작하면서 갈등이 자주 발생하고 상대가 나를 좋아하지 않는다는 잘못된 확신을 하면서 이혼하게 되는 경우가 많다.

그러면 성격차이는 좋은 것일까? 나쁜 것일까? 성격차이는 인간이 살아가면서 행복을 만들기 위해서는 반드시 필요하다. 갈등이 생겼다는 것은 서로 관심이 있으나 서로의 생각기준이 달라서 나타날 수 있다. 상대는 나와 생각기준이 달랐을 뿐인데 틀렸다고 생각하기 때문에 충돌하고 대립하면서 갈등이 생겼다는 것을 알게 되면 갈등은 사라진다.

또한 부모는 자녀를 양육하면서 자신의 생각기준을 자녀에게 강요한다. 부모가 생각할 때는 자신의 생각기준이 맞지만, 자녀의 입장에서는 부모의 생각기준이 자신의 생각기준과 맞지 않기 때문에 갈등이 생긴다. 부모와 자녀의 생각기준은 다른데 부모로서 자녀의 생각기준이 틀리다고 계속 자신의 생각기준을 자녀에게 강요할 때 갈등이 발생하고, 자녀에게 심리문제가 발생한다. 부모와의 대립과 충돌로 인하여 자녀들이 견디지 못하기 때문에 가출하게 되고, 비행을 저지르게 되는 것이다.

상대와 죽을 듯이 싸운다는 것은 그 상대와 죽을 듯이 사랑하는 관계라는 것을 뜻한다고 볼 수 있다. 인간관계에서 발생하는 스트레스와 상처는 갈등으로부터 시작한다. 이 갈등을 해결하지 못하면 감정의 독약으로서 상처가 발생하지만, 갈등을 해결한다면 감정의 보약이 되어 행복감정을 갖게 된다. 갈등이라는 독약을 어떻게 힐링할 것이며, 행복이라는 보약으로 전환해야 하는지 알아야 한다.

서로 갈등이 없다는 것은 두 가지의 원인이 있다. 첫 번째는 서로 무관심한 경우이고, 두 번째는 둘 중에 한 명이 표현하지 않고 억압하면서 생각기준을 강요하지 않는 경우이다. 갈등이 없는 삶과 인생이 좋을지, 아니면 갈등이 있는 삶과 인생이 좋을지 생각해보기 바란다. 이는 여러분 스스로 판단해야 하지만, 무관심보다는 관심을 갖고 갈등하는 것이 차라리 좋다. 다만 갈등의 원인을 정확하게 알지 못하기 때문에 여자는 상처를 받고, 남자는 스트레스를 받으면서 서로 힘들어지게 되는 것이다.

갈등이 없는 인간관계라면 이들은 서로 관심이 없다는 뜻이다. 갈등보다 더 나쁜 것이 무관심이다. 가족들의 무관심은 청소년들이 가출하는 원인 중의 하나이다. 부모님이 너무 바빠서 자신에게 야단칠 시간도 없다는 것은 그만큼 부모로서 자녀에게 관심이 없다는 것이다.

예를 들어 자녀가 15세이고, 부모가 45세라고 생각해보자. 45년을 살아온 부모의 생각기준과 15년을 살아온 자녀의 생각기준이 같을 수는 없다. 달라도 너무 다르다. 분명히 생각기준이 다른데 자녀가 알아서 잘할 것이라고 생각하는 부모는 잘못된 생각을 갖고 있는 것이다. 부모는 자녀들에게 관심을 갖고 자녀와 나의 생각기준이 다를 수 있다는 것을 인정할 수 있어야 한다.

나의 생각기준은 나의 기억에 의하여 형성되는 생각의 기준이다. 남자라면 남자로서 살아오면서 만들어진 기억과 생각, 여자라면 여자로서 살아오면서 만들어진 기억과 생각이다. 그런데 우리는 각자 다른 생각을 갖고 상대의 생각을 추론하면서 문제가 발생한다. 내가 A라고 생각했으니 상대도 A라고 생각할 것이 분명하다고 추론한다. 이때 이 생각이 맞을 가능성은 거의 없다. 나의 생각기준을 상대에게 주장하고 강요하면 상대와 대립하고 충돌하면서 갈등이 생긴다.

나의 생각기준은 전 세계에서 오로지 나만이 갖고 있는데, 상대도 나의 생각기준과 같아야 한다고 생각한다. 부부갈등을 살펴보면 남편은 남자로서 자기의 생각기준이 있고, 아내는 여자로서 자기의 생각기준이 있다. 그런데 서로 각자의 생각기준만 옳고 상대의 생각기준이 틀리다고 생각하기 때문에 갈등이 생기는 것이다.

인간의 자아실현

누구나 사람이면서 인간으로서 몸과 마음을 갖고 살아간다. 그런데 대부분의 사람들은 사람과 인간을 정확히 인식하고 있지 못한다. 사람은 오로지 자기 자신이 살아가는 것에만 목적을 갖고 자기행복만을 추구한다. 인간은 사람과 사람이 만나서 인간관계에서 함께 행복을 추구한다. 함께 행복을 추구하는 것을 자아실현이라고 한다.

자아실현을 추구해나갈 때 주로 남자는 가치를 추구하고, 여자는 의미를 추구한다. 그렇다면 남자와 여자가 인간으로 살아가면서 서로 생각기준이 같을 경우는 얼마나 될까? 남자와 여자뿐만 아니라 각 개개인들의 기억과 생각이 다르기 때문에 각자의 자아실현에 대한 생각기준은 모두 다를 수밖에 없다.

사람과 사람이 서로 인간관계를 형성하면 각 사람을 인간이라고 한다. 그래서 인간을 사회적이라고 하는 것이다. 사람일 때는 자유롭게 존재할 권리가 있고, 각 사람들이 자유로운 것은 평등하다. 그러나 사람과 사람이 서로 인간관계를 갖고 인간으로 살아가려면 조화와 질서를 이뤄야 한다. 조화와 질서는 사회적 관습, 도덕, 윤리, 법 등에 의하여 형성된다. 인간으로 살아가면서 각 개개인들이 자신의 자유와 평등의 권리만을 추구하면 질서가 무너지게 되고, 서로 조화를 이룰 수 없게 되면서 사회는 혼란에 빠지게 되고 인간으로서 살아갈 수 없게 된다.

인간으로서 행복하게 살아가기 위해서는 조화와 질서가 있어야 하는데, 이는 인간이 존재하는 의미와 가치에 의하여 자아실현의 행복을 추구하기 위함이다. 사람은 자기 혼자만의 행복만 추구하면 되지만, 사람과 사람이 만나 인간으로 살아가기 위해서는 함께 행복을 추구해야 한다. 이것이 인간의 자아실현이다. 인간의 자아실현을 위하여 가정, 사회, 국가를 형성하는 것이다.

자아실현을 추구하는 것은 인간으로서 행복하게 살고자 하는 목적이다. 인간이라면 누구나 삶의 의미와 인생의 가치를 추구하며 살게 되어 있다.

이때 사람으로서 자유와 평등을 갖고, 인간으로서 함께 행복하기 위하여 조화와 질서를 이루며 살아갈 때 비로소 자아를 실현한다고 할 수 있다.

갈등이란?

갈등은 자아실현을 추구할 때 자신의 의미와 가치가 상대와 대립하거나 충돌하는 것을 말한다. 추구하는 의미와 가치가 서로 다른 것인데, 자신과 틀리다로 생각하기 때문에 갈등이 발생한다. 이때 자신의 생각은 오로지 자신만의 생각이고, 상대의 생각은 오로지 상대만의 생각이다. 자신이 추구하는 의미와 가치의 생각이 상대가 추구하는 의미와 가치의 생각과 다르고, 같은 사람은 단 한 사람도 없다. 인간은 자신의 의미와 가치를 실현할 때 자신의 생각기준을 갖는데, 이때 생각기준이 같은 사람은 전 세계에 단 한 명도 없다.

의미와 가치에 대한 자신의 생각기준과 상대의 생각기준이 다르다는 것은 알고 있지만, 자신의 생각기준을 상대에게 적용하게 되면 상대의 생각기준이 틀리다고 인식된다. 이는 자신의 생각기준을 상대에게 적용하면서 나타나는 현상이다. 그래서 사람과 사람이 만나 인간으로 살아갈 때 자신의 생각기준과 상대가 맞지 않으면 자신과 틀리다로 생각하게 되어 서로 대립하고 충돌하면서 갈등이 발생한다.

나의 자아실현을 추구할 때 상대에게 관심이 없고 인간관계를 갖지 않는다면 자신의 생각기준을 적용할 필요가 없기 때문에 상대의 생각기준이 다르다고 생각되면서 그냥 지나치게 된다. 갈등은 관심을 갖는 인간관계에서 대립과 충돌이 생기는 현상이다. 관심을 가진 상대와 갈등이 발생하면 남자는 스트레스가 생기고, 여자는 상처가 생긴다. 서로 관심을 갖고 사랑하는 사이라면 갈등이 생길 수밖에 없다.

갈등은 상대의 생각기준이 자신의 생각기준과 틀리다고 생각될 때 생긴다. 자신의 생각기준은 자신의 기억에 의하여 만들어지는데 상대의 생각기준도 나와 같을 것이라는 잘못된 확신으로 인하여 상대도 나와 같은 생각기준을 가져야 한다고 인식한다. 그래서 갈등은 상대에 의하여 발생하는 것이 아니라, 나의 생각기준과 틀리다는 잘못된 생각의 확신으로 발생한다.

서로 다른 생각기준을 갖고 인간으로 살아가면서 조화와 질서에서 벗어나면 갈등이 발생한다. 사람으로서 자신만의 행복을 추구해 가는 것은 누구나 갖고 있는 권리이지만, 인간으로서 살아가기 위해서는 조화와 질서 속에서 함께 행복을 추구해나가는 것은 의무이다. 즉 인간으로서의 자아실현은 함께 살아갈 때의 의무이다.

자아실현을 추구할 때 나와 상대의 생각기준이 다르다는 것을 알아야 한다. 이것이 이해이고, 이해는 자신을 힐링하는 근본이다. 상대와 나의 생각기준이 다르다는 것을 알려면 먼저 나의 생각기준을 정확히 알고 난 후 상대의 생각기준을 알아야 한다.

이때 상대의 생각기준을 나의 생각만으로 추론하는 것은 문제를 유발한다. 상대의 표현을 인식하여 자신이 생각한 것이 옳다고 확신하는 것은 오해이다. 나는 나의 생각을 갖고 상대를 바라보기 때문에 나의 확신이 맞을 가능성은 거의 없다. 특히 가깝고 사랑하는 관계일수록 잘못된 확신을 갖게 만든다. 따라서 자신의 생각기준으로 상대의 생각기준을 추론해서는 안 된다.

부부의 갈등

　부부에서 남편은 남자이고 아내는 여자이다. 남자와 여자가 추구하는 자아실현이 다르고, 남편과 아내는 각자의 기억이 다르기 때문에 생각기준이 다를 수밖에 없다. 그런데 각자의 생각기준을 상대에게 적용하고 자신과 맞지 않으면 상대가 자신을 사랑하지 않는다고 생각한다. 다른 사람들은 다 이해되는데 유독 배우자만 이해되지 않는다. 다른 사람들은 내가 관심을 갖고 내 생각기준을 적용하며 살지 않았기 때문에 생기는 현상이다.

　과거의 사회에서는 배우자와 자녀들 때문에 갈등이 지속되어도 참고 억압하면서 살아가는 경우가 많았다. 그러나 현재의 사회에서는 과거와는 다르게 많은 생각기준들을 갖고 살아가면서 더 많은 갈등이 생기고, 이혼으로 치닫는 경우도 많아지고 있다. 부부갈등이 발생하면 이를 해결하기 위하여 상담, 강연, 강의, 독서, 토론, 조언 등을 통해 부부갈등의 원인을 알고자 하는데 남편은 남편의 생각기준을, 아내는 아내의 생각기준을 이야기하게 된다. 그런데 각자의 생각기준은 각자의 기억에서 만들어진 것이기 때문에 제3자가 남편과 아내의 생각기준을 옳다 그르다 판단해서는 안 된다. 갈등을 해결하고자 하는 것임에도 각자의 생각기준을 잘잘못으로 판단하기 때문에 갈등은 더 깊어질 수밖에 없다.

　갈등을 해결할 때는 갈등이 발생하는 원인을 몰라도 된다. 상대에 대한 관심으로 인하여 갈등이 발생한다는 것을 알려준다면 스스로 갈등을 해결할 수 있다. 배우자와 나는 서로 생각기준이 다를 뿐인데 다르다는 것을 인정하지 않아서 갈등이 발생한다. 남편은 아내가 자신의 생각기준과 같아야 된다고 생각하고, 아내는 남편이 자신의 생각기준과 같아야 된다고 생각하기 때문에 발생하는 현상이다.

　예를 들어 남편이 일을 하고 피곤한 상태에서 집에 돌아와 조용히 TV를 보고 싶다고 해보자. 그러나 아내는 하루 종일 혼자 있다가 남편이 돌아오니 함께 이야기를 나누고 싶어 한다. 남편의 입장에서는 쉬고 싶고, 아내의 입장에서는 대화하고 싶은데 서로의 생각기준이 다르다는 것을 인정하지 않기 때문에 대립하고 충돌하면서 갈등이 생긴다.

　그렇다면 과연 이 갈등은 누구의 잘못일까? 이는 갈등의 원인을 정확하게 몰라서 발생하는 것뿐이지 그 누구의 잘못도 아니다. 전 세계 누구도 나와 같은 생각을 하는 사람이 없다는 것을 모르기 때문에 갈등이 생기는 것이다. 우리가 이렇게 갈등을 느끼고 있다는 것은 서로 관심을 갖고 있는 가까운 인간관계이기 때문이다.

　남편이 아내에게 자신의 생각기준을 강요한다면, 아내에게 본인의 생각기준을 버리고 나의 생각기준에 맞추라고 하는 것과 같다. 그렇다면 왜 우리는 나의 생각기준에 상대를 맞추려고 할까? 나 혼자만의 행복이 아니라 함께 행복하기 위하여 자신도 모르게 자신의 자아실현의 생각기준에 상대를 맞추려 하기 때문이다. 하지만 아내는 남자가 아닌 여자의 생각기준을 갖고 있고, 남편은 남자의 생각기준을 갖고 있기 때문에 서로 맞춰지지 않고 서로 대립하면서 갈등이 지속되는 것이다.

　연애할 때는 인간으로서 함께 자아실현을 추구하는 인간관계가 아니고, 사람으로서 자신의 행복만을 추구하는 관계이다. 그래서 남자는 자신의 재미와 즐거운 열정을 위해 여자에게 잘 해주고, 여자는 관심의 사랑을 받기 위해 관계를 지속한다. 결혼을 하면서 비로소 부부로서의 인간관계가 형성되고 함께 행복하기 위한 자아실현을 추구하게 된다. 남편과 아내가 함께 자아실현을 추구하면서 함께 행복해야 할 인간이기 때문에 서로 관심을 갖고 자신의 생각기준을 상대에게 적용하는 것이다.

부모와 자녀의 갈등

부모와 자녀간의 갈등은 부모의 생각기준과 자녀의 생각기준이 충돌하면서 발생한다. 이때 사람들은 갈등의 원인을 누군가의 잘못으로 생각하기 때문에 갈등이 해결되지 않은 채 악화된다. 부모와 자녀 간의 갈등을 해결하기 위하여 상담을 한다고 생각해보자. 상담사가 부모 또는 자녀 중 누구의 잘잘못을 이야기한다면 그것은 상담사의 생각기준이지 부모 또는 자녀의 생각기준이 아니다. 따라서 부모 또는 자녀의 생각기준에 대하여 아무리 전문일지라도 타인이 함부로 잘잘못을 이야기해서는 안 된다.

갈등이 없는 부부, 부모와 자녀, 가족, 연인, 친구, 지인 등은 한 사람이 억압하고 있거나, 서로에 대하여 관심이 없는 경우이다. 서로 관심이 있다면 함께 행복을 위하여 자신의 생각기준을 상대에게 적용하면서 갈등이 발생할 수밖에 없다. 이때 갈등은 누구의 잘못이 아니라 오로지 자신의 생각기준이 만든 결과이다.

부모와 자녀의 생각기준이 서로 다르기 때문에 부모의 생각기준도 자녀의 생각기준도 각자의 생각에서는 맞다. 이때 서로 생각기준이 다를 수밖에 없다는 것을 인정하면 갈등은 해결된다. 그런데 상담과 심리에 대한 전문지식이 있다고 하여 부모나 자녀의 생각기준을 평가하며 잘잘못을 이야기하면서 자신의 생각기준을 주장하는 사람들을 흔하게 볼 수 있다. 그 사람들은 상담과 심리에 대한 전문지식은 있겠지만, 인간의 마음과 심리가 작용하는 원리를 알지 못하기 때문에 상담사로서의 자질과 능력은 사실상 없다고 할 수 있다.

간혹 자신의 생각기준이 아직 형성되지 않은 자녀들이 있다. 부모의 말도 잘 듣고, 공부도 잘하고, 무엇이든 부모가 원하는 대로 잘한다. 그러나 이는 자녀 스스로의 자아가 형성되지 않았기 때문이다. 자신의 생각기준이 없기 때문에 부모가 원하는 대로만 잘 따르는 것이다. 다른 부모들이 볼 때는 이를 부러워하지만, 그 자녀들이 성인이 되었을 때 자아형성의 어려움을 겪게 된다는 것은 모르고 있다.

부모가 자신의 생각기준으로 자녀에게 이야기하고, 자녀는 자신의 생각기준을 이야기할 때 대립과 충돌이 일어나면서 갈등이 발생한다. 부모는 자신의 생각기준을 자녀에게 강요하는데, 이는 자녀의 생각기준을 버리고 부모의 생각기준으로 살아가라는 뜻이 된다.

만일 부모가 '이렇게 살아보니 행복하다'는 생각기준을 갖고 자녀에게 강요한다고 생각해보자. 부모는 오랜 기간을 살아오면서 쌓인 자신의 경험과 기억으로 만든 생각기준이 있는데, 자녀는 그 경험과 기억이 없는 상태이므로 부모의 생각기준으로 자녀가 살게 되면 행복해질 수 있는지는 미지수이다. 부모의 생각기준이 자녀가 살아오면서 갖게 된 기억과 맞을 가능성은 거의 없다는 것을 생각해보면, 부모의 생각기준으로 자녀가 살아간다면 자녀가 행복해질 가능성이 거의 없다.

이렇듯 자녀가 부모의 생각기준으로만 살아간다면 자녀에게는 문제가 생길 수밖에 없다. 부모의 생각기준이 아니라 자신의 생각기준으로 살아가는 자녀들이 건강한 자아를 형성할 수 있다. 자녀에게 생각기준을 어떻게 만들어야 하는지 알려주는 것이 현명한 방법이다.

부모와 자녀의 갈등은 자녀는 자녀의 생각기준을 부모에게 적용하는 것이고, 부모는 부모의 생각기준을 자녀에게 적용하면서 발생한다. 갈등의 원인을 정확히 모르면 오랜 세월 동안 부모와 자녀 간에 갈등이 깊어지게 된다.

자녀의 사춘기는 왜 생기는 것일까? 이는 부모의 생각기준과 자신의 생각기준이 틀리다고 생각하기 때문에 대립과 충돌이 일어나면서 견디지 못해 자녀들이 방황하는 것이다. 요즘은 중2병이라는 현상으로 나타나는데, 그 이유는 중학교 2학년이면 자신의 자아를 형성해가는 시기이기 때문이다. 과거와 다르게 사춘기의 시기가 점점 빨라지는 이유는 지식교육의 강화로 어린 나이부터 기억이 많아지기 때문이다. 지식교육이 강화될수록 자녀들은 자신의 생각기준을 갖게 되면서 자신의 생각기준으로 모든 인간관계에 적용하게 된다. 부모뿐만 아니라 선생님과의 갈등도 점점 깊어지는 이유이기도 하다.

어른의 생각기준에 맞지 않다고 해서 잘못된 것이라고 생각하지 말아야 한다. 자녀에게 자신만의 생각기준이 만들어진 것을 기뻐해야 한다. 사회적으로 부모가 자녀의 생각기준을 인정해주지 않기 때문에 자녀도 부모의 생각기준을 인정하지 않는 것이고, 이로 인하여 갈등이 생기는 것이다. 이는 부모의 잘못도 자녀의 잘못도 아닌데 끊임없이 갈등이 발생하면서 사회적인 문제로까지 확대되고 있다. 인간이 살아가면서 누구나 유일무이한 자신의 기억과 생각기준을 갖고 살아간다는 것을 모르기 때문에 갈등이 생기는 것이다. 서로 다르다는 것을 모르다 보니 서로의 생각기준을 인정하지 않고 자신의 생각기준만 적용하고 상대에게 강요하면서 갈등이 지속되는 것이다.

부모가 자녀에게 자신의 생각기준을 강요한다는 것은 자녀에게 부모보다 못한 삶과 인생을 살도록 강요하는 것과 같다. 자녀에게 경험과 기억이 쌓일 틈도 없이 생각기준만을 강요한다면 자녀에게는 자신에게 맞는 생각기준이 형성되지 않는다.

따라서 부모는 자녀의 생각기준을 존중해야 한다. 자녀의 생각기준에 대하여 잘잘못을 생각하지 말고 자녀가 자기주장을 이야기한다면 드디어 자녀가 자신의 생각기준을 표현할 줄 아는 인간으로 살아갈 수 있게 되었다고 생각하고, 축하해주어야 한다. 스트레스와 상처를 받는 것이 아니라 자녀가 자아실현을 추구하는 생각기준을 갖게 되었음을 자녀에게 알려주고 함께 자아실현을 추구하는 것이 인간관계에서의 행복을 추구하는 것임을 알려주어야 한다. 그러면 자녀는 인간관계에서 자신의 생각기준을 조절하는 능력을 만들기 시작한다.

자녀에게 부와 명예와 같은 자산을 물려주는 것보다 자녀가 인간관계에서 자아실현을 추구해갈 수 있는 능력을 물려주어야 한다.

부모는 자신의 자녀를 양육할 권리를 갖고 있다고 생각한다. 그러나 부모는 자녀의 몸과 마음을 건강하게 양육해야 할 의무만 갖고 있다. 부모는 자녀가 자신만의 건강한 생각기준을 형성하고 인간으로서 자아실현을 추구하면서 살아갈 수 있도록 만들어주는 의무만 갖고 있다. 부모가 자녀의 생각기준을 인위적으로 조작하고 강요할 수 있는 권리는 없다.

반면 자녀는 자아실현을 추구하는 성인이 되기 전까지 건강한 자아를 형성해나갈 권리를 갖고 있다. 자녀가 자아를 형성해 갈 수 있는 권리를 부모가 짓밟아서는 안 된다. 부모가 자녀에 대한 권리가 있다고 생각하면, 그 자녀는 성인이 되어 자아실현을 추구할 때 많은 문제가 발생한다. 자신만의 건강한 자아를 형성하지 못하였기 때문에 성인이 되어 자아실현을 추구할 때 많은 어려움을 겪을 수밖에 없다.

자녀가 부모의 생각기준에 대하여 자신의 의견을 이야기할 줄 알고, 신경질을 낼 줄 안다면 자녀의 생각기준에 대하여 잘잘못을 이야기하기 전에 축하해주어야 한다. 자녀가 드디어 자신만의 생각기준을 갖게 된 것을 함께 기뻐하고 그 생각기준이 옳은 것인지 틀린 것인지 이야기를 나누면서 자녀가 건강한 자아를 형성해갈 수 있도록 도와주면 된다. 이 원리를 이제라도 알게 되었다면 자녀에게 알려주면서 올바른 생각기준과 건강한 자아를 형성할 수 있도록 해줄 수 있다.

모녀의 갈등

어머니와 딸이 갈등을 겪게 되는 것을 모녀갈등이라 한다. 어머니는 어머니의 자아실현을 위한 생각기준을 갖고 있고, 딸은 딸의 자아실현을 위한 생각기준을 갖고 있다. 이때 어머니는 자신의 생각기준을 딸에게 주장하고, 딸은 자신의 생각기준을 어머니에게 주장하면서 모녀갈등이 발생한다.

어머니의 생각에서는 자신의 생각기준에 의해 딸의 생각기준이 틀리다고 인식하고, 딸의 생각에서는 자신의 생각기준에 의해 어머니의 생각기준이 틀리다고 인식한다. 그래서 어머니의 생각에서는 딸이 잘못하는 것이고, 딸의 생각에서는 어머니가 잘못하는 것이라고 확신한다. 결국 어머니와 딸은 서로에게 관심이 많은데 생각기준이 틀리다고 확신하면서 갈등이 발생하는 것이다.

어머니는 딸에게 자신이 추구해온 자아실현의 생각기준을 딸에게 강요하고, 딸이 어머니의 생각기준에 맞춘다면 과연 딸은 자신의 자아실현을 추구하는 것일까? 결국 딸은 자신의 인생이 아니라 어머니의 인생을 살아가는 존재로 전락하는 것이다. 딸은 인간으로서의 의미와 가치를 잃는 것이고, 어머니는 딸의 의미와 가치를 잃게 만드는 것이다.

모녀갈등의 원인은 서로의 자아실현을 추구하는 생각기준이 다른 것뿐인데 생각기준이 틀리다고 하면서 자신의 생각기준을 강요하고 모든 갈등의 원인을 상대의 탓이라고 확신한다. 결국 갈등의 원인을 아느냐 모르냐에 따라서 자신도 상대도 잘못이 없음에도 불구하고 갈등으로 인하여 상대의 자아실현을 추구하지 못하도록 만드는 것이다.

이처럼 모녀갈등은 어머니의 잘못도, 딸의 잘못도 아니다. 어머니는 어머니의 자아실현을 위한 생각기준을 갖고 있고, 딸은 딸의 자아실현을 위한 생각기준을 갖고 있다. 다만 어머니와 딸이 서로 다른 생각기준을 갖고 있다는 것을 모르고 있을 뿐이다. 이렇게 생각기준이 서로 다르다는 것을 모르면 갈등이 평생 지속될 수도 있다.

어머니가 딸에게 자신의 권리를 주장하면, 딸은 자신의 생각기준으로 자아실현을 추구할 권리를 박탈당하면서 어머니의 생각기준으로만 살아갈 수밖에 없고, 어머니의 생각기준으로만 살아가야 하는 결과를 초래한다. 이러한 딸의 경우는 어머니보다 못한 삶을 살게 되고 자신의 자아실현을 추구할 수 없는 불행한 삶과 인생을 살게 되는 것이다. 결국 어머니는 딸을 불행하게 살아가도록 강요하는 것이다.

자신의 생각기준을 다른 사람에게 권하거나 강요해서는 안 된다. 자신의 자아실현의 생각기준은 오로지 자신의 기억을 기초로 만들어지는 것으로서 자신만의 생각기준이고, 이를 바탕으로 다른 사람들과 함께 자아실현을 추구해나가는 것이다. 그때 비로소 인간으로서 조화와 질서의 의무와 함께 자신의 자아실현을 추구하는 권리를 갖는 것이다. 이는 어린아이부터 노인에 이르기까지 권리와 의무를 갖고 인간으로서 살아가는 근본이다.

어머니의 생각에서 딸이 자신과 다른 자아실현을 추구하고자 하는 생각기준을 갖고 있다는 것을 알게 되면 딸이 인간으로서 살아가는 것을 기쁘게 생각할 수 있다. 이것을 딸에게 이야기를 해줄 수 있다면 모녀갈등은 자연스럽게 사라진다. 이것이 모녀갈등을 힐링하는 방법이다.

고부의 갈등

고부간의 갈등은 시어머니와 며느리와의 갈등이다. 고부간에 갈등은 시어머니와 며느리가 각각 자신만의 자아실현을 추구하는 생각기준이 서로 틀리다고 확신하면서 대립하고 충돌할 때 발생한다. 서로 각자의 자아실현을 추구하는 생각기준을 상대에게 적용하면서 며느리는 시어머니 때문에 상처가 발생하고, 시어머니는 며느리 때문에 상처가 발생한다. 이렇듯 각자의 상처로 인하여 고부갈등이 발생한다. 그렇다면 시어머니와 며느리 중 누구의 잘못으로 갈등이 생기는 것일까? 서로 자신의 생각기준을 적용한 것인데 누구의 잘못이라고 할 수 있을까?

고부갈등이 생기면 시어머니도 며느리도 같은 여자로서 감정을 갖고 있기 때문에 감정의 골이 점점 깊어진다. 같은 여자의 감정을 갖고 있지만 시어머니는 자신의 아들에 대한 생각기준을 갖고 있고, 며느리는 자신의 남편에 대한 생각기준을 갖고 있다. 이때 시어머니의 아들이자 며느리의 남편인 남자가 과연 두 사람의 생각기준을 중재할 수 있을까? 아들로서 어머니에게 이야기하고, 남편으로서 아내에게 이야기하면서 고부갈등을 해결하려고 하면 고부갈등은 더 확대된다. 즉 고부갈등은 아들 또는 남편과는 관계없이 시어머니와 며느리 사이에서 발생하는 것이다.

시어머니는 며느리에게 자신처럼 '너의 남편을 아들처럼 대하라'는 생각기준을 강요한다. 며느리는 남편의 아내로 살아가려고 결혼을 했지 아들을 키우려고 결혼한 것이 아니기 때문에 시어머니와 갈등이 생긴다. 반면 며느리는 시어머니에게 '아들을 남편처럼 대하라'는 생각기준을 강요한다. 시어머니에게 남편으로서의 생각기준을 주장하게 되니 또한 갈등이 생긴다.

시어머니와 며느리는 생각기준이 서로 다르다는 것을 인정해야 한다. 시어머니는 아들이기는 하지만 며느리의 남편인 것을 인정하고, 며느리는 남편이기는 하지만 시어머니의 아들임을 인정해야 한다. 시어머니와 며느리는 서로 다른 생각기준을 갖고 있었다는 것만 인정하면 갈등이 힐링되면서 행복의 감정을 만들 수 있다. 그러나 갈등의 원인을 정확하게 알지 못하면 갈등은 지속되고 깊어진다.

고부갈등에서 시어머니의 잘못인지 며느리의 잘못인지를 생각하면 반드시 둘 중에 누군가는 잘못한 것이 되어야 한다. 이는 서로의 생각기준이 틀리다는 것을 전제로 하는 것이고, 시어머니 또는 며느리 중에 누군가는 잘못한 것이라고 결정하는 것이다. 그러나 서로의 생각기준이 다르다고 생각하면, 시어머니의 잘못이 아니고 며느리의 잘못도 아닌 것이다.

갈등의 힐링

갈등이 발생하는 원인은 상대에 대한 관심에서부터 시작한다. 서로 무관심하다면 갈등이 생기지 않는다. 이때 관심은 나와의 인간관계를 뜻하고, 인간으로서 함께 행복하게 살고 싶은 마음에서 시작된다. 만일 나에게 갈등이 발생하여 힘들다면 한번 돌아서서 나의 생각기준만 있는 것이 아니라 상대도 자신의 기억에 의하여 만들어진 생각기준이 있다는 것을 생각하면 갈등이 사라진다. 그리고 이것을 상대에게 알려주면 서로 갈등이 자연스럽게 힐링된다.

갈등이 힐링되면 서로에게 더 큰 관심이 생긴다. 여자에게는 상처가 치료되면서 행복의 감정이 만들어지고, 남자는 기분이 좋아지면서 상대에게 열정이 생긴다. 따라서 갈등을 피하려고만 하지 않기를 바란다. 갈등을 피하면 결국 서로 무관심해지던가, 어느 한쪽은 억압하면서 살게 된다. 따라서 갈등이 생겼을 때는 갈등의 원인에 대해서 생각하면 갈등이 힐링된다. 내가 힐링되고 난 후 상대에게 내가 알고 있는 갈등의 원인을 알려주면 상대를 힐링시켜줄 수 있다.

서로의 생각기준이 다르다는 것을 무의식의 습관으로 만들면 갈등이 발생하는 상황에 직면하여도 자신도 모르게 생각기준이 다르다는 것을 저절로 생각할 수 있다. 이를 위해서는 습관을 만드는 노력이 필요하고, 습관으로 자리를 잡을 때까지 노력을 지속해야 한다.

또 하나의 방법은 서로의 생각기준이 틀리다고 생각하지 않았는지 반성하는 일지를 써보는 것이다. 이를 통하여 자신 또는 상대에게 스트레스 또는 상처가 발생한 것은 아닌지를 분석할 수 있게 된다. 그러면 발생된 스트레스와 상처를 힐링할 수 있게 된다.

사람마다 생각기준이 모두 다르다는 것, 서로에게 관심을 갖고 있다는 것을 아는 것이 갈등의 힐링이다. 알고 있는 내용을 상대에게 알려주면 상대도 갈등이 힐링된다. 이러한 갈등의 힐링방법은 부부갈등, 고부갈등, 가족갈등, 부모와 자녀의 갈등, 연인갈등, 친구갈등 등 인간관계에서 발생하는 모든 갈등에 적용할 수 있다.

자신과 상대에게 모두 적용함으로써 자신의 잘못도 아니고 상대의 잘못도 아니라는 것을 알려주어야 한다. 자신이 표현한 것은 상대가 기억하고 있고, 상대가 표현한 것은 자신이 기억하고 있다는 것을 알고 서로의 표현을 기록해보면 자신과 상대가 각각 어떻게 인식하고 표현했는지 알 수 있게 된다.

서로 상대를 탓하면서 갈등이 발생하였다는 것은 그 크기만큼 관심이 있다는 뜻이다. 그만큼 건강하다는 것이고 건강한 사랑을 하고 있다는 것이다. 다만 생각기준이 다르다는 것을 모르기 때문에 갈등이 발생하는 것이다. 이를 정확하게 알면 자신의 잘못이 아니라는 것, 상대의 잘못도 아니라는 것을 알게 되면서 갈등은 사라진다. 즉 상대의 생각기준이 자신의 생각기준과 다르다는 것을 인정하면 갈등이 힐링된다.

특히 갈등에 대하여 잘잘못을 이야기해서는 안 된다. 서로의 생각기준이 다른 것일 뿐이고, 자신의 생각에서 상대의 생각기준이 틀리다고 잘잘못을 이야기하면 갈등은 힐링되지 않는다. 원인을 알지 못해 실수한 것을 잘못했다고 말하면 안 된다. 잘못했다는 개념이 생기면 피해자와 가해자가 되고, 자신과 상대 중에 한 사람은 반드시 잘못해야 한다는 현상이 발생한다. 모녀갈등에서 잘잘못을 이야기하게 되면 어머니는 딸이 잘못되기를 원하는 것이고, 딸은 어머니가 잘못되기를 원하는 것이 된다. 다른 갈등도 모두 마찬가지이다.

인간관계에서 갈등은 나쁜 것이 아니다. 인간관계에서 마음과 심리가 작용하는 원리를 알면 갈등이 힐링되고, 갈등은 행복을 만드는 근원이 된다.

인간의 마음과 심리가 작용하는 원리와 이치는 같은데 인식과 표현하는 심리가 다를 뿐이지 틀린 것이 아니다. 자신과 모든 사람들이 다를 뿐이지 틀린 것이 아니다. 잘못한 것이 아니라 몰라서 실수하는 것이다.

갈등이 발생하였을 때 인간이 잘못하는 것은 없다. 인간은 살아가면서 자아실현을 추구하기 때문에 자아실현을 위하여 최선을 다하면서 살아간다. 그래서 인생은 차선이 없고 오로지 최선을 다한다. 다만 조화와 질서의 의무에 위배될 때는 이에 대한 책임을 져야 한다. 이와 같이 권리와 의무에서 벗어나서 자신의 행복만을 추구하고자 한다면 사람으로만 살면 된다.

자신 혼자 존재하면서 자유를 추구하면 인간관계에서의 자아실현을 추구하기 위한 조화와 질서를 무너트리게 된다. 그러면 자아실현의 의미는 모두 사라진다. 조화와 질서가 무너진 상태에서 자아실현을 추구하는 것은 이미 왜곡된 것이고 병든 자아실현일 뿐이다. 이것이 심리장애이다.

어느 누구일지라도 인간이기 때문에 마음과 심리가 작용하는 원리는 똑같다. 아무리 유명하고 지식인이고 전문가일지라도 갈등이 발생한다. 이때 마음과 심리가 작용하는 원리를 알고 있으면 상대와 갈등이 발생하더라도 자신의 스트레스와 상처가 힐링되고, 상대의 스트레스와 상처를 힐링해줄 수 있다. 이것이 갈등의 힐링이다.

지금 갈등이 발생하여 화가 나는 일이 있다면 갈등이 발생하는 원리를 적용해보기 바란다. 저절로 갈등이 힐링되는 것을 느낄 수 있을 것이다. 이제 마음과 심리가 작용하는 원리를 조금이나마 알게 되었고, 갈등을 힐링하는 방법도 알게 되었으니 사랑하는 사람들, 친밀한 사람들, 친구나 지인들에게 적용해보기 바란다. 서로의 갈등이 힐링되면서 행복한 마음이 만들어질 것이다.

질문과 답변

[질문] 사춘기 또는 중2병은 자기기준이 생기면서 갈등이 일어나는 것이라고 하였는데, 지금의 사회에서는 많은 정보와 지식들로 인해서 사춘기의 연령대가 더 내려가는 것이 아닌가요?

[답변] 인간의 심리가 발달하는 과정을 보면 보통 13~20세까지가 자기의 생각기준을 만들어가는 자아형성기이다. 그 이전인 5~13세는 부모와 가족의 관계를 적응해가고, 친구나 선생님과의 관계를 어떻게 적응해나가는지 배우는 시기로서 이를 관계적응기라고 한다. 이때는 관계를 적응해나가는 시기이지 실질적으로 자아의 생각기준이 만들어지는 시기는 아니다.

자아형성기가 13~20세라고 하는 이유는 교육의 체계 때문이다. 교육이란 성인으로서 이 사회를 살아갈 때 사회에서 자신의 자아실현을 추구하기 위하여 필요로 하는 기술이나 지식을 배워나가는 것으로 전인교육이라 할 수 있다. 인간으로 살아갈 수 있는 지식과 기술을 가르치고 있는데, 이 교육이 점점 초등학교 미만으로 내려가고 있다. 현재 초등학교 6학년 또는 중학교 1학년만 되어도 출제되는 수학문제를 풀기 어려울 정도이다.

이러한 지식교육도 중요하긴 하지만 인생의 자아실현에 대해서는 가르쳐주지 않는다. 인간의 마음과 심리가 어떻게 작용되는지를 알게 함으로써 자기 스스로가 해결방법을 찾아갈 수 있도록 만들어주는 것이 인생교육이다. 이러한 교육이 결여되어 있기 때문에 문제가 발생한다. 인성교육의 하나로서 예체능교육을 많이 하지만 이는 예능과 체육에 관련된 지식교육일 뿐 인성교육이라 볼 수 없다. 마음의 양식을 쌓는 것은 인간의 마음과 심리를 정확하게 아는 것이다. 그러나 현 사회에서는 어디서도 정확한 인간의 마음과 심리를 알려주지 않는다.

사춘기는 자아를 형성해갈 때 발생한다. 자아형성기에서는 자신의 생각기준을 만들어가는 시기로서 자신의 생각기준과 상대의 생각기준이 맞지 않으면 많은 충돌과 대립을 일으키면서 사춘기로 나타난다. 각자의 생각기준은 각자의 기억을 통해서 만들어진다. 전 세계에 기억이 같은 사람이 없으므로 자신의 생각기준과 같은 생각기준을 가진 사람도 없다. 서로 다른 생각기준을 갖고 조화와 질서를 이루면서 살아가는 것이 인간이다.

생각기준은 기억을 바탕으로 만들어지는데 지식교육의 강화로 인하여 아이들의 자아형성기가 빨라지면서 사춘기의 연령도 점점 낮아지고 있다. 예전의 세대에서는 아이들은 뛰어놀면서 인간관계를 형성하고, 사회를 하나하나 배워나갔다. 그러나 현 시대의 아이들은 인생의 목표를 대학에 놓고 어린 시절부터 지식교육에 전념하고 있다. 자아가 형성될 때는 지식뿐만 아니라 그만한 경험도 함께 쌓아가야 하는데 그렇지 못한 환경에서 성장하기 때문에 인간관계의 문제가 점점 더 악화되고 있다. 이것이 지식교육의 한계이다.

갈등이 생기는 이유는 누군가가 나의 생각기준이 틀리다고 할 때 발생한다. 각자의 생각기준은 다를 수밖에 없는데 무조건 틀리다고 하고 상대의 생각기준에 맞추라고 하기 때문에 부모 또는 선생님의 생각기준을 강요하게 되면서 아이들이 받아들일 수 없어 방황하는 것이다. 서로의 생각기준이 다를 수 있고, 사회를 살아가려면 서로의 생각기준이 조화와 질서를 이뤄가야 함을 알려주면 아이들은 사춘기가 없이 건강한 마음을 만들어갈 수 있다.

'새 학기 증후군'이라는 말이 생긴 것도 지식교육에만 중점을 두고 있기 때문이다. 아이들이 새로운 환경, 선생님, 친구에게 적응하기까지 시간이 소요되는 것은 당연하다. 그러나 어른의 입장에서 그 소요시간이 불편하기 때문에 아이들에게 문제가 있는 것처럼 바라보는 것이다. 어른들의 조바심을 자신들의 문제가 아니라 아이들의 문제로 전가하는 것과 같다.

'새 학기 증후군'은 문제가 아니라 새로운 것에 익숙해지는 연습을 하는 자연스러운 시기이다. 새 학년이 되었으니 미진했던 공부나 교우관계를 새롭게 다시 만들 수 있는 기회가 된다. 새로운 환경에서 새로운 생각기준을 만들어갈 수 있는 기회라는 것을 아이들에게 알려주면 아이들은 더 이상 새로운 학기가 돌아오는 것에 대하여 불안해하지 않을 것이다.

아이들은 자아실현을 하는 성인과는 다르게 시행착오를 겪어가면서 자아를 형성한다. 자신의 생각기준을 만들어가는 과정을 통하여 비로소 성인이 되고 자신의 생각기준을 갖고 자아실현을 추구한다. 자신의 자아실현에 대한 생각기준을 만들 수 있는 시간을 주지 않고 어른들의 생각기준만 주입시킨다면 그 아이는 성인이 되어서도 사회적인 안전장치가 없는 상태에서 자신의 생각기준을 만들어야 하는 어려움이 생긴다.

아이들은 자아를 형성하고 있기 때문에 각자의 생각기준이 다를 수 있다는 것만 알려주면 빠르게 안정을 찾고 스스로 건강한 자아를 만들어갈 수 있다. 사춘기의 아이들을 그릇된 시선으로만 보지 말고 시행착오를 통하여 자신의 자아를 잘 형성해갈 수 있도록 보호하고 격려해주어야 한다.

사춘기의 연령이 낮아지는 또 한 가지의 원인은 성교육이다. 요즘은 학교에 들어가기 전부터 성교육을 하고 있다. 아직 성에 대하여 몰라도 되는 나이에 성지식이 들어가면서부터 문제가 생기기 시작한다. 신체의 발육은 어린아이인데 시행착오를 겪을 틈도 없이 생각기준이 생겨버리기 때문에 상대가 나와 다른 생각기준을 갖고 있다고 확신하면서 갈등을 느끼게 된다.

[질문] 5살 이전의 아이가 과하게 떼를 쓰는 것은 자기 생각기준과는 관계가 없지 않나요?

[답변] 5살 이전이라면 생각기준과는 관계가 없다. 아이가 떼를 쓴다는 것은 자기 원하는 대로 되지 않고 있다는 뜻이다. 이때 남자아이와 여자아이가 떼쓰는 이유가 다르다. 남자아이는 기분이 작용하기 때문에 스트레스를 받거나 기분이 나쁠 때 떼를 쓴다. 그런데 여자아이는 기분이 나빠서 떼를 쓰는 것이 아니라 감정에 문제가 생겼을 때 떼를 쓴다. 그래서 주로 남자아이들이 떼를 많이 쓰고, ADHD가 발생하는 것도 남자아이들의 비중이 더 높다.

여자아이는 엄마가 관심을 가져주고 다독여주면 떼를 잘 쓰지 않는다. 반면 남자아이들은 관심을 준다고 해서 해결되지 않는다. 유아들은 아직 관계적응기이기 때문에 아직 자아기준이 만들어지지 않은 상태이다. 그러다 보니 작은 기분에도 스트레스를 받기도 하고, 즐거워하기도 한다. 아직 인간관계의 관계성을 습득하지 못한 상태이기 때문에 자기의 기분대로만 가는 것뿐이다.

[질문] 잘못한 행동을 했을 때 조금은 엄하게 가르쳐야 하는데, 요즘은 학교에서도 체벌이 금지되어 있는데 어떻게 해야 하나요?

[답변] 체벌이 중요한 것은 아니다. 교육이라는 것은 사회적, 문화적, 역사적으로 오랜 세월 동안 만들어져 온 체계이다. 교육은 백년대계라는 말이 있었지만, 현 교육체계는 1년~2년마다 바뀌는 실정이다. 체벌에 대한 원천금지는 아이들이 기분대로, 스트레스를 있는 그대로 나타내는 표현을 제제할 안전장치를 상실한 것이다.

체벌이 금지된 큰 원인 중에 하나가 학부모의 영향력이다. 학부모가 교권에 개입하면서부터 스승이란 개념은 사라지고 아이들을 위탁받아 양육을 대리해주는 교사의 자리만 남게 되었다. 스승은 아이들에게 지식과 경험을 쌓을 수 있게 해주는 역할이지 아이들과 부모의 인생에 개입하는 사람이 아니다. 학부모의 교권침해로 아이들은 더 이상 학교에서 올바른 경험과 기준을 쌓을 수 없게 되었다.

현 사회의 학부모들은 선생님들에게 학생들의 성적을 올리는 것에만 집중하고 있다. 이로 인하여 선생님이 학생에게 주는 관심을 사라지도록 만들었다. 학생들에게 관심이 있으면 당연히 갈등도 생기고, 갈등을 해결하면서 학생들이 건강한 생각기준을 만들어갈 수 있는데, 이러한 환경을 학부모가 스스로 무너뜨린 것이다.

체벌이 있었던 과거에는 한 학급에 100명이 있어도 문제를 일으키는 학생은 1명도 채 되지 않았다. 조금은 엄하게 다루면 되었지만 현재는 그렇지 못한 환경으로 인하여 1명 때문에 100명의 학생들에게 문제가 생길 가능성이 높다. 마음을 다루어 줄 스승이 없어지면서 자아형성의 안전장치를 잃어버렸기 때문이다. 이 환경을 바꾸기 위해서는 학부모들의 생각을 변화해야 한다.

기성세대는 이미 자아가 형성되어 있어서 문제를 바로잡기 어렵지만, 성장하는 학생들은 조금만 알려주면 건강한 자아를 형성할 수 있다. 그 학생들이 성인이 되고 학부모가 되었을 때 건강한 자아를 만들어가는 학생들을 교육하고 양육할 수 있게 된다. 학교에서의 원천적으로 체벌을 금지하는 것은 학생들의 마음과 심리를 건강하게 만들어줄 수 있는 안전장치가 사라진 것과 같다. 체벌을 전면 금지하기 위해서는 그에 대한 대안을 만들고 난 후에 해야 하는 것이다.

[질문] '새 학기 증후군' 또는 ADHD에 대하여 선생님들은 어떤 역할을 해야 하나요?

[답변] 현 사회에서는 선생님들이 할 수 있는 역할은 없다. 학부모의 입장에서는 자신의 아이의 학급에 ADHD인 학생이 있으면 학교에 항의할 수밖에 없다. 그러면 선생님을 어쩔 수 없이 ADHD인 학생의 부모에게 심리상담 또는 소아정신과의 치료를 권하거나 요구한다. 학교라는 작은 사회에서 함께 살아가는 연습을 해야 하는데, 시행착오를 용납하지 않는 것이 현 사회의 학교모습이다.

[질문] 쇼윈도부부와 잉꼬부부는 다르다고 생각합니다. 억압은 상대에게 점점 무관심으로 가게 된다고 하였는데, 억압을 하다 보면 쇼윈도부부가 될 수 있나요?

[답변] 쇼윈도부부는 서로에게 관심이 없는 부부이다. 반면 잉꼬부부는 두 가지 경우로 나눠 볼 수 있다. 첫 번째는 서로 관심이 많지만, 한쪽이

자신의 생각기준을 강요할 때 한쪽은 자신의 생각기준을 억압하면서 상대에게 맞춰주는 경우이다. 자신과 상대의 생각기준을 서로 인정하는 방법으로서도 이상적인 경우라 할 수도 있다. 그러나 인정을 하지 않고 억압을 하면서 상대에게 맞추어 주게 되면 심각한 심리문제를 안고 살아가는 경우이다.

두 번째는 한쪽이 생각기준을 강요할 때 자신의 생각기준을 버리고 상대의 생각기준에만 무조건 맞추는 경우이다. 둘 중 한 사람만의 생각기준에 맞추어 살아가는 것도 다른 사람들에게는 잉꼬부부로 보여질 수 있다.

대부분 한쪽에 맞춰주는 잉꼬부부가 많다. 남편을 중심으로 모든 것이 형성되고, 남편이 좋으면 아내 자신도 행복하다고 느낀다. 그러나 남편이 스트레스를 받으면 아내 역시 스트레스를 받고 상처를 쌓게 된다. 반면 아내를 중심으로 가는 부부는 아내가 좋으면 다 좋아지고, 아내가 나빠지면 다 함께 나빠진다. 이렇게 어느 한 방향으로 기준이 획일화되어도 잉꼬부부가 될 수 있다.

과연 서로의 생각기준을 인정하며 살아가는 잉꼬부부는 얼마나 될까? 서로의 생각기준을 인정해 주는 잉꼬부부는 서로의 의견을 당당하게 주고받으며 살아간다. 그러나 한쪽의 생각기준에 맞추어서 사는 부부는 그 생각기준을 따라가기만 한다. 맞추어가는 사람은 자신의 생각기준을 버렸기 때문에 본인이 불행하다고 느끼지는 않는다. 대신 자신의 인생을 살아가는 것이 아니라 상대의 인생을 살아가고 있는 것이다.

쇼윈도부부는 서로에게 관심이 없으니 이혼하는 것이 낫다. 부부가 서로에게 관심이 없는 상태가 되면, 자녀들은 깊은 상처에서 살고 있는 것과 같다. 관심을 주고받는 것을 배우지 못하고 성장한 자녀들은 건강한 생각기준을 만들 수 없기 때문에 심리문제와 인성문제가 발생할 가능성이 높다.

시행착오를 통하여 배우면서 자아를 형성해가는 것이 자녀들이다. 성인이 되어서 시행착오를 겪는다면 책임을 져야 하고, 자칫 범죄로까지 이어질 수도 있으며, 자신의 인생이 모두 무너질 수도 있다. 따라서 부모, 선생님, 학교, 사회가 보호해줄 수 있는 환경에서 자아를 건강하게 형성하는 것이 중요하다. 시행착오는 지식이 아닌 경험을 바탕으로 마음의 생각기준을 만들어가는 중요한 배움이다.

[질문] 아이들에게 부부싸움을 보여주는 것이 안 좋다고 하는데, 부부싸움을 안 보여주는 것보다 차라리 보여주고 그 이후 잘 해결해나가는 모습을 보이는 것이 더 좋은 것이 아닌가요?

[답변] 자녀들에게 부부싸움을 일부로 보여줄 필요는 없다. 다만 부부싸움을 자녀들이 보았다면, 엄마와 아빠의 갈등이 발생하는 이유를 알려주면 좋다. '엄마와 아빠가 서로 관심이 많아서 싸웠던 거야. 사랑하는 사람들은 서로 안 맞으면 싸울 때도 있어'라고 원리를 설명하면서 갈등이 발생하는 원인과 함께 어떻게 해결하는지 알게 되면 자녀들에게는 자아가 하나 더 형성된다.

그러나 대부분의 부부는 부부싸움을 하고 난 후에 자녀들에게 화풀이를 하기 때문에 자녀에게 심각한 심리문제가 발생한다. 자녀들은 엄마와 아빠의 표정이 안 좋으면 도망갈 곳부터 찾으려 한다. 따라서 부부싸움을 하더라도 자녀들이 알게 되었을 때는 무조건 멈추고, 자녀들에게 사랑하는 사람들끼리 어떻게 조화를 이루며 살아가는지 알려주면, 이것은 자녀들에게 건강한 시행착오로 자리를 잡게 될 것이다.

[질문] 현직 교사입니다. 아이들과 소통하기 위해 공감교실이라는 것을 만들었는데, 아이들과의 공감을 어떻게 시행해야 하나요?

[답변] 공감은 약이 될 수도 있고 독이 될 수도 있다. 공감이라는 것은 감정을 공유함으로써 힘든 것과 좋은 것을 함께 나누는 것이다. 공감은 좋은 것이기는 하지만, 상처를 공유하면 함께 상처를 받게 된다. 행복하지 않기 때문에 공감이 필요하고, 위로를 받는 것인데, 현실에서 바뀌는 것이 없게 되면 더 아프고 힘들어지게 된다. 그래서 공감은 좋은 것이 맞지만, 공감을 하면 할수록 심리문제가 발생할 수 있다. 자칫 상대에게 의존하여 상대와의 공감이 없으면 살아가지 못하는 상황이 발생할 수도 있다.

진정한 공감은 감정을 공유하는 것이 아니라 감정이 만들어지는 원리를 알려주는 것이 되어야 한다. 위로가 아닌 마음과 심리의 원리를 이해함으로써 스스로 상처를 치료하고, 심리문제를 해결해나갈 수 있도록 도와주는 것이 좋다. 이해가 바탕이 되지 않는 공감은 공감하고 위로받는 대상에게 의존하게 된다.

또 한 가지 문제는 남자는 감정공유를 하지 못한다는 것이다. 자신의 기분이 좋지 않으면 그 어떠한 것도 들으려 하지 않고, 기억하지 못한다는 것이다. 그래서 공감은 여자에게는 적용되지만 남자에게는 적용되지 않는다. 남자아이들에게는 말과 행동을 인정해주고 마음과 심리의 원리를 알려주면 된다. 남자에게 공감은 오히려 자신의 즐거움을 위한 것으로 오해할 수 있다.

[질문] 부부간에는 공감이 있을 필요가 없나요?

[답변] 부부간에도 공감과 인정이 필요하다. 남편은 아내에게 공감을 해주고, 아내는 남편을 인정해주는 것이 좋다. 그런데 많은 사람들은 상대도 나와 같을 것이라고 생각해서 반대로 실천하면서 남편은 아내에게 인정을 하고, 아내는 남편에게 관심을 준다. 그래서 부부문제가 심각해지는 것이다.

남자들이 밖에서 술을 마시고 들어오는 이유 중에 하나는 집으로 스트레스를 갖고 가지 않기 위하여 중간에 스트레스를 제거하기 위함이다. 반면 아내들은 관심과 대화에 의한 공감이 필요하다는 것을 서로 정확히 알고만 있어도 많은 스트레스와 상처가 사라질 것이다. 상대가 나와 다르다는 것을 알아도 갈등이 예방되지 않을 때가 있지만, 그래도 상대가 나와 다르다는 것을 알고 있기 때문에 갈등이 발생한 후에라도 갈등을 해결할 수 있게 된다.

갈등이 힐링될 때 여자는 공감되면서 행복을 느끼고, 남자는 인정을 받는 기분을 느끼게 된다. 상처와 스트레스를 피하지 않고 해결할 때 비로소 함께 행복을 만들어갈 수 있는 것이다.

제3장

기업의 갈등

　일반적으로 기업은 이윤을 추구하고자 재화를 제공하고 그에 따른 가치에 목적을 가지고 있다. 가치는 경제적 가치, 관계적 가치, 사회적 가치 등 3가지로 분류된다. 어느 방향이 되었든 기업은 이익에 관련된 경제적 가치를 중점에 두고 간다. 사회적 기업이나 브랜드를 알리고자 하는 기업일지라도 기업의 이윤이 바탕이 되지 않으면 기업은 존립이 불가능하기 때문이다. 따라서 기업의 갈등은 수익에 문제가 생겼을 때 발생한다.

　기업의 구성요소를 살펴보면, 기업은 반드시 기업을 이끌어가는 임직원이 필요하다. 또한 기업이 만들어내는 제품, 서비스, 콘텐츠가 있어야 하며 이를 소비하는 고객이 있어야 한다. 기업은 궁극적으로 수익을 추구하는데 이를 수익성이라고 하고, 수익을 만들고자 임직원이 만들어가는 것을 생산성이라고 한다. 생산성이 높지만 고객의 소비가 없으면 수익은 없다. 임직원, 상품, 고객, 수익성 등의 4가지 구성요소가 밸런스를 갖지 못할 때 기업의 갈등이 발생한다.

　먼저 기업을 이루는 근본인 임직원을 살펴보자. 임직원에게 문제가 생기면 생산성에 문제가 발생하고, 고객응대도 어려워지면서 수익성에 문제가 발생한다. 따라서 기업에서 가장 중요한 부분이 인사라고 볼 수 있다. 업무의 효율을 높이기 위하여 부서와 직급을 나누고 상호간에 업무적으로 조율될 수 있도록 조직의 관리와 인사를 관리하게 된다. 임직원의 관리에 신경을 쓰지 않는 기업은 미래의 발전을 기대하기 어렵다. 기업의 갈등에 근본인 임직원에게서 갈등이 발생하기 때문에 생산성, 고객응대, 수익성에 직접적으로 영향을 줄 수밖에 없다.

  기업은 이윤을 추구하고 있기 때문에 임직원들의 각 개개인은 각자의 가치추구를 위해 기업을 중심으로 함께 일을 한다. 기업에서 일을 할 때는 각자 사람으로서 자기행복이 우선이 되기 때문에 자신이 일한 만큼의 이익을 얻으면 된다. 실적이 높으면 더 많은 이익을 가져가고, 실적이 낮으면 더 적은 이익을 가져가면 된다. 그러나 나보다 일도 적고, 성과도 적은 사람이 나보다 더 많은 경제적 가치를 가져가게 되면, 당연히 불공정하다고 생각하면서 기업에서의 갈등이 발생하게 되고, 자신의 능력을 다 하기 어려워진다. 갈등은 나의 생각기준과 맞지 않을 때 발생하며 스트레스와 상처가 발생하는 원인이다.

  기업의 갈등에 가장 근본은 임직원의 내부갈등에 있다고 볼 수 있다. 각자 자기행복의 권리만 주장하는 임직원들이 있는 회사는 미래의 발전은 기대하지 어렵다. 회사에 자금이 원활할 때는 문제가 없어 보이지만, 회사가 조금만 어려워져도 미래의 비전이 없다고 생각하면서 임직원에게 갈등이 발생하기 때문이다. 이때 남자와 여자가 조금 다른 양상을 보이는데, 남자는 현재 조금 어려워도 나에게 미래의 비전이 있다고 생각하면 버틸 수 있다. 반면 여자는 회사가 현재 행복을 충족시켜주지 않고, 상처가 계속 쌓이면서 버티기 힘들어진다.

　기업의 갈등은 임직원, 상품, 고객, 수익성 등 4가지에서 발생하고, 가장 근본이 되는 임직원에게 갈등이 생기면 4가지에 모두 문제가 발생한다. 그런데 예전과 다르게 현 사회에서는 임직원의 인사관리보다 고객응대의 수익성에 초점을 두고 강화시켜 간다. 그 대표적인 예의 하나가 CS교육이다.

　기업의 4가지 구성요소는 모두 중요하지만, 가장 근간이 되는 임직원의 갈등을 해결하는 데 더 중점을 두어야만 건강하고 탄탄한 기업, 미래의 발전을 기대할 수 있게 될 것이다.

　예를 들어 고객응대의 부서에 한 사람이 스트레스나 상처가 생겼거나 문제가 발생되면 고객응대의 일에 영향을 미칠 뿐만 아니라 다른 직원들에게 스트레스와 상처의 영향을 주게 된다. 만일 한 직원에게 심리장애가 발생하면, 기업과 연결되어 있는 모든 임직원들에게 심리장애가 발생할 수 있다. 이런 상태에서 아무리 CS교육을 강화시킨다고 하더라도 기업이 회복하고 발전할 가능성은 거의 없다. 따라서 기업에서는 최우선적으로 임직원의 갈등을 힐링할 수 있는 체계부터 만들어야만 한다.

　임직원의 갈등을 힐링하기 위한 인문학 강연, 직무교육, 힐링캠프… 등 많은 방법을 적용하고 있지만, 정작 기업의 존폐를 결정할 수도 있는 임직원의 갈등을 해결하는 방법이 아니다. 대부분은 임직원의 갈등을 해결하지 못한 채 개인별로 기분전환만 시키는 방법이기 때문에 임직원의 갈등은 더욱 악화될 뿐이다. 이러한 방법을 하면 할수록 개인별로 기분만 추구하게 되다 보니 작은 스트레스도 견디지 못하고 히스테리 또는 분노조절장애가 나타날 수 있다. 이는 기업에서 최악이 되는 것이다.

　나와 생각기준이 같을 수 있는 사람은 없기 때문에 충돌과 대립이 생길 수 있다는 인간의 마음과 심리의 원리를 알려주면서 서로 조화와 질서를 갖고 스스로 갈등을 해결해갈 수 있도록 해야 한다. 갈등이 해결되지 않은 채 쌓이면, 감정뿐만 아니라 심리문제 또는 심리장애가 발생하고, 이로 인해 누군가가 기업을 퇴사하게 되면 그 사람과 연결된 사람들의 업무도 재조정해야 하고, 기업에서도 타격을 받게 된다. 만일 기업의 경영자나 임원에게 문제가 생긴다면 그 기업의 생명은 끝날 수도 있다.

임직원은 사람이면서 인간의 삶을 추구하는데 마음과 심리의 원리를 정확히 모른 채 직급만 올라간다면, 위로 올라가면 올라갈수록 강한 스트레스와 상처에서 살아가게 된다. 자신뿐만 아니라 관리해야 하는 직원들이 늘어나고, 실적도 책임지면서 갈등과 심리문제가 점점 더 커질 수밖에 없다.

기업의 입장에서는 임직원의 문제로 신경을 쓸 일이 많아지다 보니 비정규직으로 전환하여 외부업체에 일과 인사를 대행하는 경우도 있다. 기업의 4대 구성요소 중에 가장 중요한 임직원을 외부에서 관리하다 보니 갈등과 문제가 해결되기는커녕 실적을 중심으로 변화되면서 아무도 책임지지 않는 직장문화가 형성되게 된다. 따라서 비정규직을 선호하는 회사는 심각한 문제를 가진 기업이고, 미래의 비전이 전혀 없는 회사라고 할 수 있다. 임직원은 자신만의 이익에만 신경을 쓰기 때문에 기업의 미래는 암울할 수밖에 없다.

과거에는 지금보다 일자리가 훨씬 적었음에도 일자리의 문제가 지금처럼 심각하지 않았다. 그런데 왜 현 사회에서는 일자리가 많은 문제가 되고 있을까? 일자리의 문제로 인하여 비정규직이 생겨난 것이 아니다. 기업문화가 무너지기 시작하고, 기업의 임직원들이 심리장애가 많아지면서 비정규직이 점점 늘어나고 있는 것이다. 기업을 되살리려면 수익 중심의 기업문화에서 인간중심의 기업문화로 변해야 한다. 그중에 임직원들의 갈등과 문제를 해결하는 체계를 반드시 만들어야 한다. 그래야만 인간 중심의 기업문화로 변할 수 있다.

　기업문화를 바꾸기 위해서는 임직원의 생각부터 바꿔나가야 한다. 임직원이 스트레스와 상처를 회복할 수 있는 체계를 만들어야 한다. 스트레스를 전환하면 열정이 생기고, 상처를 전환하면 행복감정이 만들어진다. 한 사람 한 사람의 열정과 행복이 모여서 기업에서 열정적으로 일하면서 가치추구를 함께 할 것이고, 애사심도 강하게 가질 수 있도록 만든다. 열정적으로 상품개발도 하고, 고객응대의 만족도가 높아지고, 생산성도 증가하면서 기업의 수익성도 좋아지게 된다.

　기업의 갈등에 근간인 인간존중을 배제시켜 놓고 기업의 갈등에 대한 원인을 다른 것으로 찾고 있기 때문에 갈등과 문제가 해결되지 않은 채 점점 기업이 병들어가는 것이다. 물론 기업의 이익이 뒷받침되어야 하지만, 그 이익을 만드는 한 사람 한 사람에게 갈등과 문제가 생기면 장기적으로 건강한 기업을 만들 수 없다. 기업에게서는 인사(人事)가 만사(萬事)인 것이다.

　현재 대부분의 기업에서 원하는 인사는 이익을 많이 발생시킬 수 있는 능력을 가진 사람으로서 학력, 경력, 자격을 중요하게 생각한다. 그러나 각 개인 역시 자신의 이익을 위해서만 기업에 취업하기 때문에 인간존중은 무너지고, 아무리 돈을 많이 벌더라도 개인에게는 스트레스와 상처만 남게 되는 것이다. 즉 인간관계가 아닌 개개인의 경제적 가치의 행복만 중요하게 생각하는 사람들만 모인 집단이 되는 것이다.

　기업을 운영하는 경영자의 입장에서는 임직원들 한 사람 한 사람을 신경 쓰지 않는 방법으로서 비정규직을 양산시키고 있다. 정규직에게 갈등과 문제가 생기면 연결된 모든 것에 문제가 생긴다는 것을 경험으로 학습하였기 때문이다. 기업을 존재하게 하는 근간인 임직원을 언제든지 필요할 때 바꿀 수 있는 사람들로 채우고 있다는 것은 기업의 근간이 무너지고 있다는 것이다. 이러한 기업은 미래가 없다. 이미 인간존중의 기업문화가 모두 무너져 있기 때문이다.

기업은 능력이 뛰어난 사람들만 필요하다는 생각을 내려놓아야 한다. 능력이 뛰어난 사람도 있겠지만 그렇지 못한 사람들도 함께 조화를 이루어 능력을 극대화할 것인지를 생각해야 한다. 예를 들어 개발능력이 뛰어난 박사가 있다면, 그 박사를 보조해줄 수 있는 주변의 환경을 만들어주는 사람들도 필요하다. 함께 개발할 수 있는 직원이 필요하고, 건물관리나 청소하는 직원도 모두 기업에는 필요한 인력들이다. 건물관리나 청소하는 직원이 없다면 주변의 환경은 엉망이 될 것이다. 개발하는 사람들만 남겨두고 건물관리나 청소는 다른 회사에 비정규직으로 맡긴다면 어떻게 될 것인가? 개발하는 사람들과 비정규직의 사람들이 함께 기업을 위할 것이라고 생각하는가? 이도 저도 아니면 개발능력을 가진 사람들이 건물관리도 하고, 청소도 하고, 사람들을 관리하는 것은 불가능할 것이다.

임직원 간에 서로 존중하는 기업문화가 되어야 한다. 혼자서 일을 한다면 상관이 없겠지만, 사람과 사람이 만나서 일을 함께할 때는 인간관계에 갈등이나 문제가 발생할 수 있다. 모든 임직원은 상호 간 자아실현을 추구하기 위하여 서로 존중하는 인간관계가 되어야만 한다. 이는 노사갈등을 해결하는 중요한 요인이 될 수도 있다.

그러나 지금의 기업은 능력위주와 수익위주의 개념으로만 진행하고 있기 때문에 능력이 뛰어난 개발자, 마케팅의 능력이 뛰어난 마케터 등을 중심으로만 기업문화가 만들어진다. 수익 중심의 핵심인력에 관계가 없는 인력은 비정규직으로 채우고 있다. 인간존중이 경제적인 논리에 밀려서 기업문화가 무너지고, 임직원은 우월적인 생각과 이기주의적인 생각으로 자신만의 가치추구만 하면 되는 기업으로 발전되고 있다. 따라서 현 사회에서 기업의 갈등에 가장 큰 원인은 임직원의 갈등이라고 할 수 있다.

노사갈등이 발생되는 원인은 인간존중이 없기 때문이다. 아무리 CS교육을 강화해도 기업의 역동성과 미래가치는 강화되지 않는다. 기업에 대한 개인의 열정과 행복이 존재하지 않기 때문이다. 기업의 규모를 떠나서 기업의 조직문화가 기술 중심과 CS 중심인가, 또는 인간중심인가에 따라 기업의 미래는 달라진다. 기업의 인간존중이 사라짐에 따라 기업의 갈등과 문제가 심각해지는 것을 인식하지 못한 채 인문학 강연, 힐링의 교육, 복지혜택 등으로 문제를 덮기만 하고 임직원 개개인의 갈등과 문제는 심화되고 있는 실정이다.

기업의 수익을 더 많이 창출하기 위하여 임직원에게 복지혜택을 제공한다. 그러나 이를 세밀하게 보면 각 개인별로 돈을 지급하는 형태로 만들어져 있다. 성과급제도도 이러한 복지혜택의 하나로서 시작되었고, 능력이 뛰어난 사람들을 기업에 묶어두는 수단으로 전학했다. 그러다 보니 임직원 간의 경쟁체계가 만들어지고, 능력에 대하여 서열을 정하는 기업문화가 만들어지고 있다. 물질적인 혜택보다는 각 개인의 스트레스와 상처를 해결하여 열정과 행복으로 전환시키는 것으로 투자해야 할 것이다.

인간의 마음과 심리에 대한 원리를 알지 못하기 때문에 임직원을 위한 건강한 투자가 아니라, 스트레스와 상처를 덮으면서 달래는 복지의 투자는 공염불에 불과하다. 성과급, 보너스, 휴가 등의 복지가 잘못되었다는 것은 결코 아니다. 행복으로 전환할 수 있는 원리를 알려주고 스스로 힐링체계를 만들 수 있도록 한 후, 복지에 투자를 해야 한다는 것이다. 임직원들이 사람으로서, 인간으로서 행복이 결여된 상태에서의 복지는 문제를 해결할 수 없다.

임직원들에게 사내유치원을 제공하고, 자녀들에게도 많은 혜택을 지원한다면 과연 출산율이 증가될 수 있을까? 이는 일부분이다. 돈으로 인간의 논리를 만들어서는 안 된다. 출산율이 저조한 이유가 정말 돈 때문에, 일 때문에, 집이 없어서일까?

과거에는 농사를 짓고, 수익이 많지 않았어도 아이를 3명 이상 낳던 시절이 있었다. 현 사회에서 출산율이 낮은 이유는 경제적인 여건이 아니라 인간으로서 행복하기 않기 때문이다. 그렇기 때문에 삼포세대나 오포세대가 만들어지는 것이다. 사회가 인간으로서 함께 행복하게 살자는 것이 아니라 개인주의인 개인의 행복만을 위해서만 살아가고자 하기 때문이다. 이러한 상태에서 복지는 오로지 자신만의 행복을 위한 것이고, 인간의 행복은 관심을 전혀 갖지 않게 만든다.

대기업이든 영세기업이든 회사의 규모가 중요한 것이 아니다. 기업의 가장 근본인 임직원들이 상호 간 인간으로서 존중하며 사람으로서 자기행복과 인간으로서 자아실현을 함께 하면서 회사의 이윤을 추구하는 것이 중요하다. 기업이 만들어진 궁극적인 이유도 인간으로서 자아실현을 하기 위해 상호공동체를 형성한 것이다. 따라서 기업은 이윤을 추구하되 반드시 상호 간 인간존중의 문화를 만들어야만 현재와 미래의 이윤이 보장되고, 미래의 발전을 만들 수 있으며, 기업의 가치를 갖게 된다.

예전의 사회와 다르게 현실에서 이직률이 높아졌다는 이야기는 기업이

제 역할을 다하지 못하고 있다는 것이다. 돈의 논리에 의하여 직원을 붙들어 매는 것이 아니라, 인간존중의 조화와 질서 속에서 함께 행복을 만들어 가는 구조가 되어야 한다. 그렇게 인간으로서 함께 행복을 추구하는 문화가 되면 상품개발은 얼마나 신날 것이며, 어느 교육이든 귀에 쏙쏙 들어오게 될 것이다.

기업은 이윤을 추구하는 이상 갈등이 발생할 수밖에 없다. 그러나 갈등이 발생되더라도 스스로가 스트레스와 상처를 열정과 행복으로 전환할 수 있으면 임직원들과 기업이 함께 공존하면서 미래의 행복은 더 커질 것이다. 기술과 능력을 우선시하지 말고 임직원이 인간성을 지닐 수 있도록 기업에서 도와준다면 이상적인 기업으로 성장해갈 수 있다. 인성은 교육시키는 것이 아니라 원래부터 타고나는 것이고, 인간성은 인간으로 살아가는 마음의 작용이다. 인간으로 살아가는 마음이 상실된 채 사람으로서 각 개인화되어 있는 마음만 작용하기 때문에 대립과 갈등이 생기고, 사회적 갈등이 많아지는 것이다.

기업의 갈등에는 4가지 요소가 있지만, 궁극적으로 임직원인 내부의 사람과 인간의 갈등에 의해서 모든 성패가 만들어진다. 기업에서 원하는 목표를 이루고 미래에도 지속하고자 한다면, 인간존중을 근본에 두고 목표를 추구해야만 된다.

질문과 답변

[질문] 인문학이 인간성을 다룬 것이 아닌가요?

[답변] 인문학 교육은 강연의 개념으로서 각 개인의 기분전환이다. 인문학이라는 것이 인간성에 관련된 것을 다루고 있지만, 정확한 마음과 심리의 원리가 빠져 있다는 것이 문제이다. 예를 들어 '너 자신을 알라'라는 말을 놓고 강연한다면 자신은 무엇이고, 사람과 인간으로서의 원리와 이치는 무엇인지 정확히 알려줘야 한다. '나'라는 존재는 사람이면서 인간이며 그 안에 마음과 심리가 어떻게 작용하는지 정확히 알아야 한다. 그런 다음 상대의 마음과 심리가 어떻게 작용하는지 알아야 진정한 인간성 교육이 된다.

우리는 사람이면서 인간이고, 의식과 무의식을 마음을 갖고 있다. 그리고 나만의 인식, 기억, 표현의 심리를 갖고 살아가는 것이 '나'이다. 마음과 심리는 누구나 가지고 있지만, 각자의 기억이 모두 다르기 때문에 각자의 생각기준을 갖고 살아간다. 나도 나의 생각기준을 갖고 살아가고 있고, 상대도 상대의 생각기준을 갖고 살아가고 있기 때문에 서로의 생각기준은 무조건 다를 수 있다는 것을 아는 것이 인간성을 알아가는 것이다.

[질문] 인간성을 배우고 싶다는 사람들은 '을'의 입장에 놓여 있는 사람들이 아닌가요? '갑'의 위치에 있는 사람들은 필요성을 못 느낄 것 같습니다.

[답변] '갑'이 문제가 생겼다고 생각하면 필요로 할 것이다. 혼자서는 세상을 바꿀 수는 없다. 그러나 한 사람 한 사람이 모이면 밀알이 되고, 밀알이 쌓이면서 풍요로움을 만들 수 있다.

[질문] 외국의 선진기업에서 인간중심의 사례를 접하더라도 우리나라의 기업에서 받아들이지 못한다는 것은 실효를 못 거둘 것이라 생각해서 그런

것이 아닌가요?

[답변] 각 나라에는 정치, 경제, 사회, 문화 등이 있다. 따라서 외국에서의 성공사례를 국내로 그대로 가지고 온다고 해서 똑같은 효과를 얻을 가능성이 낮다. 그러나 전 세계의 모든 사람들은 같은 사람이고 인간이기 때문에 사람과 인간의 마음과 심리의 작용원리는 똑같다. 원리를 알려주게 되면 그들의 정치, 경제, 사회, 문화, 역사, 환경에 맞도록 스스로가 조정할 수 있다. 기본을 알려주면 그들이 스스로 사람으로서 행복하고, 인간으로서 자아실현을 하면서 함께 공동체의 행복을 만들어가게 된다.

제4장

고부의 갈등

　고부간의 갈등은 시어머니와 며느리의 갈등이다. 갈등이 발생되는 이유는 각자의 생각기준이 다르기 때문인데, 이 생각기준은 혼자 있을 때와 인간관계에서 있을 때가 다르다. 혼자 사람으로 존재할 때는 자기행복만을 추구하고, 인간관계에서는 함께 행복을 추구하는 자아실현의 생각기준을 가지고 있다.

　시어머니와 며느리는 고부관계로 인간관계는 맞지만, 간접적인 인간관계라고 볼 수 있다. 한 사람을 두고, 시어머니는 아들이라는 부모와 자식의 인간관계를 갖고 있으며, 며느리는 남편이라는 부부관계를 갖게 된다. 그 후 시어머니와 며느리의 고부관계가 공존하고 있는 것이다. 따라서 고부관계가 되려면 부모자식관계와 부부관계가 반드시 결합되어 있어야 한다.

　결혼이 중요한 의미를 갖는 것은, 결혼을 함으로써 비로소 함께 자아실현을 추구하는 인간관계를 맺게 된다는 것이다. 연애할 때의 남자와 여자는 자아실현을 함께 추구하는 인간관계가 아니라 각자 사람으로서 자기행복을 추구하는 인간관계이다. 남자에게 자기행복은 재미와 즐거움이며, 여자에게 자기행복은 관심을 받을 때 생기는 사랑이다. 연애를 하다가 결혼을 하게 되면 남자는 남편이 되고, 여자는 아내가 된다. 남편과 아내라는 인간관계가 형성이 되는 것이다.

고부관계는 남편과 아내인 부부관계를 중심으로 며느리와 시어머니가 인간관계를 갖는 것이다. 이 고부관계에서 갈등이 생기는 것을 고부갈등이라고 한다. 인간은 자신의 행복기준을 갖고 의미와 가치를 추구하는데, 이 생각기준이 충돌할 때 갈등이 발생한다. 각자 자신의 생각기준을 가지고 인간관계를 가질 때 갈등이 발생하는 것이다.

사람과 사람이 만나 서로 심리작용을 한다. 심리작용을 한다는 것은 서로의 의식과 무의식이 상호작용하고 있다는 뜻이다. 이때 좋게 작용하면 좋은 감정을 만들지만, 대립하고 나쁘게 작용하면 갈등이 발생한다. 내 생각기준으로 보았을 때 감정이 나빠지면 나쁜 인간관계라고 느낀다. 이렇게 자신의 감정에 의해서 인간관계의 좋고 나쁨이 형성된다.

갈등은 자신의 감정으로 만들어진다. 며느리의 입장에서는 시어머니의 감정보다 자신의 감정이 중요하고, 시어머니도 며느리의 감정보다 자신의 감정이 중요하게 느껴진다. 내 감정이 안 좋아지는 이유는 자신이 추구하는 의미와 가치의 생각기준이 상대와 맞지 않기 때문이다. 각자의 기억이 다르듯 각자의 생각기준이 다를 뿐인데 나와 맞지 않으면 틀리다로 강요하는 것으로 느껴지면서 감정이 나빠지는 것이다. 각자 자신의 생각기준이 맞기 때문에 상대가 생각기준을 바꾸려고 하지 않는다는 생각을 하면서 갈등은 점점 깊어진다. 갈등이 발생하는 원리를 모른 채 심리작용을 하면 할수록 고부갈등이 지속될 수밖에 없다.

이러한 고부갈등에는 특징이 있다. 부부관계는 상호대등한 직접적인 인간관계이지만, 고부관계는 상하관계가 존재하는 간접적인 인간관계라는 점이다. 그래서 고부관계는 시어머니를 중심으로 흘러가는 경향이 많다. 남편은 아내와 직접적인 인간관계인 부부관계인 동시에 시어머니와 남편은 직접적인 인간관계인 부모자식관계이다. 즉 고부관계는 직접적인 인간관계가 아닌 간접적인 인간관계이다.

간접적인 인간관계가 형성되면 상하관계가 만들어진다. 한국 사회에서는 아직도 아랫사람이 무조건 윗사람의 말을 들어야 한다는 인식을 갖고 있다. 시어머니의 입장에서는 자신이 며느리보다 윗사람이니 며느리를 가르치려고 한다. 고부갈등은 시어머니가 며느리를 가르치려고 하는 것에서부터 시작한다. 사실 '고부'라는 말은 남성 중심의 문화에 의해서 만들어진 것이다. 남성 중심의 문화에서는 장모와 사위의 갈등은 거의 없다. 장모가 사위에게 사사건건 가르치려 한다면, 아마도 남편은 장모와의 인간관계를 끊으려고 할 것이다. 남성중심의 사회에서는 이런 현상이 흔하게 발생한다.

시어머니가 며느리에게 무엇인가 관여할 때 며느리가 잘 받아들이면 갈등이 생기지 않지만, 받아들이지 못할 때는 갈등이 발생한다. 여자는 상처의 감정을 쌓아놓기 때문에 힘들더라도 인간관계를 유지하려고 자신의 상처를 억압하는 경향이 강하다. 그래서 고부관계는 갈등이 있어도 인간관계는 유지되는 것이다. 그러나 남자는 스트레스를 쌓아놓을 수 없기 때문에 장모와 사위의 인간관계에서 스트레스가 지속되면 인간관계를 끊으려고 한다.

고부갈등의 문제는 시어머니가 상하관계를 만들고 자꾸 가르치려고 하기 때문이다. 며느리의 입장에서는 남편과 행복하게 살려고 한 결혼이지 시어머니에게 가르침을 받으려고 한 결혼이 아니기 때문에 갈등이 생기게 된다. 시어머니의 입장에서는 아들이 행복해지는 것에 중점을 둔다. 며느리는 시어머니와 부모자식관계가 아니지만 시어머니 입장에서는 아들의 행복에 며느리가 직접적으로 연관되어 아들의 행복을 만드는 역할을 필요로 한다. 며느리도 딸처럼 대한다고 말은 하지만 결국은 아들의 행복을 중심으로 며느리를 맞추려 한다. 아내라면 맞벌이를 하더라도 살림을 게을리해서는 안 된다는 식으로 자신의 아들이 편하고 행복할 것을 요구한다. 며느리의 입장에서는 당신의 아들을 편하게 하기 위해서 결혼한 것이 아니기 때문에 고부간 갈등의 골은 점점 깊어진다.

이런 고부갈등에서 결정적인 역할을 하는 것이 있다. 시아버지와 시어머니의 부부관계이다. 시부모님의 부부관계가 행복하다면 자녀들도 저절로 행복을 공유하게 된다. 그러나 시부모님의 부부관계가 불행하다면 부족한 부분을 자녀를 통해서 채우길 원하면서 문제가 발생한다. 시어머니의 입장에서는 시아버지와 사이가 좋지 않다면 아들을 행복하게 만드는 것에 의미를 두게 된다. 그렇게 되면 시어머니의 관심은 모두 아들에게 향하고, 아들을 행복하게 만들려면 며느리에게 이것저것을 요구하게 된다.

시어머니가 며느리에게 시시콜콜 잔소리를 한다면, 정작 자신은 그렇게 못하고 있다는 이야기이다. 자신이 이렇게 살아와 봤더니 행복하지 않으니 반대로 내 아들에게는 행복해질지 모르는 자신의 희망사항을 며느리에게 강요하는 것이다. 며느리의 입장에서는 자신이 알아서 할 일에 자꾸 시어머니가 간섭한다고 생각한다. 만약 며느리가 시어머니의 말에 따라 30년차인 시부모님의 부부처럼 살아간다면 그 남편은 어떨까? 남편은 아내가 필요해서 결혼을 한 것이지 어머니가 필요해서 결혼한 것이 아닌데 말이다.

시부모님이 행복하다면 문제가 없지만, 부부관계가 좋지 않다면 시어머니는 아들의 행복에 의미를 둔다. 그런데 왜 하필 딸이 아닌 아들과의 관계에서 행복을 느끼려 할까? 시어머니는 여자이고, 시아버지와 아들은 남자이기 때문이다. 부부관계가 좋지 않으면 보상심리가 작용하여 아들을 통하여 행복의 의미를 가지려고 한다.

고부갈등의 핵심은 시어머니 때문에 발생한다. 며느리 때문에 고부갈등이 발생하는 경우도 있지만, 이는 그리 많지 않다. 시어머니의 상처가 얼마나 많으냐에 따라서 고부갈등의 깊이가 결정된다.

결혼을 할 때 배우자가 편부가정 또는 편모가정에서 자랐다는 것은 중요하지 않다. 편모가정에서 자랐다고 할지라도 시어머니가 상처를 치료하고 행복한 삶을 살고 있다면 며느리와의 갈등은 발생하지 않는다. 가족이 하나 더 생겼기 때문에 자신에게 의미가 있는 일이라 생각하여 정말 자신의 딸처럼 받아들이게 된다. 그러나 시어머니의 상처가 많은 상태라면 "이렇게 해라, 저렇게 해라, 못 배워서 저런다"는 많은 말로써 상처를 며느리에게 표현하게 된다.

시어머니의 상처치료는 시아버지가 해줘야 하는데 남편에게서 상처치료가 되지 않으니 아들에게 향하는 것이다. 그러나 아들은 가치를 추구하느라 바빠서 자신의 가정에서 의미를 챙기기도 어려운데 어머니의 상처치료까지 신경을 쓸 겨를이 없다. 그러다 보니 시어머니는 상처치료가 되지 않아 그 화살을 모두 며느리에게로 돌리는 것이다. 이처럼 시어머니의 상처는 고부갈등의 원인이 되며 결정적인 역할을 한다.

갈등은 서로의 생각기준이 다른 것에서 발생하는 것이지만 고부갈등은 조금 다르다. 고부갈등은 시어머니의 상처에서부터 시작한다. 만약 시어머니도 상처가 많고, 며느리도 상처가 많으면 어떻게 될까? 이 경우는 시부모님의 가정에도 불화가 생기고, 남편과 아내의 부부관계와 가정에도 불화가 생긴다. 양 가정에 불화가 점점 커지면서 시댁과의 인간관계를 끊는 경우가 발생한다. 이런 결과가 나온다고 해도 시어머니는 상처가 치료되지 않아 자신은 잘못된 것이 없다고 생각한다. 물론 며느리도 자신의 상처가 치료되지 않아 자신은 잘못된 것이 없다고 생각한다.

그렇다면 시어머니의 상처를 어떻게 치료해주어야 할까? 시어머니의 상처를 치료해줄 수 있는 사람은 시아버지 또는 아들이다. 그러나 남자인 시아버지와 아들은 스트레스를 피하기 급급하다. 따라서 시아버지 또는 아들은 가치추구만 중요한 것이 아니라, 의미가 무너지고 있다는 것을 빨리 깨닫고 상처를 치료해줘야 한다.

고부갈등으로 아내가 힘들어한다면 남편은 의미를 추구하고 있는 자신의 아내를 보호해야 한다. 자신의 아내를 보호한다고 해서 어머니에게 맞대응을 하라는 것이 아니다. 아들이 어머니를 공격하면 상처가 더 커지고 그로 인해 며느리가 더 힘들어질 뿐이지 갈등은 해결되지 않는다.

가장 좋은 방법은 아들과 며느리가 행복해지는 것이다. 부부관계가 행복해지면 남편이 아내를 행복하게 하기 위하여 어머니를 돌아보게 된다. 어머니를 챙기다 보면, 어머니의 상처가 치료되면서 시어머니로서 굳이 며느리를 가르치려 하지 않게 된다. 그러면 각 가정이 안정을 찾고 각자의 의미와 가치를 만들어갈 수 있다. 따라서 고부갈등에서는 남편의 역할이 매우 중요하다. 남편은 아들로서 역할을 하면서 아내를 보호해야 한다. 그러나 대부분의 남편들은 아내의 상처가 점점 커지고 있다는 것을 인식조차 하지 못한다. 남자는 스트레스가 들어오면 제거해버리고 돌아서면 잊어버리지만, 여자는 상처가 쌓인다는 것을 알아야 한다.

시어머니의 상처에서부터 고부갈등이 생긴다는 것을 아들이 정확히 알고 나면 아들이 어머니의 상처를 치료해주는 것은 어렵지 않다. 그러나 원인을 정확히 알지 못하니 남자인 아들은 스트레스에서 피하려고만 하고 그것들이 아내에게로 화살이 돌아가면서 아내에게 상처를 쌓인 채 살게 만든다. 자신만 스트레스에서 피해서 될 문제가 아닌 것이다.

시어머니의 상처치료만이 고부갈등을 없앨 수 있는 유일한 방법이라는 것을 알아야 한다. 아들이 어머니에게 그동안 고생한 것을 알아주며 조금씩 관심을 가져주면 상처가 조금씩 치료되기 시작한다. 그러면 며느리와의 갈등도 조금씩 해결되기 시작한다. 갈등의 강도가 점점 약해지고 어느 순간부터는 갈등이 생겨야 할 이유가 사라져버리게 된다.

결국 고부갈등을 해결할 수 있는 가장 결정적인 사람은 아들이다. 시아버지는 이미 시어머니에게 상처를 준 사람이고, 치료해줄 능력이 없기 때문에 지금까지 시어머니의 상처가 쌓여 있는 것이다. 그러면 며느리는 남편이 자신의 어머니를 치료하든 못하든 어떻게 고부갈등에 대처해야 할까? 첫 번째는 시어머니와의 갈등에서 대립하지 않는 것이다. 대립하고 충돌해봐야 자신에게 남는 것은 더 큰 상처뿐이라는 것을 알아야 한다. 두 번째는 인간의 마음과 심리가 작용하는 원리를 정확하게 아는 것이다. 내가 잘못한 것이 아니라, 시어머니에게 상처가 많아서 말과 행동으로 표현하는 것임을 정확하게 아는 것만으로도 나에게 상처가 되는 것들을 많이 줄일 수 있다. 그리고 이러한 원리를 남편과 공유해나가야 한다.

남편과 공유해나갈 때 아내가 표정이 좋지 않은 채 이야기하면, 남편은 이미 스트레스가 발생하면서 아내의 말을 인식하지 않고, 듣더라도 기억에 남지 않게 된다. 편안한 표정 또는 웃는 표정으로 원리를 하나하나 알려줘야 한다. 그러면서 아들이 어머니에게 관심을 갖고 어머니의 상처를 치료할 수 있게 만들어야 한다. 여기서 중요한 것은 남편은 어머니와 아내를 중재하려고 해서는 안 된다는 것이다. 중재하려고 하지 말고 아내를 보호하면서 어머니에게 관심을 주는 것이 중요하다. 그 동안 어머니가 많은 상처 속에서도 나를 양육해왔으니 이제는 아들로서 관심을 드려서 갚아드리는 것이 효도이다. 돈만 가져다 드린다고 효도가 아니다.

보통 시어머니의 구박이 이어지면 며느리는 그 상황을 모면하기 위해 시어머니에게 더 잘하려고 노력한다. 그러나 그렇다고 해서 시어머니의 상처가 치료되는 것이 아니기 때문에 구박은 끊임없이 지속되고 점점 더 강해진다. 만일 아들이 어머니의 상처치료를 해주지 못하면 우선 며느리는 시어머니가 상처의 작용으로 하는 말과 행동의 표현이라는 것을 알아야 한다. 그래야 며느리인 아내는 자신의 상처를 더 크게 키우지 않는다. 일단 며느리인 아내가 상처로 받아들이지 않고 넘어간다면 고부갈등이 더 커지는 것은 막을 수 있다.

고부갈등뿐만 아니라 시누이와 갈등을 겪는 경우도 있다. 고부갈등을 겪는 시어머니에게 딸이 있는 경우 그 딸도 상처가 많아서 극단적으로 진행될 가능성이 높다. 시어머니와 딸의 관계가 안 좋을수록 올케와 시누이와의 갈등은 커진다. 상처가 많은 시누이는 마치 자신이 시어머니와 같은 지위를 갖고 있다고 생각하여 올케를 공격하게 된다. 이렇게 상처라는 것을 방치하면 많은 인간관계를 무너뜨리는 역할을 하게 된다.

결혼할 때 혼수문제로 어려움을 겪게 되는 경우가 많다. 이는 시어머니가 자신의 상처만큼 아들에 대하여 보상을 받으려 하는 심리 때문에 나타나는 현상이다. 그렇게 시어머니에게 맞춰줘서 결혼을 해도 며느리에게 끊임없이 간섭한다. 요즘은 며느리가 마음에 들지 않는다며 수단과 방법을 가리지 않고 아들을 이혼시키는 사례도 많다.

만일 여러분들이 아들을 가진 엄마라면 자신의 상처가 아들에게 영향을 미치지 않을 것이라고 호언장담할 수 있을까? 아들이 결혼을 한 후 자신은 어떨지를 한 번은 생각해보면 좋을 것이다. 장성한 아들에게 자신의 상처를 표현한다면 아들은 나와의 인간관계를 끊어내려 할지도 모른다는 것을 알고 절대 아들에게는 상처를 표현하지 않도록 해야 한다. 아들이 없을 때는 며느리를 괴롭히고, 아들이 있을 때는 천사와 같은 시어머니처럼 행동하는 경우도 같은 맥락이다. 자신의 상처로 인해 인간존중을 하지 않기 때문에 나타나는 현상이다.

결혼을 하면 부부관계와 고부관계만 만들어지는 것이 아니다. 자녀가 출생하면 또 다른 부모자녀관계가 형성된다. 이때 시어머니가 명심해야 할 점은 자신이 며느리에게 상처를 계속 주고 있다면 자신의 손자들에게까지 그 상처의 영향이 간다는 것이다. 그래서 고부갈등은 대물림이 된다. 과거에 시집살이를 해본 시어머니가 며느리에게 더 큰 시집살이를 시키고, 아들과 며느리의 부부관계를 더욱 악화시켜 이혼에 이르게 할 수도 있다는 것을 알아야 한다.

만약 시어머니가 시아버지의 외도로 인해 외상트라우마가 치료되지 않은 채 이혼했다고 가정해보자. 이런 경우는 생각보다 상황이 더욱 심각할 수 있다. 자신의 모든 삶의 의미를 아들에게서 채우려 하는데 며느리가 나타나면 나의 의미를 깨뜨리는 사람이 나타나게 된 것과 같다. 그러면 그 시어머니는 아들이 이혼할 때까지 며느리를 가만두지 않고 매우 강력한 상처를 지속해서 줄 것이다. 원인을 모른다면 아무리 며느리가 잘 해도 상처는 점점 더 크게 돌아올 것이다.

이럴 때 이혼하지 않고 문제를 해결하려면 시어머니를 중독증에 빠뜨려 아들에게 쏠린 관심을 분산시키는 것도 방법이 될 수 있다. 재미와 즐거움의 대상에 빠지게 되면 마치 상처가 치료된 듯 상처의 해리현상이 오면서 고부갈등은 사라질 수 있다. 상처의 해리현상이 발생하면 작은 스트레스에도 히스테리를 부리게 되지만, 반대로 며느리가 좋은 표정으로 좋은 말만 하면 히스테리는 나오지 않는다. 그러나 반드시 함께 알아야 할 점은 중독에 빠뜨리더라도 반드시 언젠가는 시어머니의 상처를 치료해줘야 한다는 점이다. 중독에 빠진 사람은 언제든 다른 중독으로 전환할 수 있어서 언제 집안이 풍비박산이 날지 모르기 때문이다. 그렇기 때문에 내가 시어머니를 치료할 능력이 없다면 이 방법은 최악의 수단이 될 수 있다.

고부갈등에서 벗어나려면 시어머니의 상처에서 비롯된 현상임을 정확히 알고, 상처치료를 하는 방법 외에는 고부갈등의 해결방법이 없다는 것을 알아야 한다. 정확한 원리를 알아야 정확한 해결을 할 수 있다. 그러나 인간관계가 무엇인지도 정확히 구분하지 못하기 때문에 갈등이 해결되지 않는 것이다. 만일 여러분에게 고부갈등이 있다면 앞선 내용들을 적용해보면서 슬기롭게 해결해나가길 바란다.

질문과 답변

[질문] 장서 간 갈등이 있을 때는 어떻게 해야 하나요?

[답변] 장서의 갈등은 장모와 사위의 갈등을 말한다. 사위는 남자로서 스트레스를 받으면 피하는 것이 정상이고, 스트레스가 지속이 되면 장모와의 인간관계를 끊으려 한다. 그런데 갈등을 겪고 있으면서도 인간관계를 유지하고 있다는 것은 사위가 스트레스를 버티고 있는 것이다. 스트레스를 버티는 이유는 두 가지로 볼 수 있다. 첫 번째는 사위가 남자이기는 하지만 여자의 심리를 갖고 있는 경우로 이런 경우는 장모와의 갈등이 있어 스트레스를 참고 견디더라도 집에 돌아가서 아내와 대화하면서 스스로 스트레스를 힐링할 수 있다. 두 번째는 장모에게 목적이 있는 경우이다. 아내의 친정으로부터 무엇인가를 받고자 하는 목적이 있어서 스트레스를 받더라도 버티고 있는 것이다. 이런 경우는 집에 돌아오더라도 아내와 함께 힐링하려고 하지 않고 대화가 거의 없는 경우가 많다.

[질문] 장모님이 손자를 봐주는 것도 사위의 목적이 될 수 있을까요?

[답변] 장모님이 아니면 아이를 맡길 곳이 없어서 사위가 스트레스를 받더라도 참는 경우가 많다. 아이를 돌봐주는 것이 되었든, 돈이 목적이 되었든 사위가 장모님으로부터 목표하는 바가 있기 때문에 버틸 수 있는 것이다. 이럴 경우 남편은 스트레스를 아내에게 해소하려고 하거나 바깥에서 해소하게 되어 있다.

[질문] 딸이 엄마를 통제하지 않으면 장서 갈등은 진정되지 않나요?

[답변] 딸이 엄마를 통제해야 한다. 그러나 그렇게 하면 딸과 엄마의 관

계에서 서로 상처가 될 수 있다. 원리를 정확하게 알면 상처를 회복시킬 수 있다. 사위는 남자이기 때문에 스트레스를 제거하려고 하고, 장모님은 여자이기 때문에 상처를 표현하게 된다. 사위가 편하면 편할수록 상처의 표현을 더 많이 하게 된다. 만일 사위가 불편하다면 상처를 잘 표현하지 않는다.

예전에는 좀처럼 장서 갈등이 발생하지 않았지만, 현 사회에서는 목적의식을 갖고 결혼하는 사위들이 많아지다 보니 장서 갈등도 주변에서 쉽게 볼 수 있다. 또한 현 사회에서는 고부갈등이 생기면 며느리가 시어머니와의 인간관계를 끊는 경우도 주변에서 쉽게 볼 수 있다. 현 사회는 스트레스와 상처를 힐링하면서 행복을 만들어가는 인간관계의 행복추구가 많이 무너졌다는 것을 의미한다. 의미와 가치를 동시에 추구할 겨를도 없이 사회가 흘러간다. 맞벌이가 증가되면서 자본주의의 논리에 의해서 역할문제의 갈등이 많아질 수밖에 없는 사회이다.

[질문] 시어머니의 입장에서 아들은 자신에게 무관심하고, 며느리가 받아주고 관심을 주면서 며느리에게 더 의지하려고 집착합니다. 이런 경우 며느리는 시어머니가 돌아가실 때까지 계속 받아주고 관심과 위로를 해줘야 하나요?

[답변] 시어머니 입장에서 자신의 상처를 아들이 알아주면 좋겠지만, 그렇지 못하고 며느리가 관심과 위로를 주니 이제는 아들의 관심은 필요하지 않게 된다. 그러나 시어머니의 상처를 공유한 며느리는 상처가 점점 더 커질 수밖에 없다. 그럴수록 아내의 표정은 안 좋아지게 되고, 남편은 그

런 아내를 스트레스로 인식하면서 어머니와 아내 모두에게 관심을 끊어버리게 된다. 어느 쪽이든 작은 상처 하나에도 마치 상처가 둘이 되어서 돌아오는 것으로 느끼기 때문이다. 시어머니와 며느리가 일반적인 경우가 아니라 집착관계에 들어갈 정도로 긴밀한 관계에 있다면 아들이자 남편은 두 사람 옆에 있을 곳이 없다. 시어머니와 며느리는 작은 상처도 두 배로 만들어버리기 때문에 남편의 스트레스도 두 배가 되는 것이다.

[질문] 결혼한 아내가 남편이 관심을 안 줘서 그런지 친정엄마와의 애착관계로 매일 통화하고 때로는 함께 울고불고하는데 이 경우도 친정엄마와 상처를 공유하고 있는 것인가요?

[답변] 남편에게 관심을 받지 못하고 있는 상태이기 때문에 친정엄마와 딸이 상처를 공유하는 현상이 생기는 것이다. 그러나 남편이 조금만 관심을 주면 친정엄마와 그렇게 오래도록 통화할 이유가 사라진다. 여자는 누군가로부터 관심을 받는 것을 사랑이라고 인식하는데 남편에게서 그 관심을 들어오지 않기 때문에 친정엄마로부터 보완하려고 하는 행동이라고 볼 수 있다.

[질문] 시어머니의 험담을 하는 딸에게 친정엄마가 매일 통화를 나누며 동조해주면 어떻게 되나요?

[답변] 상처를 공유하는 것과 같아서 상처가 더 많이 커지게 된다. 시어머니로부터 받은 상처를 친정엄마에게 토로하고 친정엄마가 같이 동조하

면서 상처를 공유하는 것이다. 그렇게 되면 시어머니의 상처가 공유된 딸은 친정엄마의 상처도 함께 공유하게 되면서 상처가 두 배 이상으로 커지게 된다. 예를 들어 친구 5명이 옹기종기 모여서 남편이나 시어머니의 험담을 서로 주고받았다면 상처는 5배가 커져서 나에게 돌아온다. 그 후 시어머니와 갈등이 생기면 더욱더 힘들어진다. 그 이유는 상처가 이미 더 커져 있기 때문이다.

[질문] 시어머니가 상처해리라면 기분만 맞춰주면 며느리에게 상처를 퍼붓는 것이 적어지지 않을까요?

[답변] 상처해리를 가진 시어머니와 고부갈등을 겪고 있다면 시어머니는 며느리와의 관계에서 자기 기분대로만 간다. 상처는 많은데 덮어놓은 상태이기 때문에 자신의 기분대로 살다 보니 좋을 때는 좋지만 작은 스트레스에도 견디지 못해서 히스테리의 증상이 나타난다. 일반적인 인간관계에서 고부갈등을 겪으면 며느리의 상처가 시간에 비례해서 완만하게 커지지만, 시어머니의 히스테리를 겪으면 어느 순간 한계점을 넘어서고, 며느리는 견디지 못하고 무너진다. 일반적인 시어머니는 잔소리를 하거나 간섭을 하지만, 상처해리인 시어머니의 히스테리는 갑자기 나타난다. 갑자기 집에 찾아와서 집을 뒤집어놓거나, 며느리의 머리채를 잡아채고 쫓아내기도 한다. 그래서 상처를 방치한 채 나타나는 상처해리는 무서운 심리장애이다. 과거 할머니의 세대에는 그런 경우가 흔하지 않았지만, 현 사회에서는 여자가 중독으로 빠질 가능성이 많아서 주변에서 흔하게 볼 수 있게 되었다.

시어머니와 며느리가 서로가 보완해줄 수 있다면 상처해리이든 아니든 문제가 되지 않는다. 갈등을 정확히 알고 보완하는 관계로 발전하면 된다. 그렇게 되면 시어머니의 입장에서는 며느리가 가장 좋은 며느리인 인간관계로 변할 수도 있다. 항상 반대의 이면이 존재하기 때문에 겉만 보고 좋고 나쁘고를 결정해서는 안 된다. 그래서 나를 어떻게 조절해가느냐가 중요하다. 고부갈등으로 힘들어하고 있다는 것은 갈등이 발생하는 원리를 모르고, 이해를 하지 못하고 있기 때문이다. 둘 중 한 사람만이라도 정확하게 알고 있다면 갈등은 잘 생기지 않는다.

[질문] 시어머니는 시아버지가 계신데도 늘 아들 집에 와서 같이 살림을 봐주면서 살고 싶다고 하다가도 시댁에 다시 돌아가곤 합니다. 그렇다고 며느리에게 화를 내시지는 않습니다.

[답변] 시아버지와 시어머니는 더 이상 부부관계가 아니고 거의 남남처럼 살아가고 있기 때문에 나타나는 현상이다. 시어머니는 삶의 의미를 본인의 집에서 찾을 수 없으니 아들 집에 와서 의미를 찾으려고 하는 경우이다.

[질문] 그렇다면 며느리는 꼭두각시밖에 되지 않는 것이 아닌가요? 시어머니가 며느리 집에 와서 마치 아내인 것처럼 의미를 찾고 있는 것이 아닌가요?

[답변] 이것은 생각하기 나름이다. 시어머니가 나를 위해서 이런저런 살림을 도와주신다고 생각하면 편할 것이고, 시어머니가 나를 간섭한다고 생각하면 달갑지 않을 것이다. 원리를 정확하게 알고 인간관계를 보면 이러

한 현상들이 해석된다.

[질문] 아내가 남편 때문에 상처를 많이 받아서 우리 가정은 시댁과의 인연을 끊었습니다. 고부갈등에서 아들이 시어머니의 상처를 치료해줘야 한다고 했는데, 인간관계가 단절된 상태에서 어떻게 시어머니와 며느리의 관계, 시어머니와 남편의 관계를 회복할 수 있나요?

[답변] 회복하는 유일한 방법은 남편과 아내가 함께 치료되어 행복해지는 방법이다. 만일 남편과 아내가 치료되지 않은 상태에서 남편이 시댁과 연락하려고 하면 아내는 남편이 자신이 아닌 시댁을 선택했다고 생각하고 남편과의 인간관계를 끊으려고 한다. 예전에 시어머니께서 며느리의 손을 잡고 치료를 오신 분이 계셨다. 시어머니께서는 비록 자기의 상처가 많지만 아들내외만큼은 그렇게 만들고 싶지 않다고 며느리의 상처를 치료하기 위해서 쌈짓돈을 모아 오셨었다. 그런 시어머니의 정성에 며느리는 의지를 갖고 치료하여 부부관계가 회복되고 시어머니와의 관계도 좋아졌다.

[질문] 결혼을 하기 전까지는 부모님에게 양육된 남자와 일찍 독립하여 산 남자 중에 어느 쪽이 고부갈등을 덜 겪을 수 있는 배우자인가요?

[답변] 둘 다 같다. 결혼 전까지 부모와 함께 있는 남자는 자기행복이니 함께 있는 것이고, 일찍 독립한 남자는 부모로부터 스트레스를 받기 싫어 일찍 떨어져 지내는 것이다. 어느 쪽이든 시어머니의 상처는 며느리에게로 가게 되어 있다.

[질문] 그동안 미혼여성들의 고민은 별 의미 없는 것이 아닌가요?

[답변] 그렇다. 결혼을 하고 나서야 비로소 의미와 가치를 갖고 함께하는 삶을 살기 시작한다. 결혼 전에는 사람으로서의 자기행복만 있으면 된다. 따라서 결혼 전의 미혼여성의 고민은 사실상 큰 의미가 없다고 할 수 있다. 살아본 적이 없는 결혼과 부부관계에서의 자아실현을 결혼을 한 후에야 느낄 수 있기 때문이다.

[질문] 대체로 많은 미혼여성들이 독립한 아들을 선호하는데 결국 쓸데없는 고민이라는 말인가요?

[답변] 쓸데없는 고민이다. 이 사람이나 저 사람이나 별반 다를 바가 없다. 독립하고 살고 있는 남자라면 어머니에게 받는 스트레스가 못 견디는 수준이었을 수도 있고, 자기 상황에 의해 나와 있는 경우도 있을 수 있다. 부모와 같이 사는 남자 중에는 자신의 목적이 있어서 스트레스를 버티는 경우가 있을 것이다. 또 한 가지 흔한 질문으로 이성경험이 많은 남자와 이성경험이 없는 남자, 돈 많은 남자와 가난한 남자 등 이러한 선택에 대한 것도 쓸데없는 고민이라 볼 수 있다.

[질문] 같은 아들이라도 첫째 아들과 둘째 아들에 따라서 시어머니의 기대치가 다르지 않을까요?

[답변] 시어머니가 상처가 없다면 아들에게 기대하지 않고 아들들이 결

혼하여 각 가정이 행복하길 바란다. 그러나 시어머니가 상처가 있다면 아들에게 기대한다. 결혼을 해서 아들에게 기대하는 것도 자신에게 더 편한 아들인 둘째 아들에게 하는 경향이 많다. 외동아들이라면 무조건 그 가정에 기대하게 된다.

[질문] 시어머니가 며느리에게 딸처럼 생각한다는 말은 어떤 심리인가요?

[답변] 좋을 때는 한없이 좋겠지만, 좋지 않을 때는 딸처럼 편하게 상처를 표현하게 된다. 그런데 며느리는 자신의 어머니처럼 편하게 대하지 못하기 때문에 안 좋을 때는 상처가 쌓이면서 시어머니에 의한 일방적인 인간관계가 될 수밖에 없다.

[질문] 남편과 아내가 행복하면 고부갈등을 풀어갈 수 있다고 하였는데, 부부가 만약 행복하지 않은 상태에서 시댁과 단절이 되면 어떻게 해야 하나요?

[답변] 부부관계를 행복으로 전환하려면 우선 아내인 내가 상처를 치료하고 행복해져야 한다. 남편은 부부관계를 유지하면서 자기 부모와도 인간관계가 회복되길 바라는데, 아내의 자기행복이 없으면 남편은 스트레스를 받게 되면서 부부관계도 고부관계도 해결이 되지 않는다.

[질문] 첫째 며느리와 둘째 며느리가 있습니다. 시어머니가 첫째 며느리에게만 자기 상처를 표현하고, 둘째 며느리는 첫째 며느리 덕에 그나마 피

해를 덜 입습니다. 첫째 아들과 둘째 아들에 대한 엄마의 상처가 달라서 그런 건가요?

[답변] 아들에 대한 엄마의 상처가 아니라 아들에 대한 기대감을 갖고 있기 때문이다. 시어머니가 그만큼 아들에 대한 기대감을 갖고 있어서 그래도 괜찮다고 생각하기 때문이다. 둘째 며느리에게는 거의 상처를 표현하지 않는 이유는 둘째 아들이 엄마의 상처로부터 도망갔을 가능성이 높다. 아들이 왕래를 하지 않으면 며느리도 따라서 시어머니의 상처로부터 피할 수 있기 때문이다.

[질문] 자식관계에서 첫째 아이가 있고, 둘째 아이가 있습니다. 보통은 첫째 아이가 맏이로써 부모로부터 내려오는 기대치를 다 견뎌내고 있습니다. 첫째의 우산역할 덕에 둘째는 부모의 기대치로부터 편한 것이 아닌가요?

[답변] 우산역할이 아니라 애착관계이다. 엄마의 입장에서는 첫째 아들은 모든 것이 처음이기 때문에 사랑에 관련된 모든 것을 다 쏟아봤다. 그런데 아들이 둘인 상태에서 막내딸이 생기면 딸을 키워본 적이 없기에 시행착오를 또 겪는다. 자식에 관련된 부모의 애착관계를 보면 막내만 관심을 두는 엄마도 있고, 첫째만 관심을 두는 엄마도 있다. 그 이유는 아이를 키우면서 시행착오를 겪을 때 받았던 스트레스와 상처가 연결되어 있기 때문이다. 이때 아들을 중심으로 흘러가는 것이지 며느리를 중심으로 흘러가는 것이 아니다. 그래서 아들이 도망가면 며느리는 따라서 도망간다. 아들이 도망갔는데 며느리가 버티고 지키고 있다면 시어머니는 아들

대신 며느리에게 잘해주려고 한다.

[질문] 남편이 일찍 죽고 며느리와 아이만 있다면, 손자와 시어머니와의 혈육의 끈이 있지만 며느리가 시댁과의 관계를 끊어야 하나요?

[답변] 그것은 며느리의 선택이다. 그러나 인간관계를 유지한다 하더라도 오래가지 못한다. 아이가 없이 남편과 사별한 경우는 설령 고부관계를 유지한다 하더라도 재혼하기 전까지만 유지된다. 고부관계는 직접적인 인간관계가 아니기 때문이다. 이것은 어쩔 수 없다.

[질문] 시어머니가 자기 아들에 대한 열등감이 매우 강합니다. 자기 기대치에 못 미치기 때문에 며느리에게 우리 집안이 어떻고 하면서 집안에 대한 자랑을 집요하게 이야기를 합니다.

[답변] 그것은 아들에 대한 열등감이 아니라 아들에게 내가 못 해준 것이 많거나 아들이 자신의 기대에 못 미치면 그 크기의 상처를 며느리에게 해소하는 것뿐이다. 며느리가 미워서 그러는 것이 아니다. 며느리의 사소한 것까지 모두 꼬투리를 잡는다. 며느리가 아무리 잘나도 시어머니의 상처가 많으면 며느리는 핍박을 받는다.

[질문] 시댁이 시골에 사시고 뭐 특별히 잘난 것 없이 평범한데 자기네들끼리는 너무도 잘났다고 합니다.

[답변] 잘났다고 하는 생각은 자기들만의 기준이다. 세상에서 제일 힘들고 불가능한 것이 평범하게 사는 것이다. 0이라는 기준점을 두고 +와 −가 있다면 평범한 것은 0에 가까운 기준이다. 0에 가깝게 가려면 +와 −를 오르락내리락하면서 가야 한다. 그래서 죽는 날까지 평범하게 사는 것은 없다. 우리가 평범하게 사는 것을 꿈으로 여기면 살아가지만 평범함이라는 것은 인생 전체를 아우르고 있지 않으면 안 된다. 인간은 자아실현의 행복을 추구하게 되어 있다. 행복이라는 것은 추구하면서 살아가는 것이지 누리면서 살아가는 것이 아니다. 따라서 평범한 삶은 있을 수 없다.

자아실현을 추구해가다가 은퇴해야 비로소 평범할 수 있다. 은퇴해서 돈도 필요 없고, 지위도 필요가 없을 때 비로소 자아실현을 추구할 필요가 없는 평범한 삶을 그때 누리는 것이다. 그런데 자아실현을 추구해야 할 사람이 평범한 삶을 누리면 주변에 있는 사람들이 모두 고통을 받는다. 따라서 편안해져서는 안 된다. 아프던 행복하던 승부를 내야 한다. 자아실현을 추구해야 되는 사람이 평범해지려고 하면 무조건 0이 아닌 −로 내려가게 된다. 그렇게 되면 언젠간 태풍이 몰려오게 된다. 인간은 행복을 추구하면서 살아가는 것이지 절대 행복을 누리면서 살아가지는 않는다.

제5장

부부의 갈등

　부부는 살아가면서 많은 갈등을 겪게 되는데, 갈등이 발생하는 원인은 각자의 생각기준이 다르기 때문이다. 대부분의 갈등은 나의 생각기준을 상대에게 적용시켰을 때 상대가 나와 틀리다로 생각하는 자신의 생각에 의해서 발생한다. 생각은 각자 자신의 기억을 기초로 만들어진다. 무엇인가 인식되면 나의 기억과 비교하면서 자각하는데 이것이 나의 생각이다. 나와 기억이 같은 사람이 전 세계에 단 한 사람도 없기 때문에 자신의 기억을 바탕으로 만들어진 생각이 같은 사람은 전 세계에 단 한 사람도 없다.

　나와 생각이 같은 사람이 전 세계에 단 한 사람도 없는데 나와 생각기준이 맞는 사람이 과연 있을까? 상대 또한 자신의 기억을 기초로 하는 생각기준을 갖고 있기 때문에 나와 맞을 가능성은 거의 없다. 각자에게 존재하고 있는 생각기준을 놓고 옳다 그르다 해서는 안 된다. 서로 생각기준이 다를 뿐인데 나와 상대가 틀렸다고 생각하기 때문에 갈등이 발생한다.

　나의 생각기준을 적용하는 상대는 내가 제일 가깝다고 생각하는 사람들이다. 즉 내 가족들부터 시작해서 나와 함께 살아가고 있는 사람에게만 나의 생각기준을 적용하려고 한다. 나와 관계없는 사람의 생각기준은 알고 싶지도, 알아야 할 이유도 없다. 그러나 자신과 함께 자아실현을 추구하면서 살아가야 할 상대이기 때문에 자신의 생각기준을 상대에게 적용하려고 한다. 그런데 당연히 서로의 생각기준이 맞을 가능성이 없으니 갈등을 겪게 되고 갈등은 남자에게는 스트레스를, 여자에게는 상처를 유발한다.

부부갈등을 겪는 이유는 상대에게 나의 생각기준을 적용하려고 하기 때문이다. 즉 서로 사랑하는 관계라는 뜻이다. 서로 관심도 없고 사랑하지도 않는다면 부부갈등이 발생하지 않는다. 그렇다면 갈등이 있다는 것은 과연 좋은 것일까? 나쁜 것일까? 갈등은 스트레스와 상처를 유발시키지만, 그 스트레스와 상처를 힐링 또는 치료할 때 생기는 것이 남자의 열정이고, 여자의 사랑이다.

반대로 생각해보면, 남자에게 열정이 발생하게 하려면 스트레스를 유발하여 힐링하도록 해주고, 여자에게 사랑의 감정이 발생하게 하려면 상처를 치료해주면 된다. 그러나 어떻게 스트레스와 상처를 힐링 또는 치료할지 몰라서 갈등을 겪다가 서로 점점 힘들어지게 된다. 사랑하는 사이일수록 갈등을 겪을 수밖에 없고, 이 갈등을 피해서는 안 된다. 갈등은 열정과 사랑을 만드는 원천이라는 것을 알아야 한다.

내가 누구와 주로 갈등을 겪고 있는지 한번 생각해보기 바란다. 아마도 가족들일 것이다. 가족은 부부를 중심으로 자녀가 있고, 부모님이 계시며, 다른 가족들과도 연결된다. 부부를 중심으로 모든 인간관계가 형성되어 있기 때문에 부부갈등이 발생하면 부부를 중심으로 한 자녀관계, 부모님의 관계 등 부부와 연결된 인간관계도 모두 갈등이 발생한다. 역으로 부부는 괜찮은데 자녀들에게 갈등이 발생하면 부부관계에도 갈등이 발생하게 된다.

인간은 왜 관심을 갖고 사랑하는 상대에게 자기의 생각기준을 적용하면서 갈등을 유발할까? 인간의 행복이란 열정과 사랑이 결합되어 만들어지는데 열정과 사랑이 원천이 갈등이기 때문이다. 행복한 부부가 되려면 당연히 겪게 되는 것이 갈등이다. 나와 함께 자아실현을 추구하면서 행복하게 살아가야 할 사람이기 때문에 나의 생각기준을 상대에게 적용하고 나와 틀리다로 생각하기 때문에 충돌하고 대립하고 싸우게 된다.

갈등으로 싸우더라도 그 다음에 상대와 나의 생각기준이 다르다는 것을 알게 되면 자신의 스트레스와 상처가 힐링되고 치료된다. 사랑하기 때문에 갈등하고 싸우게 된다는 것을 알게 되면 힐링과 치료가 되는 것이다. 내가 치료되면 상대도 힐링할 수 있도록 배려할 수 있게 되고, 그렇게 되면 상대도 스트레스와 상처를 힐링 또는 치료할 수 있게 된다. 이렇게 서로 힐링하고, 힐링시켜줄 수 있는 역할을 통해 열정과 사랑을 만들어가기 위해서 갈등이 발생하는 것이다.

갈등이 발생하지 않도록 예방할 필요가 없다. 인간이기 때문에 내가 사랑하는 사람, 나와 가까운 사람에게는 자신의 생각기준을 무조건 상대에게 적용하게 되어 있다. 그래서 갈등이 발생할 수밖에 없다. 갈등은 예방법이 아니라 갈등을 힐링하고 치료하여 갈등에서 벗어났을 때 비로소 행복이 만들어지는 것이다.

부부가 되기 전에는 한 남자와 한 여자가 연애를 한다. 연애할 때 남자는 재미와 즐거움으로 열정을 만들고 몰입하는 그 자체로 즐겁다. 연애할 때 여자는 남자의 관심이 가장 중요하다. 관심은 여자에게 사랑의 감정을 만들기 때문에 사랑받기만 하면 행복하다. 연애할 때 남자가 여자에게 잘해주는 이유는 자신의 재미와 즐거움을 위한 것이다. 여자도 자기와 함께 재믿기를 원하기 때문에 선물도 하고, 데이트도 한다. 만약 아무리 잘해주는데도 재미가 없다면 헤어지려고 한다. 반면 여자는 아무리 노력해도 나에게 관심을 주지 않으면 헤어지려고 한다. 이렇듯 연애할 때 남자는 재미와 즐거움이 없으면 갈등이 생기고, 여자는 자신에게 관심이 들어오지 않으면 갈등이 생긴다.

그렇게 연애를 하다가 결혼을 하게 되면 남자는 남편이 되고, 여자는 아내가 된다. 그래도 남편의 기초가 남자이다 보니 재미없고 스트레스를 받으면 갈등이 생기고, 아내의 기초가 여자이다 보니 관심이 들어오지 않게 되면 갈등이 생긴다. 또한 남편과 아내로서 자아실현을 추구해갈 때 서로의 생각기준이 맞지 않으면 갈등이 발생한다. 부부가 되면 남편은 아내와 함께 행복하게 살기 위하여 가치를 추구하고, 아내는 남편과 함께 행복하게 살기 위하여 의미를 추구하게 된다. 함께 추구하는 자아실현이기 때문에 남편의 가치는 아내의 가치이며, 아내의 의미는 남편의 의미가 되는 것이다.

부부관계에서 생기는 갈등은 두 가지로 볼 수 있다. 첫 번째는 남자와 여자로서 자기행복의 생각기준이 맞지 않았을 경우이고, 두 번째는 남편과 아내로서 가치 또는 의미에 문제가 발생하는 경우에 갈등이 발생한다. 연애할 때 남자와 여자는 자기만의 생각기준으로 인하여 갈등이 생기지만, 결혼을 하고 남편과 아내가 되면 함께 자아실현을 추구해감에 있어서 누군가 하나라도 문제가 생기면 갈등이 발생한다.

부부의 자녀에게 갈등이 생기면 부부에게도 갈등이 발생한다. 또한 양가의 부모님에게 갈등이 생기면 그와 연결된 부부도 갈등이 발생한다. 왜 부부 당사자들의 갈등이 아님에도 부부가 영향을 받는 것일까? 부부는 가족을 구성하는 데에 있어서 가장 중심이 되기 때문이다. 그러다 보니 부부의 당사자뿐만 아니라 부부의 인간관계에 연결된 어느 인간관계에서 문제가 발생해도 부부간의 갈등이 발생하게 된다.

갈등은 스트레스와 상처를 유발한다. 그러나 이때 발생한 스트레스를 힐링하면 열정이 생기고, 상처를 치료하면 사랑의 감정이 만들어진다. 부부가 살아가면서 수많은 갈등을 겪게 되는 이유이기도 하다. 갈등이 발생할 때마다 갈등을 힐링 또는 치료하면서 행복의 감정이 만들어지기 때문이다. 이는 서로 사랑하는 사이이기 때문에 가능한 것이다.

그렇다면 미혼일 때 행복해질 가능성과 부부일 때 행복해질 가능성은 어느 것이 더 클까? 나 혼자일 때 갈등을 겪는 것과 부부가 되어서 겪는 갈등 중 어느 것이 더 클까를 생각해보면 알 수 있다. 부부는 서로 연관되지 않는 것이 거의 없기 때문에 일상생활을 하는 것 자체가 갈등이 될 수도 있다. 행복의 원천은 갈등이라는 것을 알아야 한다. 그렇다면 당연히 행복해질 가능성도 부부가 훨씬 높을 수밖에 없다.

연애의 과정에서는 재미가 없거나 상대가 관심을 주지 않으면 인간관계가 끊어진다. 그러나 결혼을 하면 부부는 함께 가치와 의미를 추구해나가기 때문에 가치에 문제가 생겨도 갈등을 겪고, 의미에 문제가 생겨도 갈등을 겪게 된다. 하물며 쓰레기 하나를 버리는 것까지도 갈등이 될 수 있다. 연애할 때는 상대가 쓰레기를 버리든 말든 큰 문제가 되지 않는다. 그저 남자는 재미있고 즐거우면 되고, 여자는 관심만 받으면 된다. 그러나 결혼을 해서 쓰레기를 유지하면 문제가 발생한다. 쓰레기에서 도대체 왜 가치를 추구해야 되는지도 모르겠고, 내가 왜 이러고 살아야 하는가를 생각하기도 한다. 그러면서 하나하나 서로에게 자신의 가치기준과 의미기준을 강요하기 시작한다.

연애를 할 때는 큰 갈등이 없다. 둘 다 갈등이 없다는 것은 남자는 자신의 재미와 즐거움이 충족되고 있는 것이고, 여자는 자신에게 오는 관심이 충족되고 있다는 것이다. 만약 연애할 때 갈등이 발생됐다면 누군가 맞춰주지 않으면 그 연애관계는 끝난다. 따라서 연애할 때의 갈등은 함께 행복을 만들어내지 못한다. 연애할 때 갈등이 없어야 이 사람과 함께 살면 행복할 것이라는 생각으로 결혼을 한다. 그러나 대부분의 부부는 "연애할 때는 안 그랬었는데 결혼해서 바뀌었다"고 서로들 이야기한다. 자신의 재미와 관심의 생각기준과 함께 가치와 의미를 추구하는 생각기준이 다르기 때문에 나타나는 현상이다.

갈등으로 인하여 만들어진 스트레스와 상처를 함께 행복하게 살아가는 열정과 사랑으로 전환시키는 과정은 연애할 때는 만들어지지 않는다. 연애할 때는 함께 행복이 아닌 자신의 행복기준에 맞을 때만 인간관계가 유지된다는 것을 알아야 한다. 자신의 행복기준에 맞지 않으면 언제든 헤어질 수 있는 관계가 연애관계이다.

부부는 남편과 아내가 함께 행복을 목표로 자아실현을 추구하고 있기 때문에 갈등에서 오는 스트레스와 상처가 힐링되고 치료된다. 남편이 스트레스에서 벗어나는 것도 아내와 함께 가기 위하여 노력하는 것이다. 남편의 입장에서는 아내가 함께 가야 할 사람이기 때문에 아내를 안정시키려는 말과 행동을 하게 되고, 이를 통하여 아내의 상처를 치료하게 된다. 대부분의 부부가 오늘 싸웠다고 해서 내일 헤어지고자 이혼을 결정하지는 않는다.

부부는 스트레스를 벗어나는 과정, 상처를 치료하는 과정을 겪어간다. 이것이 행복을 만들어가는 과정이다. 부부갈등은 행복을 만드는 원천이지만 연애할 때의 갈등은 자기행복을 깨뜨리는 원천이다. 자기행복만을 추구할 것이냐, 자아실현을 함께 추구할 것이냐에 따라서 갈등의 내용은 전혀 달라진다.

부부가 갈등을 겪으면 아내는 말이 없어진다. 아내는 여자로서 상처를 받으면 기억하고 치료하려고 하기 때문이다. 그런데 남편은 아내가 아무 말을 하지 않으니 스트레스를 못 느끼고 3일 이내에 있었던 일을 잊어버린다. 그리고 아무 일도 없었다는 듯이 와서 아내에게 말을 걸고, 아내는 싫다고 하면서도 조금씩 대화를 하면서 아내의 상처를 치료해나간다. 부부관계에서는 서로 함께 행복을 추구하기 때문에 나와 상대를 위해서 조금씩 배려해가면서 두 사람만의 조화와 질서를 만들어간다.

그런데 아내가 상처를 받았을 때 지속적으로 상처를 표현한다면 부부관계는 점점 멀어지면서 이혼수순으로 갈 수 있다. 대부분의 아내들은 상처를 받으면 우선적으로 말이 없어지고, 친구나 지인들에게 털어놓고 나서 후련함을 느끼면서 일상으로 다시 돌아가게 된다. 갈등이 생겼을 때 남편은 자신이 뭘 잘못했는지도 모르겠고 아내가 이해가 되지 않아서 무조건 스트레스의 상황을 피하고 본다. 스트레스에서 벗어나서 힐링되고 난 후에 아내에게 관심을 다시 줄 수 있게 되는 것이다.

부부갈등은 서로 갈등으로 나타나는 표현을 멈추고, 갈등을 힐링하고 치료할 시간을 갖게 되면 남자에게는 열정이 만들어지고 여자에게는 사랑의 감정이 만들어진다. 많은 부부들이 아이들 때문에 참고 산다고 하는데 사실은 아이들과는 관계없이 스트레스가 힐링되고 상처가 치료되는 시간이 필요하기 때문이다. 그렇게 스트레스가 힐링되고 상처가 치료되면 또다시 일상으로 돌아오고, 상처가 쌓이면 다시 이혼을 다짐하고, 치료되면 잊어버리면서 살아가는 것이 일반적인 부부의 모습이다.

이혼을 안 하는 이유가 정작 자기 자신 때문이라는 것은 한 번도 생각하지 못한다. 사실은 자신을 힐링하는 시간을 갖기 위해서 이혼하지 않고 버티는 것이다. 그래야 상처에서 다시 회복하여 행복의 감정을 쌓아갈 수 있기 때문이다. 부부는 서로 저절로 힐링할 수 있다. 그래서 부부들은 따로 힐링하려고 다른 방법을 찾아서 노력할 필요가 없는 것이다.

요즘은 자아실현을 위해서 결혼하는 것이 아니라 남자는 자기 재미를 위해서, 여자는 관심을 받으려고 결혼하는 경우가 많다. 그렇게 결혼을 하고 보니 함께 행복을 위해 가치를 추구해야 하고 의미를 추구해야 하니 다시 자기행복만을 추구하기 위해서 이혼을 하는 경우도 많아졌다. 이런 상황이 많아지는 이유는 자아실현이 무엇인지도 모르고 갈등의 원인이 무엇인지 모른 채, 갈등이 무엇을 만들어가는지 전혀 인식하기 못하기 때문이다.

싱글로 혼자 살든, 연애를 하든, 결혼 전에는 자기 생각기준만으로 가기 때문에 갈등이 크게 없다. 남자는 자신의 재미에 위배되지 않으면 되고, 여자는 관심을 받는 것에 위배되지 않으면 갈등이 발생하지 않는다. 그러다 보니 행복도 거의 느끼지 못한다. 자신은 행복하다고 생각하지만 일시적인 기분일 뿐이다. 행복은 함께 갈 때 느끼도록 만들어져 있는데 부부가 갈등을 많이 겪는 이유는 행복해지려고 하기 때문이다.

만약 이혼을 해서 남편에서 남자로, 아내에서 여자로 돌아갔다고 하더라도 재혼하면 다시 행복해질 수 있다. 여자는 재혼을 하면 다시 아내로 전환되고, 관심이 들어오면 전 남편으로부터 받았던 상처는 모두 치료되면서 의미의 중심이 현재의 남편으로 이동한다. 그러나 남자는 감정이 아닌 기분을 추구하기 때문에 재혼 후 스트레스를 지속적으로 느끼면 다시 이혼을 하려고 한다. 따라서 재혼부부의 경우는 남편으로 인하여 문제가 많이 발생한다.

부부가 살아가면서 갈등이 발생되는 것은 지극히 당연한 현상이다. 그리고 그 갈등의 숙려기간이 보통 3일 이내이다. 부부들은 3일 이내에 자동적으로 갈등이 힐링되는 체계를 가지고 있다. 만약 3일의 숙려기간이 넘었는데도 상처가 작용하고 스트레스를 받고 있다면 이미 부부문제가 생기고 있는 것이며, 본인들 스스로가 해결할 수 있는 영역을 넘어섰다는 이야기이다. 3일 이상 갈등을 겪고 있으면 스스로 한 번은 돌아보아야 한다.

주말부부나 떨어져 있는 부부, 각방을 쓰는 부부는 갈등을 힐링하는 체계에서 벗어나 있다고 생각하면 된다. 서로 힐링할 수 있는 접점이 없기 때문에 힐링체계가 잘 만들어지지 않는다. 부부의 입장에서는 집에 들어왔을 때는 남편이고 아내이어야 한다. 그런데 집에 와도 자기 재미있는 것만 추구하고, 상대와 상관없이 내가 관심이 있는 것에만 집중하면 서로뿐만 아니라 자녀들에게도 관심이 없어진다. 이런 부부의 경우는 갈등이 발생하지 않지만 작은 스트레스도 견디지 못하고, 그 화는 자녀들에게 고스란히 돌아가게 된다. 서로 관심을 끊는 방법으로 갈등을 회피하기 때문에 발생하는 현상이다.

부부간의 갈등은 나쁜 것이 아니라 행복을 만들어가는 원천이다. 부부간에 갈등이 많으면 많을수록 행복해질 수 있는 기회가 많은 것이다. 부부간에 갈등이 없으면 서로 무관심해지는 지름길이 된다. 함께 행복할 수 있는 자아실현도 느끼지 못하면서 그저 하루하루를 살아가게 된다. 인간은 마음에 의하여 생각하고, 생각하게 되면 자신과 그 영역에 있는 가까운 사람들과 갈등을 통해 행복을 찾아가게 된다. 그 과정에서 살아가는 가치와 의미를 느끼게 되어 있는데, 그 자체를 차단하고 살아간다면 과연 편안한 삶이 행복한 삶이라고 할 수 있을까?

　부부갈등은 우리가 생각하는 것만큼 나쁜 것이 아니다. 다만 힐링 또는 치료하지 못했기 때문에 부정적으로 생각하게 되는 것이다. 치료하지 못하는 이유는 갈등의 역할을 정확히 알지 못하기 때문이다. 아내와 남편이 아직도 티격태격하고 있다면 그 이유는 아직 사랑하는 인간관계이기 때문이다. 자아실현은 추구하는 것이지 이루어지는 것이 아니다. 추구하는 과정에서 상처도 느끼고, 행복도 느껴가며 살아가는 것이다. 그런데 서로 무관심해진다는 것은 함께 자아실현을 추구하는 것이 없어진다는 것이다. 그렇다면 갈등이 없는 편안함을 느끼게 되는데, 이것이 과연 좋은 것일까? 부부인데 갈등이 없다면 부부에게 이상신호가 왔다는 뜻이다.

　부부갈등은 부부가 얼마나 잘 살고 있는지에 대한 척도이다. 부부갈등이 없으면 잘못 살고 있는 것이고, 갈등이 있으면 잘 살고 있는 것이다. 부부갈등은 부부가 얼마나 잘 살고 있는지에 대한 척도이다. 그렇지만 부부갈등을 해결하지 못하고 쌓아 놓다 보면 부부문제가 발생한다. 본인도 갈등을 해결하지 못하고 있으면서 다른 가정을 보면서 '왜 저렇게 살아, 나 같으면 이혼한다'라고 하는 사람들은 타인을 보면서 스스로 만족감을 느끼며 편안함을 느끼려고 하기 때문이다. 따라서 편안하려고 하지 말고 갈등을 하나하나 힐링 또는 치료를 해나가야 한다.

질문과 답변

[질문] 1년 동안 말하지 않는 남편은 어떤 상태인가요?

[답변] 대화를 전혀 하지 않고 살아가는 부부가 많다. 남편이 말하지 않는 이유는 상대가 미워서 그러는 것이 아니라 스트레스를 만들고 싶지 않기 때문이다. 남편이 말을 안 하고 있다는 것은 집을 제일 편안하게 생각하고 있다는 이야기가 된다. 남자들은 기분이 좋아지면 말이 많아지고, 스트레스를 받으면 화를 내는데, 말이 없다는 것은 편안하고 아무런 생각이 없다는 뜻이다. 반면 아내가 말이 없어지는 이유는 상처가 치료되지 않은 채 작용하고 있기 때문이다. 이럴 경우에는 자녀들에게 문제가 생길 가능성이 매우 높다.

[질문] 아내는 대화를 너무 하고 싶은데 남편이 말을 하지 않습니다.

[답변] 아내가 남편과 이야기를 하고 싶은 이유는 상처를 치료하고 싶어서이다. 그런데 남편은 이러한 것을 전혀 모르니 치료해줄 수 없는 것이다. 아내는 치료하고 싶고, 남편은 그저 편안해하고 싶어 하는 것뿐이다. 남편은 집이 재미있으면 아내가 가만히 있어도 말이 많아진다. 대체적으로 아내에게 말을 걸었을 때 아내가 하는 말들이 스트레스에 대한 이야기뿐이라 말을 하지 않는 것이다. 그런데 아내도 상처를 치료하기 위한 표현이라는 것을 남편이 알아야 한다. 그렇게 되면 아내도 치료해줄 수 있고, 본인도 스트레스로 작용하지 않게 된다. 가장 좋은 방법은 집을 재미있게 만드

는 것인데, 가장 빠른 방법이 아내의 웃는 표정이다. 아내가 웃고 있으면 남편은 아내에게 말을 하고 싶어진다.

[질문] 갈등을 극도로 싫어하다 보니 많이 억압하며 살아왔습니다. 그런데 지금은 크게 갈등을 겪지 않는 이유가 나도 모르게 마음에 대한 원리를 깨달아서 상대를 배려해줘서 그런 것인가요?

[답변] 극도로 싫어한다는 것은 정반대로 극도로 좋아한다는 것이 작용하고 있다는 이야기이다. 지극히 싫어한다는 것은 억압이고, 지극히 좋아하는 것은 강박이다. 억압과 강박은 정반대에서 작용하는데 지금 현재 너무 편안하다는 것은 억압하는 것 자체에 의미가 사라졌기 때문이다. 이는 두 가지 경우가 있을 수 있는데, 첫 번째는 마음의 원리를 알고 치료가 된 경우, 두 번째는 상처해리가 온 경우이다. 상처해리가 오게 되면 지극히 싫어하는 것도 사라져버린다. 물론 지극히 좋아하는 것도 함께 사라진다.

[질문] 갈등을 극히 싫어하는 것이 갈등을 극히 좋아한다는 뜻인가요?

[답변] 갈등을 극히 좋아한다는 뜻은 치료의 욕구를 강하게 가지고 있다는 것을 말한다. 극히 갈등을 싫어한다는 이야기는 반대로 극도로 치료하고 싶어 한다는 것이다. 치료가 되면 강박으로 가지 않고 억압이 사라지게 된다. 그런데 치료가 되지 않은 채 억압이 사라지면 강박이 형성되어 상처해리로 전환된다. 내가 자꾸 무엇인가 하려고 한다면 상처해리가 왔을 가능성이 높다. 상처해리가 왔더라도 본질을 정확하게 알면 저절로 치료된

다. 그런데 본질이 아니라 무엇인가를 자꾸 하려고 하면 자신도 모르게 강박이 점점 커지게 된다.

[질문] 젊었을 때 남편이 경제적인 것뿐만 아니라 바람, 도박 등으로 아내를 고생시켰습니다. 그런 남편을 늙어서 다시 받아주는 아내는 자기가 행복해지려고 자아실현을 추구하고 있는 것인가요? 아니면 자아존중이 없는 것인가요?

[답변] 남편이 마음고생을 시켰지만 늙어서 받아준 아내는 이제 행복해지면 자존감이 만들어질 것이다. 물론 고생할 때는 치료의 의지를 갖고 있으니 마음도 아프고 속상하고 힘들었지만, 나이가 들어서라도 다시 치료되어 함께 행복해지면 그때부터 낮았던 자존감은 높아지기 시작한다. 그런데 그런 아내를 보고 '속없다, 바보다'라고 하는 여자들은 자존감이 '0'이다. 행복이라는 것을 느껴보지 못했기 때문에 할 수 있는 이야기이다.

[질문] 남편이 돈을 못 벌어 와서 아내가 생활고로 아이와 함께 자살한 경우가 있었습니다.

[답변] 남편은 가치를 추구하고 아내는 의미를 추구한다. 남편에게 가치가 무너지면 아내는 의미를 지킬 수 있는 힘이 없어진다. 아내에게 모성애는 남편과 자식을 대상으로 하는 의미이다. 대부분의 여자들이 경제적 가치의 문제가 생겼을 때 죽고 사는 문제로 가지는 않는다. 그러나 어떤 여자는 경제적 가치에 큰 의미와 기대가 있고 그것에 의존하면서 살아가는

경우가 있다. 남편과의 의미가 중요한 것이 아니고, 가치를 더 중요시 여기면서 살아가는 여자는 남편의 가치가 무너지면, 의미도 같이 무너졌다고 생각하게 된다.

보통의 여자들은 남편이 실패해서 가치가 무너지더라도 의미를 지키려고 한다. 하다못해 식당일이 됐든 뭐가 됐든지 간에 돈이 중요한 것이 아니라 의미를 지키려고 안간힘을 쓴다. 그런데 여자가 가치에 의존되어 있으면 의미를 지키는 방법을 알지 못하기 때문에 무너지고 만다. 무너졌다고 생각하기 때문에 스스로 못 견디고 애꿎은 아이들만 희생양이 되는 것이다.

[질문] 주말부부나 기러기 아빠는 부부갈등을 겪을 시간도 없고, 힐링할 시간도 없는 것이 아닌가요?

[답변] 주말부부와 기러기부부가 있다. 그런데 생각보다 남편들은 힘들지 않다. 가정에서는 아내가 알아서 잘할 것이라고 믿고 신경도 쓰지 않아도 되니 신나고 즐겁다. 다만 편안한 곳이 없어서 힘들 수도 있다. 그러다 보니 주말부부나 기러기부부인 남편들의 공통점은 즐거운 것만 계속 찾아다닌다는 것이다. 혼자 있을 때 오히려 힘들어한다. 또한 아내는 상처가 치료되지 않고 방치되고 있다. 이런 경우는 전화 또는 이메일로 부부가 접점을 이뤄가는 것이 중요하다. 여자들은 상처가 있을 때 혼자 있으면 그나마 살 만하다. 상처가 있을 때 사람과 연결되면 힘들어진다. 일반적인 아내들이 느끼는 어려움이 -10이라면 주말부부나 기러기부부의 경우는 -20~-30만큼의 상처로 인식한다. 그래서 비록 상처가 되는 한이 있더라도

하나씩 하나씩 남편과 이야기하면서 공유해가야 한다.

[질문] 주말부부 또는 기러기부부이지만 남편이 자기 부모님과 같이 산다면 그때도 힘들어하는가요?

[답변] 그런 경우는 집이 곧 스트레스이다. 간섭을 받기 때문이다. 시간에 맞춰서 들어가야 하고 일거수일투족을 통제받는다. 자신의 집에서는 통제가 아니지만 다른 집에 들어가게 되면 그 집에 맞춰야 하기 때문에 통제받기 시작한다. 혼자 있어도 힐링되지 않고 즐거운 것도 재미있게 못한다. 그러니 당연히 힘들어질 수밖에 없다.

[질문] 별거하는 가정은 어떤 심리인가요?

[답변] 별거부부는 주말부부와는 다르다. 주말부부는 함께 자아실현을 추구하고 있지만, 별거부부는 이혼을 전제로 하는 것이다. 이것을 심리이혼이라고 할 수 있는데, 별거는 심리적으로 이혼을 한 상태에 들어가 있는 것이다. 각방을 쓰는 것도 별거와 같은 심리가 작용한다. 더 이상 함께 행복이 아닌 자기행복만을 추구하게 된다.

[질문] 주말부부가 더 애틋하고 좋다는 인식도 있습니다.

[답변] 그러한 인식을 갖는 것은 평일 동안 받은 스트레스와 상처를 주말에 부부가 만나서 힐링하고 치료하게 되니 주말이 기다려지는 것이다. 그

러나 만약 스트레스가 힐링이 안 되거나 상처가 치료되지 않는다면 주말은 끔찍한 악몽이 된다. 주말부부는 행복 아니면 불행 둘 중 한 방향으로 치우칠 수 있다.

[질문] 여자가 결혼을 하기 전에 자기 스스로 힐링되었었는데, 결혼을 해서 남편에게 상처가 생겼다면 치료도 남편에게서 받아야 하나요?

[답변] 자기 자신이 힐링되어 있으면 상관없다. 중요한 것은 부부는 함께 살아가는 데에 있어서 남자는 가치를 추구하고 여자는 의미를 추구한다는 것이다. 아내이자 여자는 의미를 유지한 채 가치도 함께 가지고 있으면 자기 힐링만으로 충분하다. 의미는 함께하는 행복이다. 그런데 의미만을 가지고 있는데 함께하는 것이 행복하지 않다고 느껴지면 내가 아무리 스스로 힐링을 하더라도 부부관계에서는 힐링이 되지 않는다. 부부인데 여자로서 자기 자신의 힐링만 추구하면 가정이 파탄난다. 힐링하는 것이 나쁘다는 이야기가 아니다. 가끔은 사람인 여자로 돌아가서 힐링하고 다시 아내로 돌아와야 한다는 이야기이다. 부부로 아내가 상처를 받았는데 혼자 힐링하니 좋아지고, 다시 상처를 받고 힐링하는 것을 반복해야 한다. 그런데 혼자만의 힐링에만 빠지면 다시 부부관계로 돌아가려고 하지 않게 되면서 힐링의 대상에 중독되어 중독증이 발생하게 된다.

[질문] 부부갈등을 듣고 나니 미혼인 입장에서는 행복을 못 만드는 것인가 생각이 듭니다.

[답변] 미혼일 때는 의미를 크게 가지고 가지 못하게 되다 보니 힐링하기는 하지만 그 폭이 작다. 자기행복이 +10만큼의 크기라면, 결혼을 해서 의미를 가지고 가치와 결합되면 +100~+200으로 행복의 폭이 크다. 하지만 +10의 자기행복도 중요하다. +10이 +100~+200의 행복을 만드는 원동력이기 때문이다.

[질문] 부부는 숙성기간을 거쳐 자가 치유하는 체계가 만들어져 있다고 하였습니다. 그런데 보통 아내들은 남편과 갈등하기 싫어서 입을 닫아버리거나 회피해버립니다. 이러한 상황이 계속된다는 것이 숙성과정을 거치고 있는 것인지, 부부가 파탄으로 가고 있는 것인지 잘 모르겠습니다.

[답변] 파탄으로 가는 길이다. 아내는 치료가 되지 않고 있고 남자는 스트레스를 바깥에서 해소하고 있다면 아내는 상처가 쌓이다가 상처해리로 들어가게 된다. 그렇게 되면 둘 다 집 안에서 뭘 하려고 하는 것이 아니라 바깥에서 무엇이든 하려고 한다.

[질문] 남편이 집에 일찍 들어와도 게임이나 자기 좋은 것만 하고 처자식은 신경도 쓰지 않습니다.

[답변] 남편이 자기 좋은 것만 하니 아내가 치료가 안 된다. 아내가 원리를 정확하게 알고 남편이 내가 미워서 그러는 것이 아니라 스트레스를 힐링하고 있다는 것을 알게 되면 더 이상 나에게 상처가 아닌 것이 된다. 대신 대화가 단절된 채 살게 되면 남편에게 집은 편안한 곳이 아니다.

[질문] 대부부분의 남자들이 집에서 남편으로 있기보다는 남자로 살지 않나요?

[답변] 남편은 바깥에서 가치추구를 하지 집에 가서까지 가치추구를 하지 않는다. 반면 아내는 집에서 의미추구를 하지 바깥에서 의미추구를 하지 않는다. 남편은 바깥에서 가치를 추구하다가 집에 들어오면 의미가 안정되어 있기 때문에 멍하니 편안함을 느낀다. 즐거운 것도 싫고 그냥 아무 생각 없이 멍하게 보낸다. 그런데 게임을 하고 있다는 것은 가정이 뭔가 불안정하다는 이야기이다. 집이 불안정하기 때문에 자기도 모르게 스트레스가 생기는 것을 회피하고 있는 것이다. 집에서 스트레스를 받지 않는데도 계속 뭔가를 하고 있다면 집에서도 가치추구를 하고 있는 것이다. 회사에서 하는 가치추구와 게임의 레벨을 올리면서 가치추구를 하는 것은 별개의 문제이다.

[질문] 자기 집에서 살다가 부모님이 계신 집으로 합가를 하게 되는 경우도 집이 편안한 곳이 아닌 스트레스일 수 있나요?

[답변] 남자에게는 엄청난 스트레스이다. 남자는 자기 뜻대로, 즐겁고 재미있는 데로 가면서 힐링하고 가치를 추구하게 되어 있다. 그런데 자기 뜻과는 상관없이 움직여진다면 그 자체가 스트레스가 되어버린다.

[질문] 주말부부였는데 주말마다 올라오던 남편이 2주에 한 번 올라오고, 한 달에 한 번 올라오고 있습니다. 아내가 이건 아니다 싶어서 1년 정

도 지나서 아내가 지방에 내려가서 합쳤습니다. 그런데 남편이 집에 안 들어오는 것은 다른 곳에서 즐거움을 찾고 있는 것인가요?

[답변] 이미 다른 곳에서 즐거움을 찾았을 가능성이 매우 높다. 주말부부를 하게 되면 불행해지느냐, 행복해지느냐 양극단으로 나뉜다. 좋을 때는 연애하는 기분이고, 안 좋을 때는 같이 있는 것이 스트레스로 여겨진다. 부부가 서로 힐링체계를 만들어 놓고 주말부부를 하면 행복하게 잘 살아간다. 그래서 부부가 함께하는 힐링체계를 만들어가는 것이 중요하다. 그렇게 되면 부부가 함께하는 것이 마냥 좋고 보고 싶어지고, 조금 있으면 헤어져야 하니 아쉬워서 싸울 시간도 아깝게 된다.

[질문] 대부분의 주말부부나 기러기부부의 경우는 엄마가 아이들을 데리고 있는 경우가 많습니다. 그러면 아내는 힐링하기 안 좋은 것이 아닌가요?

[답변] 당연히 안 좋다. 그 이유는 아이들에 관련된 의미를 찾는 것은 좋지만 또 하나의 의미인 남편의 의미가 들어오고 있지 않기 때문에 아내는 어려움을 겪는다. 그런 상황일 경우에는 아이들을 돌볼 때는 돌보더라도 틈이 나는 시간에 남편과 이메일 또는 전화를 지속하여 부부관계의 접점을 유지해주는 것이 중요하다.

[질문] 부부가 한 직장에서 계속 붙어 있는 경우는 심리가 어떻게 되나요?

[답변] 부부가 함께 일을 하면서 24시간 붙어 있는 부부가 있다. 좋을 때

는 매우 좋지만, 안 좋을 때는 매우 안 좋아진다. 부부는 무조건 갈등을 겪게 되어 있는데, 24시간 붙어 있게 되면 힐링할 시간이 없어진다. 갈등을 계속 키워서 시도 때도 없이 싸우게 된다. 그런데 본인들은 늘 같이 있기 때문에 더 이상 상처인지도 모른다. 그러다 조금 떨어져 있는 시간에 문제가 생기면, 그때 폭발하게 된다. 상처가 쌓이고 쌓이다가 어느 날 갑자기 히스테리 반응이 나타나기 시작한다. TV를 보면 보통 장사로 성공한 집들이 거의 부부가 함께 운영하는 곳이 많다. 그럴 경우 가치만을 위해서 가다 보면 성공하는 경우가 있다. 대신 의미와 가치를 맞바꾼 것이 되어 의미는 잃어버린 채 살아가게 된다.

제6장
부모와 자녀의 갈등

　부모와 자녀간의 관계에서도 갈등이 발생하는 원인을 정확하게 알아야만 갈등을 힐링할 수 있다. 갈등은 두 가지 관점에서 생각해야 한다. 첫 번째는 생각기준이다. 생각기준의 차이 때문에 나타나는 현상으로서 내가 생각한 기준과 상대가 생각한 기준이 다를 때 상대의 기준이 틀렸다고 생각하면서 대립하고 갈등이 발생한다. 두 번째는 남자와 여자가 스트레스를 힐링하고 상처를 치료하려고 하는 인간의 심리작용으로 인하여 갈등이 발생하는데, 이를 심리작용의 오류에 의한 갈등이라고 한다.
　부모와 자식의 인간관계를 이야기하기 전에 갈등이 발생하는 원인을 보면, 갈등은 생각기준의 차이 때문에 발생한다. 그리고 이 생각기준은 각자의 기억을 바탕으로 만들어진다. 전 세계에 나와 기억이 같은 사람은 단 한 명도 없다. 사람은 누구나 각자 다른 기억을 가지고 있기 때문에 나와 같은 생각을 하는 사람도 없다. 나의 생각은 나만이 느끼는 생각이다. 이는 아이가 되었든 배우자가 되었든 누가 되었든 각자의 기억이 다르기 때문에 각자 생각이 다를 수밖에 없다. 상대가 나와 생각이 다르면 틀리다로 인식하기 때문에 갈등이 발생한다. 각자의 생각기준이 다른 것뿐이지 내 생각과 다르다고 해서 틀리다로 생각해서는 안 된다.

심리적으로 자존감 또는 자신감이 없는 사람들은 '내가 생각하는 것이 틀렸나?' 하는 생각으로 상대의 생각에 맞추다 보니 문제가 발생한다. 자존감 또는 자신감이 어느 정도 수준에 있느냐에 따라서 상대방의 생각을 중심으로 가느냐 아니면 나의 생각을 중심으로 가느냐가 결정된다. 이때 어느 쪽이든 대립이 발생하게 된다는 것이다. 인간관계에서는 상대의 생각기준이 틀리다고 인식하는 순간 생각기준의 차이에 의해 갈등이 무조건 발생한다.

갈등이 발생하는 또 한 가지 이유는 심리작용의 오류이다. 심리작용의 오류란 무의식으로 표현한 것을 상대는 의식으로 인식하면서 일어나는 오류이다. 상대는 상대의 무의식에 의하여 표현하고, 나는 의식으로 인식하기 때문에 상대가 의식적으로 표현한 것이라고 생각하게 된다.

만약 어떤 사람이 스트레스를 받아서 말과 행동과 표정으로 부정적인 표현을 했다고 하자. 그러면 받아들이는 사람은 '아, 이 사람이 나를 싫어하는구나'라고 생각하게 된다. 자신의 기억을 바탕으로 생각하게 되는데 상대방이 나를 싫어하기 때문에 부정적인 표현을 했다는 생각의 오류에서부터 갈등은 시작된다. 내가 스트레스의 상황에서 상대에게 의도적으로 생각해서 표현하는지 한번 생각해보면 쉽다. 나도 모르게 했던 표현들을 상대가 꼬리를 물고 싸움으로 번지는 일이 많다. 스트레스 또는 상처의 상황에서 나도 모르게 나오는 표현 때문에 서로의 갈등이 깊어진다. 표현은 무의식으로, 인식할 때는 의식하여 생각하게 된다는 것을 정확히 알아야 한다.

갈등은 대립하면서 스트레스와 상처의 부정감정을 유발한다. 만약 A라는 사람과 B라는 사람이 갈등을 겪고 있다고 보자. 이 갈등의 원인이 어디에 있을까? A라는 사람은 자신이 무의식적으로 표현한 것을 기억하지 못한다. 대신 B가 표현한 것들을 기억하고 있다. B도 자신이 무의식적으로 표현한 것을 기억하지 못하고 A가 표현한 것만 기억한다. 그러다 보니 서로 상대 탓하기 시작한다. 내가 한 표현의 10%도 채 기억하지 못하고 상대가 표현한 것은 대부분 기억하고 있으니 내 생각에서는 당연히 상대의 탓이라고 느껴진다. 이때 갈등의 원인은 A의 잘못도 아니고, B의 잘못도 아니라는 것이다.

각자의 기억을 바탕으로 한 생각기준이 서로 다를 뿐이지 틀린 것이 아니다. 이것을 모르다 보니 갈등이 발생한다. 또한 자신이 표현한 것은 기억하지 못하고 상대방이 표현한 것만 기억하다 보니 갈등이 발생한다.

인간은 누구나 자신의 생각을 기준으로 판단하기 때문에 그 누구의 잘못도 아니다. 그래서 두 사람의 갈등을 누군가가 중재하려고 할 때 누군가의 잘잘못으로 진행해서는 안 된다. 만약 상담사가 '이건 A가 잘못한 것이고, 이건 B가 잘못한 것이다'라고 단정을 짓는다면 그것은 정답일까? 그 판단의 기준은 상담사의 생각기준일 뿐이기 때문에 당사자들의 생각기준에 대하여 잘잘못을 논하는 것은 안 된다. 그리고 잘잘못을 가리게 되면 반드시 한 사람은 틀리고 잘못된 것이 되어야 한다. 그런데 그 사람의 생각기준에서는 잘못된 생각기준이라고 생각하지 못하기 때문에 억울하게 생각되어 갈등이 해결되지 않은 채 상담실에서 조차도 갈등으로 싸우는 사람들이 많다.

도대체 왜 인간은 무의식으로 표현하도록 만들어졌을까? 인간은 표현할 때 힐링한다. 힐링은 생각으로 하는 것이 아니다. 그 이유는 생각을 하면 스트레스가 발생하기 때문이다. 생각할 때는 기억에 저장한 정보를 가져와서 이해를 동반하기 때문에 스트레스가 발생한다. 그래서 생각과 의식을 하지 않는 무의식으로 표현할 때 힐링된다.

무의식으로 표현할 때는 남자와 여자의 차이점이 있다. 남자가 무의식으로 표현하는 이유는 스트레스를 제거하려고 하는 것이다. 의식에서 발생되었던 스트레스를 표현을 통하여 제거하는 것뿐이지 상대와는 전혀 관계가 없다.

여자는 상처를 치료하려고 무의식으로 표현한다. 여자는 상처를 가지고 있게 되면 자신도 모르게 가장 친밀한 사람, 가깝고 사랑하는 사람에게 상처를 표현하게 된다. 이것은 상처를 치료하려는 무의식의 작용이지 상대를 괴롭히기 위하여 의도적으로 하는 표현이 아니다.

갈등이 생기는 이유를 두 가지로 정리해보았다. 첫 번째는 상대의 생각 기준이 나와 다른 것을 틀렸다고 인식하는 것에서 갈등이 발생한다. 두 번째는 심리작용의 오류로서 상대의 표현을 왜곡되게 인식할 때 갈등이 발생한다. 인간관계에서는 이 두 가지의 현상이 무조건 생기게 되어 있다.

그렇다면 부모와 자식의 갈등은 어떤 것들이 있는지 살펴보도록 하자. 부모와 자녀의 갈등은 아버지와 아들의 갈등, 아버지와 딸의 갈등, 어머니와 아들의 갈등, 어머니와 딸의 갈등 등 4가지로 분류하여 살펴보아야 한다. 이 4가지는 갈등의 양상이 다르기 때문이다.

먼저 아버지와 아들의 관계를 보면, 아버지와 아들은 모두 남자이다. 둘 다 남자이기 때문에 무의식이 스트레스를 제거하려는 표현을 한다. 만일 아버지가 밖에서 스트레스를 받는 일이 있었고, 이 스트레스를 미처 해소하기도 전에 집에 들어왔는데 우연하게 아들이 눈에 들어오면 그 아들에게 스트레스를 표현한다. 그러면 아들은 아버지의 표현을 보고 자신에게 스트레스를 주고 있다고 인식한다. 아들 또한 남자이기 때문에 스트레스를 제거하려고 자신도 모르게 무의식적으로 표현하게 된다. 그러면 아버지는 "어디 아빠에게 인상을 써!"라고 화를 내게 되고, 아들은 "왜 나만 가지고 그래요!"라고 화를 내게 된다. 만약 아버지가 스트레스를 받고 집에 들어왔는데 아들이 게임만 하고 있으면, 아들은 아버지의 스트레스를 제거할 때 필요한 대상이 되어버린다.

부자간의 갈등을 보면 아버지는 자신에게 만들어진 스트레스를 아들에게 해소하려고 하고, 아들은 아버지가 자신에게 스트레스를 준다고 인식하면서 갈등이 발생한다. 무의식으로 표현할 때 반드시 상대방에게 한다. 사랑하는 사이에서는 무의식으로 표현하게 되어 있는데 과연 부자관계에서는 누가 더 스트레스를 많이 해소하게 될까? 아들은 아버지에게 쉽게 스트레스를 해소할 수 없다. 만약 아들이 아버지를 상대로 스트레스를 해소하려고 표현하면 하극상이 일어난다. 부모와 자식의 관계에서는 아버지가 윗사람이고 아들은 아랫사람이다 보니 대체적으로 아버지가 아들을 괴롭히게 된다. 사실은 괴롭히는 것이 아니라 아버지 자신의 스트레스를 아들에게 해소하고 있는 것이다. 그러나 전후 사정을 모르는 아들의 입장에서는 억울하게 느껴지면서 갈등이 깊어지게 되는 것이다.

아버지가 아들을 사사건건 간섭하고 스트레스를 주는 가정들이 많다. 그러면 아버지는 왜 아들에게 스트레스를 해소할까? 이는 부부관계가 좋지 않기 때문이다. 남편의 입장에서는 본래 부모와 자식의 관계보다 가까운 관계가 아내와의 부부관계이다. 그래서 남편은 아내에게 스트레스를 표현하고, 아내는 상처를 포용한 후 남편의 관심으로 치료하는 과정을 통하여 행복을 만들게 되어 있다. 그런데 부부관계에 문제가 있기 때문에 스트레스가 고스란히 아이들에게 넘어가는 것이다.

부모와 자식의 갈등은 이유여하를 막론하고 제1우선은 부부관계의 문제이다. 모든 부모와 자녀간의 갈등의 가장 근본은 부부문제에서부터 시작한다. 남편과 아내의 부부관계가 좋지 않으면 자녀들과의 관계에서 반드시 갈등과 문제가 발생하게 되어 있다. 남편의 입장에서는 가장 사랑하는 관계인 아내가 사랑에 관심이 없다면 자녀에게로 관심이 넘어가게 되어 있다.

부모와 자식의 관계는 상하관계지만, 부부관계는 대등한 관계이다. 부모는 자녀를 양육할 의무만 있지 자녀에게 스트레스를 해소하거나 자녀를 소유물로 가지고 갈 권리는 없다. 자녀가 건강하게 성장할 수 있도록 하는 양육의 의무만 가지면 되는 것이지, 자녀에 대한 권리는 행사할 수 없다는 뜻이다.

아버지가 아들에게 스트레스를 해소하는 관계가 한 번 형성되면 그다음부터는 아들을 향해서만 스트레스가 표현될 수 있다. 만일 아들이 5명이 있는데 한 명의 아들이 아버지의 스트레스를 받아주다 보면 그 아들에게만 스트레스를 해소하기 위한 표현을 하게 된다. 열 손가락 깨물어서 안 아픈 손가락이 없다고 하는데, 이는 부모와 자식의 관계에서 써서는 안 되는 말이다. 부모는 양육의 의무만 가지고 있지, 권리는 없기 때문이다. 아이들이 자신의 소유라고 생각하게 되니 열 손가락에 대한 이야기가 나오는 것이다.

이런 관계가 한 번만 있는 경우에는 큰 문제가 되지 않지만, 자주 반복되면 갈등과 대립이 발생한다. 아버지는 아들에게 스트레스를 해소하려고 들고 아들은 아버지가 자신에게 스트레스를 주는 이유를 찾지 못하게 되고, 아버지는 항상 자신만 나무란다고 생각하게 되면서 아버지가 잘못되어 자신이 스트레스를 받고 살아간다고 생각한다. 아버지의 관점에서는 어느 날 술을 마시고 들어와서 기분 좋게 아들에게 한마디를 했더니, 아들의 표정도 안 좋고 반응이 안 좋게 나오면 아버지는 아들에게 문제가 있다고 생각한다. 이때 서로에게 '잘못'이라는 개념이 들어가게 된다. 아버지든 아들이든 상대가 분명 잘못되어 있다는 '잘못'이라는 개념이 들어가기 때문에 갈등의 골은 더 깊어진다.

만약에 부자간의 갈등을 중간에서 중재하려고 한다면 둘 중에 한 명이 잘못됐다고 이야기하게 되어 있다. 그러나 사실은 둘 다 잘못이 아니다. 스트레스와 스트레스를 상호간에 해소하려고 했던 것뿐이지 결코 상대방이 밉고 싫어서 했던 표현이 아니라는 것이다. 부자간의 대립이 생각보다 심할 경우, 대립이 심한 이유는 갈등이 반복되고 잘못이라는 개념이 들어가면서 갈등의 골이 깊어지다 보니 갈등이 쉽게 해소되지 않는 것이다. 나중에 서로 사과해도 해결되지 않는다. 이미 아들의 기억에는 아버지가 잘못된 사람으로 결정되어버렸고, 아버지의 기억에는 아들이 문제가 있다고 이미 결정되어버렸기 때문이다.

그렇다면 이러한 부자간의 갈등은 언제 해소될까? 아버지가 돌아가셔도 갈등이 해결되지 않는다. 아들의 기억 속에 이미 잘못된 것으로 결정되어버렸기 때문이다. 기억에서 사라져야지만 갈등이 해소되는데 내 기억이 사라질 때는 바로 죽을 때이다. 나를 기준으로 발생된 갈등은 내 기억이 사라질 때 비로소 해소되는 것이다. 갈등은 쉽게 생각할 수 있지만 이렇듯 무서운 것이다.

남자들의 스트레스는 해소되지 않으면 사라지지 않는다. 아버지와 아들의 관계에서는 아버지가 아들에게 스트레스를 해소하게 되고, 아들은 스트레스가 계속 쌓여서 어느 순간 '아버지는 잘못된 사람이야' 하면서 아버지를 피해버린다. 그리고 훗날에 자진의 아들에게 똑같은 방법으로 대물림되어 이어진다. 이런 일이 발생하는 이유는 남자는 스트레스를 처리하는 능력이 없기 때문이다. 이러한 본질을 정확하게 알려주는 사람이 없었기 때문에 갈등이 반복되면서 누군가는 '잘못'한 것이 되어버리고 갈등은 더 깊어진다. 그러나 각자 개인의 스트레스를 해소하려는 현상일 뿐 아버지와 아들은 누구도 잘못한 것이 없다. 가장 친밀한 인간관계에서 이런 양상으로 작용된다는 것을 아버지도 아들도 몰랐을 뿐이다. 모르는 것치고는 대가가 너무 크다.

두 번째로 아버지와 딸의 관계를 살펴보자. 아버지는 남자이기 때문에 스트레스를 제거하려고 하고, 딸은 상처를 치료하려고 한다. 그러나 부모와 자식의 관계는 상하관계에 있다 보니 부녀갈등이 생기면 상처는 딸에게만 생기게 된다. 아버지는 스트레스가 해소되면 그만이지만, 딸은 여자로서 스트레스를 포용하고 상처로 만든다. 아버지와 아들의 관계에서는 아들이 견디다 못 견디면 아버지와 싸우고 집을 뛰쳐나가면 그만이지만 딸은 고스란히 스트레스를 다 받아들여서 상처로 쌓아둔다.

집에서는 말을 잘 듣는 착한 딸이 있다. 사실은 착한 것이 아니라 상처를 억압해놓는 것이다. 상처를 억압해놓았다가 밖에 나가서 친구나 다른 누군가와의 인간관계에서 자기도 모르게 상처를 치료하려고 하는데, 여자는 상처를 치료할 때 위로와 관심을 필요로 하게 된다. 이 위로와 관심을 친구에게 받으면 그나마 다행이지만 그렇지 못하면 아무에게서나 받으려고 한다. 그러다 보니 외부에서 위로와 관심을 받기 위해 가출하는 경우가 발생한다. 아들은 아빠와 연결되지 않으면 더 이상 스트레스를 받지 않고 그만 이지만, 딸은 치료가 되지 않으면 끊임없이 상처를 치료하려고 하는 것이 가장 큰 문제이다. 부모와 자식의 관계에서도 남자와 여자의 차이점에 때문에 갈등이 다른 양상으로 나타나는 것이다.

세 번째로 모자간의 갈등을 살펴보자. 부모와 자식의 관계에서 어머니는 윗사람이 되고 아들은 아랫사람이 된다. 모자갈등에서 어머니는 여자로서 상처를 치료하려고 들고, 아들은 남자로서 스트레스를 해소하려고 든다. 모자관계가 가장 갈등이 많다고 볼 수 있다. 가정에서 상처는 주로 아내들이 많이 받는데 이를 치료하기 위해서는 위로와 관심을 받아야 하는데 남편들은 주로 밖에 나가 있는 것이 문제이다. 아들은 어머니의 아들이기도 하지만 남편의 아들이기도 하다. 아들에게서 남편이 투사되어 더 미워지기도 한다. 아들에게 잔소리하고 화를 내고 사소한 것 하나에도 못 견디게 되면서 아들의 많은 것을 통제하게 된다. 만약 이 아들이 어머니로부터 유입되는 스트레스를 억압해서 착한 아들로 성장하면 나중에 자아실현을 추구하는 성인이 되었을 때 많은 어려움과 문제를 겪게 된다.

어머니에게 지속되는 스트레스를 받고 자란 아들은 성인이 되어서 완전히 남자의 심리로 편중되거나 완전히 여자의 심리로 편중되는 경향이 있다. 완전히 남자의 심리로 편중되게 되면 무조건 폭력적인 성향이 나타나게 된다. 완전히 여자의 심리로 편중되게 되면 죽는 날까지 억압하고 사는 것이 습관으로 형성되어 남자의 열정이 없어져 버린다. 즉 여자의 심리를 가지면 남자의 열정이 사라지게 되고, 남자의 심리를 가지게 되면 열정이 과다해진다.

만일 아들이 억압하지 않고 엄마에게 스트레스를 해소하려고 대들기 시작하면 어머니의 상처는 배가되고 어머니는 상처가 치료되지 않은 채 더 커지기 때문에 갈등은 더 심각해지고 아들은 견디지 못하게 된다. 대체적으로 인간관계에서 갈등이 발생되면 어느 정도는 힐링하면서 살아가게 되어 있는데 이 갈등이 반복되면서 자녀가 되었든 부모가 되었든 둘 중에 한쪽이 잘못됐다는 생각이 들면서 극단적인의 상황으로 몰아가게 된다. 결과적으로는 아들이 견디지 못하고 심리적으로 매우 심각한 상태가 발생하게 될 수 있다.

네 번째로 모녀간의 갈등을 살펴보자. 어머니와 딸은 여자이다. 어머니도 상처를 치료하려고 하고, 딸도 상처를 치료하려고 한다. 예를 들어 어머니의 나이가 50세이고, 50년 동안의 상처가 치료되지 않고 있다면 상처를 고스란히 딸에게로 전가한다. 원래는 아버지가 치료해줘야 할 상처이지만 치료가 되지 않은 상태라면 어머니의 50년 동안의 상처, 딸의 20년 동안의 상처가 결합하여 70년의 상처를 어머니와 딸이 모두 끌어안게 된다. 딸의 상처는 남편이 치료해주면 되지만 자칫 타인이 치료해주게 되면 치료의 대가로 딸의 인생이 무너질 수도 있다.

4가지 부모와 자식의 관계에서 자식에게 가장 큰 영향을 끼치는 것이 어머니와 딸, 아버지와 딸의 관계이다. 부자관계 또는 모자관계에서는 아들이 피해버리고 스트레스를 제거하면 끝난다. 아들은 스트레스에서 벗어나서 긍정기분에 들어가면 스트레스를 모두 잊게 된다. 다만 스트레스에 연속적으로 노출되고 반복될 때 못 견딜 뿐이다. 그러나 딸은 고스란히 상처를 모두 수용한다. 아버지는 스트레스가 해소됐지만 딸은 스트레스를 수용하여 상처로 쌓아놓는다. 어머니는 상처를 그대로 간직한 채 딸에게 상처를 한 번 줄 때마다 50년 동안의 상처를 주기 때문에 딸의 상처는 기하급수적으로 늘어나게 된다. 부모와 자식의 관계에서 가장 위험에 노출되어 있는 것이 딸이라고 볼 수 있다.

부모와 자식의 관계에서 갈등은 부모가 되었든 자식이 되었든 상관없이 둘 중 한쪽이 갈등이 왜 만들어지는지 정확하게 알게 되면 해결할 수 있다. 만약 부모가 알게 되면 자녀와의 갈등은 생기지 않는다. 부모가 상처와 스트레스를 자녀에게 전가하지 않기 때문이다. 그렇다고 아버지와 어머니가 스트레스와 상처에서 해방되는 것은 아니다. 그러나 최소한 부모가 알면 아이들이 스트레스와 상처에 노출된 채 고통을 겪으면서 살아가는 것을 예방할 수 있다.

이와 관련되는 내용을 듣고 한 여고생이 짜증을 내는 아버지에게 '아빠, 힘내!'라고 표현했더니 더 이상 싸움으로 번지지 않았다고 한다. 아버지가 자신 때문에 스트레스를 받은 것이 아니라 어딘가에서 받은 스트레스를 자신에게 표현하며 힐링하고 있다는 것을 알게 되면서 더 이상 상처로 받아들여지지 않았다고 한다.

갈등의 원인을 알게 되면 스트레스나 상처가 생기지 않는다. 그렇다고 자녀가 원리를 안다고 해서 부모님의 상처와 스트레스까지 치료해줄 수는 없다. 부모와 대등한 관계에서 치료해줄 수 있는 역할이 아니기 때문이다. 그러나 자녀들이 먼저 알게 되면 자녀들이 힐링되고 치료된다. 반면 부모가 알게 되면 최소한 자녀들은 스트레스나 상처를 받지 않고 인간관계에서 만들어지는 스트레스와 상처를 힐링할 수 있는 기본이 만들어지게 된다.

이처럼 아는 것이 중요한데, 부모는 이미 자아가 형성되어 자신의 생각기준이 명확하기 때문에 이러한 이야기를 들으려고 하지 않는다. 부모는 자녀에 대하여 다른 사람들이 조언하면 기분 나빠한다. 그러나 아이들은 조금 다르다. 아이들은 학교의 선생님을 통해서든 매체를 통해서든 자신들의 문제를 해결하려고 한다. 아이들은 부모와의 갈등에서 부모에게서 해결방법을 찾지 못하고 있기 때문에 어떻게 하면 해결할 수 있을까를 생각하면서 스스로 찾아다닌다. 그래서 아이들이 아는 것이 우선이다. 아이들은 자기 스스로가 부모님의 스트레스와 상처에서 자신을 보호할 수 있는 힘이 필요하다.

아이들이 먼저 알아야 부모를 올바르게 바라볼 수 있다. '엄마와 아빠가 상처와 스트레스가 많았구나.', '남자는 스트레스를 제거하려고 하고 여자는 상처를 치료하려고 하는구나.' 이 원리를 아는 것도 중요하지만 한 가지 더 알아야 할 것은 왜 스트레스를 받고 왜 상처를 받는지를 알아야 한다.

아들이든 아버지든 스트레스를 받는 이유는 자기의 생각기준에 맞지 않기 때문이다. 내 생각기준과 틀리다로 생각하는 순간부터 스트레스가 발생되고 상처가 발생된다. 내 생각은 나만의 기억으로 만들어진 자기행복의 기준이다. 남자의 자기행복의 기준은 열정이다. 재미있고 즐거워야 하고 그렇지 않은 것은 모두 스트레스가 된다.

예를 들어 남자가 집에서 TV를 보면서 멍하게 아무 생각이 없는데 옆에서 딸이나 아내가 애교를 부린다고 하면, 그것도 남자에게는 스트레스가 된다. 지금 자기가 추구하고 있는 현재의 자기행복을 깨뜨리는 행동이기 때문이다. 이 재미와 즐거움을 방해하는 것은 모두 스트레스로 인식된다. 딸과 아내의 잘못이 아닌 자기 기분의 상태가 문제이다.

또 한 가지는 자신의 가치추구에 관련된 것이다. 자신이 뭔가를 향해 이뤄 나가려고 하는데 뜻대로 안 되거나 방해하는 요소가 들어오게 되면 스트레스로 인식한다. 이렇게 남자는 재미와 즐거움의 자기행복에 위배될 때 또는 가치추구에 어려움을 느낄 때 스트레스가 발생된다.

남자인 아버지의 입장에서는 바깥일이 잘 안 되고 집에 돌아와서도 재미가 없으면 신경질을 부리고 화를 낸다. 아이들이 잘못해서, 아내가 잘못해서 그러는 것이 아니다. 또한 내 아이들이 잘 성장해야 하는 것도 남자의 가치 중에 하나이다. 집안에 누가 아프면 자신도 모르게 집에만 들어오면 스트레스를 받는다. 남자들은 이렇게 자기행복을 추구해나가는 열정과 가치에 관련된 부분이 스트레스로 작용하게 되어 있다. 남자는 이것을 어떻게 힐링해나갈 것인가가 중요하다.

여자에게 상처가 생기는 이유는 사랑의 감정을 갖고 있기 때문이다. 누군가를 좋아하는 감정, 자신이 좋아하는 것이든 무엇인가 관심을 받는 것이다. 이 관심이라는 개념이 결여되면 상처를 받게 된다. 집에서 아무도 나에게 관심을 주지 않으면 집은 그 자체가 상처이다.

이를 빗대어서 보면 아이가 혼자 있을 때도 남자아이가 혼자 있는 것과 여자아이가 혼자 있는 것이 전혀 다르다. 남자아이는 혼자 있어도 게임을 하던 무엇을 하던 혼자서 잘 놀 수 있다. 반면 여자아이는 혼자 있으면 처음에는 편안하지만, 조금 지나면 아무에게도 관심을 받지 못하기 때문에 힘들어진다. 그래서 끊임없이 SNS에 빠져들게 되고 무엇인가에 빠져들게 되는 것이다. 여자는 관심을 못 느낄 때 상처를 받게 된다. 또 다른 한 가지, 남자는 자신의 가치에 문제가 생기면 스트레스를 받지만 여자는 자신의 의미를 못 느낄 때 상처를 입는다. 이렇듯이 남자에게 스트레스가 발생하고 여자에게 상처가 발생되는 원인이 전혀 다르다.

어머니가 신경질을 부리고 화를 낸다면 무엇이 문제인지 살펴봐야 한다. 자신에게 관심을 달라는 표현을 하던가, 자신의 의미가 무너졌던가, 둘 중에 하나로 볼 수 있다. 이런 상황일 때 어머니에게 관심을 주는 사람이 과연 몇 명이 있는지 살펴보기 바란다. 관심이 결여되어 상처를 입고 있다면 관심을 주면 상처가 치료되고, 의미가 무너졌을 때는 의미를 새롭게 만들어야 한다.

아이들을 보아도 아들은 움직이는 장난감을 좋아하고, 딸은 주로 정지되어 있는 것을 좋아한다. 딸은 인형놀이라든가 미술에 관심이 많다. 이유는 관심과 연결되어 있기 때문이다. 내 아이가 어떻게 진행되어 나가는지는 지금 하는 것을 들여다보면 알 수 있다. 관심을 중심으로 가고 있는지, 재미와 즐거움을 중심으로 가고 있는지를 살펴보고 어떻게 가야 하는지 방향만 알려주면 된다.

이러한 내용이 아이들에게 어렵게 느껴질 것이라 생각하지만 초등학생들에게 설명해주면 그 아이들은 한 번에 이해하고 그것을 평생 동안 가져간다. 예전에는 엄마가 화내고 신경질을 내면 자기한테만 그러는 것이라고 생각하여 화가 나고 다투기도 했지만, 이 원리를 알고 나면 "엄마가 어디서 상처를 받았구나. 내가 관심 줄게, 내가 지켜줄게" 이런 이야기가 아이의 입에서 나오게 된다. 아이는 무슨 뜻인지도 모르면서 그런 말을 하게 되는 것이다. 갈등의 힐링은 어렵지 않다. 갈등을 정확하게 알고 왜 발생되는지 아는 것이 중요하다.

또한 이 원리를 아는 것도 중요하지만 갈등을 통한 스트레스와 상처가 어떻게 작용되는지도 중요하다. 아이들이 왜 불량청소년이 되어 가출하는지를 알아야 한다. 남자아이들은 자기 스트레스를 못 이기기 때문에 가출하고, 여자아이들은 자기 상처에 대한 관심을 받을 곳이 필요하기 때문에 가출한다. 집이 못살기 때문에 가출하는 경우는 거의 없다. 아이들은 죄가 없다. 부모가 이를 먼저 알고 방향을 잡아주면 좋은데 부모는 이를 알려고 하지 않으니 먼저 아이들부터 알려줘야 한다. 그래야 아이들이 최소한 스트레스와 상처를 입지 않는다.

길거리의 불량청소년, 비행청소년, 소년원의 아이들이 그렇게 내몰리는 이유는 부모가 아이들에게 스트레스와 상처를 끊임없이 주고 있기 때문이다. 부모의 스트레스와 상처는 아이들이 만들어준 것도 아니고, 어느 누가 준 것도 아니다. 자기 자신의 생각기준에 의하여 만들어진다는 것을 알아야 한다. 누구의 잘못도 아닌데 스트레스와 상처가 생기는 이유는 원리를 정확히 모르기 때문이다. 원리와 이치를 알게 되면 이해가 된다. 사랑하는 관계이기 때문에 자기도 모르게 무의식으로 스트레스와 상처를 표현할 수밖에 없다는 것이다.

"사랑하는 사이이면 서로 사랑해주기도 바쁜데 왜 스트레스와 상처를 주나요?"라고 아이들이 자주 묻는다. 부모와 갈등을 겪는 자녀들은 "내가 없어지는 것이 엄마와 아빠를 행복하게 만들어주는 길일 걸요?" 심지어 "조건만남을 하는 남자는 돈이라도 주는데, 부모님은 돈도 안 주면서 때린다"고 이야기를 하는 아이들도 있다. 이런 비통한 일이 딸에게 일어나고 있다. 몰랐던 것치고는 대가가 너무 크지 않은가?

남자는 재미와 즐거움을 위해서, 여자는 관심을 받기 위해서 심리가 작용한다. 부모 자신도 그렇게 심리가 작용하면서 내 아이들도 그럴 것이라는 생각을 못한다. 남자의 마음이 작용하는 기준, 여자의 마음이 작용하는 기준은 아이들이든 어른들이든 똑같다. 내가 관심받고 싶어 하듯이 내 딸도 관심받고 싶어 한다. 조금만 관심을 주면 아이가 이내 편안해지고 밝아진다. 그런데 우리는 이것을 모르고 있다.

딸이 나에게 하소연하고 자꾸 안 좋은 이야기를 하고 있다는 것은 엄마에게 상처를 치료해달라고 하는 무의식의 표현이다. 자신이 얼마나 아프고 힘든지 제발 관심 좀 가져달라고 하는 것이다. 만일 부모가 관심을 주지 않았는데, 아이가 갑자기 밝아졌다면 재미와 즐거운 것으로 자기 상처를 덮어버린 것이다. 우리는 이것을 상처의 해리현상이라고 하는데 청소년 시기에는 자아가 형성되어가는 과정이기 때문에 상처의 해리현상을 쉽게 만들기도 하고 또 이내 아파지기도 한다.

성인은 아이들과 다르다. 한번 상처를 덮으면 다시는 아파지려고 하지 않는다. 한번 재미있고 즐거운 것에 중독되면 아픈 곳으로 다시 가기 싫어하기 때문이다. 끊임없이 재미와 즐거움을 좇는 삶을 살면서 이면에는 상처를 점점 더 크게 키우는 것이다. 그래서 히스테리 또는 분노조절장애의 증상이 나타나기도 한다.

부모와 자녀의 갈등에서 가장 핵심은 첫 번째, 갈등의 실체를 아는 것이다. 서로의 생각기준이 다름을 알고 무엇이 어떻게 다른지를 알아야 한다. 어떤 원리에 의해서 발생이 되는지 그 원리를 알아야 한다. 가장 먼저 부모와 자녀에게 갈등이 발생되면 무조건 부모의 책임이라는 것을 알아야 한다. 아이들은 책임이 없다. 부모는 아이들을 보호해야 할 의무를 지녔음에도 오히려 갈등을 유발시키고 있다는 것을 알아야 한다.

두 번째, 사랑하고 가까운 인간관계에서 표현은 무의식으로 하고 인식은 의식으로 한다는 것이다. 그래서 서로 자신의 표현은 기억하지 못하고 상대의 표현을 기억하기 때문에 상대를 탓하도록 만들어져 있는 것이 사랑하고 가까운 인간관계이다. 인간이라면 누구나 이렇게 작용하게 되어 있다. 만약 그렇지 않다면 이는 사랑하는 관계가 아닌 목적관계 또는 비정상관계라는 뜻이 된다. 뭔가 필요에 의한 목적관계는 무의식으로 표현하지 않기 때문이다.

목적이 없는 친한 관계, 사랑하는 관계, 부모자식관계, 가족관계 등에서는 무의식으로 표현하고 의식으로 인식한다. 왜 무의식으로 표현하느냐 하면, 표현함으로써 힐링하기 때문이다. 남자의 힐링은 스트레스를 제거하는 것이고, 여자의 힐링은 상처를 치료하는 것이다. 이 원리를 알고 인간관계를 대입해보면 아는 것만으로도 힐링된다.

딸과 갈등이 있다면 딸은 진심어린 관심만 주면 된다. 처음에는 또 상처일까 싶어서 딸이 받아들이려고 하지 않을 것이다. 그렇다 하더라도 관심을 주는 것을 반복하면 점차 부모님을 좋아하게 되고, 외부에서 관심을 받으려고 하지 않는다. 처음에 받아들이지 않는다고 해도 지속적인 관심을 주는 것이 중요하다. 아들은 재미있고 즐거운 것을 함께 하거나 환경을 만들어주면 갈등이 해결된다.

부모가 이 원리를 알면 아들끼리의 갈등도 중재해줄 수가 있다. 단, 자녀들이 이 원리를 알았다고 해서 부모님의 갈등을 중재해줄 수는 없다. 부모와 자식의 관계는 상하관계이기 때문에 중재해줄 수가 없다. 자녀들은 부모님으로부터 전가되는 갈등을 받지 않을 권리가 있는 것이지 부모와의 갈등이 생겼다고 해서 부모를 치료해줄 권리까지 있는 것은 아니다. 즉 아이들은 양육을 받을 권리만 있지 부모를 양육시킬 권리를 가지고 있는 것은 아니라는 것이다.

부모와 자녀의 갈등에서는 자녀들이 먼저 알면 자기 자신을 보호할 수 있다. 그렇다고 부모와 자녀의 갈등을 해결할 수는 없다. 부모와 자녀의 갈등을 해결할 수 있는 사람은 부모밖에 없다. 대신 자녀가 이 원리를 알게 되면 갈등으로 인해 부모님은 힘들어할지는 몰라도 자신이 힘들어지는 것은 막을 수 있다. 부모가 알면 자기 자신도 힘들지 않을뿐더러 아이들을 힐링해줄 수 있지만, 성인인 부모는 자기의 생각기준, 즉 자아기준을 바꾸는 것이 마치 자아실현을 포기하는 것처럼 인식되기 때문에 알려고 하지 않는다. 그래서 자아를 형성해나가는 아이들부터 먼저 보호해야 한다.

　갈등은 서로가 다르다는 것을 몰라서 생기는 것이다. 결코 상대가 나에게 갈등을 유발시키는 것이 아니다. 사람들은 외부정보가 인식되어 들어올 때 감정까지 따라서 들어온다고 생각한다. 감정은 인식된 것과 내 기억이 결합하여 나의 무의식에서 만들어진 것인데, 외부에서 들어오는 것이 아님에도 사람들은 외부에서 감정이 들어왔다고 해석한다. 외부에서 들어오는 정보가 나의 무의식에서 감정과 결합되어 느껴지다 보니 마치 감정도 외부에서 따라 들어온 것으로 알고 있다. 감정은 마음의 무의식에서 나의 생각기준으로 만들어진다는 것을 정확히 알아야 한다.

　감정이 존재하는 이유는 행복을 느끼고 의미와 가치를 추구하도록 하는 인간의 위대한 자아실현의 능력이다. 하지만 심리작용의 오류로 인해서 많은 왜곡들이 생겨나기 때문에 스트레스와 상처가 많아지고 있다.

　부모와 자식의 갈등도 남자와 여자의 마음이 작용하는 것에 의하여 발생한다. 이때 부모는 아이들을 양육해야 할 의무를 가지고 있고, 아이들은 부모의 양육과 보호 아래 자신의 자아를 건강하게 만들고 성인이 되어서 가정을 이루면서 자신의 자녀에게 양육을 다해야 할 의무를 갖게 된다. 부모에게서 받은 만큼 내 아이에게 의무를 다해야 하는 것이다. 그런데 부모가 아이에게 권리를 주장하기 때문에 문제가 점점 더 심각해지는 것이다.

"내 아이에게 내가 뭐라 그러는데 누가 뭐라 그래!"라고 말하는 부모는 아이에게서 권리를 찾고 있는 것이다. 아이는 부모의 스트레스를 해소하는 대상이 아니다. 이런 생각을 갖고 있는 부모들 때문에 가정폭력이나 아동학대가 발생하고, 자녀에게 심리문제가 심각해지는 것이다. 가정폭력은 부모가 아이들을 학대하며 자신의 스트레스를 해소하는 행위이다. 엄마는 상처를 아이에게서 치료받으려고 하는데, 의무만을 가진 사람이 권리를 주장하면서 자녀들을 대상으로 범죄가 발생하는 것이다. 따라서 부모들은 의무를 권리로 착각해서는 안 된다.

우리는 부모로서의 역할과 자녀로서의 역할을 명확하게 알아야 하고 그 안에서 마음이 어떻게 작용되고 있는지를 정확하게 알아야 한다. 그래야 갈등을 예방할 수 있고, 갈등이 생겨도 치료하고 힐링할 수가 있다. 갈등의 힐링은 결국 내가 정확하게 원리와 이치를 아는 것에 달려 있다. 원리와 이치를 정확하게 알게 되면 스트레스와 상처가 힐링되고 치료된다. 그렇게 되면 비로소 자녀들에게 스트레스와 상처를 해소하는 것이 아니라 건강한 자아를 지닌 아이로 성장해갈 수 있도록 할 수 있다.

질문과 답변

[질문] 부부관계가 좋지 않을 때만 자녀와의 갈등이 생기나요?

[답변] 반드시 그런 것은 아니다. 부부사이가 아주 좋으면 자녀는 관심이

없다. 부부갈등을 해결하고 행복해져도 자녀와의 갈등은 해결되지 않을 수 있다. 갈등은 행복의 원천이고, 부부갈등이 발생하면 반드시 부모와 자녀의 갈등이 발생하게 되어 있다. 그러면 부부간의 갈등을 행복으로 전환해서 아이들과의 갈등도 같이 힐링해야 한다. 부부는 대등한 관계로서 부부갈등은 행복의 원동력이 되지만, 부모와 자녀의 갈등은 행복과 관계가 없다. 부모와 자녀의 관계는 상하관계로 부모는 의무를 가지고 있고, 자녀는 권리를 가지고 있기 때문이다. 그래서 부모와 자녀의 갈등은 반드시 힐링해야 원래대로 돌아갈 수 있다. 또는 부부사이가 좋아 보이기만 하는 것도 문제가 있다. 아내는 부부사이가 좋다고 생각하는데 남편은 아닐 수도 있기 때문이다.

[질문] 갈등은 대화로 풀어야 한다고 하는데 맞는 이야기인가요?

[답변] 대화로 갈등을 풀라는 말이 틀린 것은 아니다. 대화는 심리작용을 할 때 결정적인 역할을 한다. 자기의 마음을 있는 그대로 표현하고 상대방이 표현했던 것을 듣고 해석하는 일련의 과정을 대화라고 한다. 대화로 풀어야 하는 것은 맞는 말이기는 하지만 남자와 여자의 표현이 다르다는 것을 알아야 한다. 대표적인 예로 '이마고 부부대화법'이 있다. '이마고 부부대화법'은 의식을 활용한 대화법이다. A가 표현한 것을 B가 인식한다. 인식을 하면 B가 자기의 생각기준에서 심리처리를 하고 무의식으로 표현하지 않고 A가 한 표현을 되짚어서 다시 한번 피드백을 해준다. 그러면 A는 자기가 표현한 것을 B의 피드백을 통해 다시 인식한다. 내가 표현했던 것을 의식하도록 만들어주는 것이 '이마고 부부대화법'이다. 그러나 이것이

반복되고 이 대화법이 정착되면 부부는 더 이상 무의식으로 표현하면서 힐링할 수 있는 관계가 아니다. 갈등이 생기지 않는 의식적 인간관계를 억지로 만들어버린다. 갈등은 행복을 위해서 반드시 필요하다. 그런데 갈등이 없으니 행복도 없다. 대신 편안할 뿐이다. '이마고 부부대화법'이 나쁜 대화법은 아니지만 부부사이를 의식적 인간관계로 만들어버린다. 의식적 인간관계는 업무관계를 하듯이 자기의 역할만 하면 편안한 그런 인간관계이다. 실제로 행복하게 살아가는 부부에게 '이마고 부부대화법'은 치명적일 수 있다.

발생된 스트레스는 다른 데에서 풀고 부부관계에서는 풀지 않는다. 현재 심리학에서 쓰는 인지치료법과 행동치료법이 틀린 것이 아니다. 그런데 왜 그렇게 작용되는지를 모르고 있다 보니 개발하고 적용하고 또 다른 방법을 개발하고 적용하는 안타까운 일이 계속 반복되고 있다.

[질문] 부부관계가 매우 좋았는데 자녀를 낳고 나서 서로에게 주던 관심이 자녀에게 쏠려서 엄마와 아빠가 둘 다 자녀에게 집착합니다.

[답변] 이미 부부관계는 끝났다고 볼 수 있다. 연애할 때 남자와 여자는 각자 자기행복만 추구한다. 그러다가 결혼을 해서 상대와 함께 같은 방향으로 서로를 믿고 의미와 가치를 추구해간다. 즉 본격적으로 상대를 믿고 자아실현을 추구해가도록 서로가 약속하고 함께 살아가는 것이다. 그러다 자녀가 생기면 자녀는 의미와 가치를 함께 추구해나가는 가족의 개념이 되어야 한다. 그런데 자녀가 생기고 나서 남편이 자녀에게만 관심을 갖고, 아내도 자녀에게만 관심을 가진다면 자녀는 좋겠지만, 부부관계에서는 함께 가는 것이 거의 없다고 볼 수 있다. 꼭 자녀와 함께해야 한다는 개념

이 들어가다 보니 남편이라는 남자와 아내라는 여자에서 문제가 생기기 시작한다. 그러면 아내는 자신도 모르게 계속 상처가 쌓여가고 남편은 아이들과 있으면 힐링되는데 아내와 둘이 있으면 못 견디게 된다. 아이를 양육하는 것에 모든 것을 쏟아붓고 살게 되다 보면 아이가 없이 단둘이 있으면 어색해진다.

예를 들어서 아이들이 3박 4일간 자리를 비우게 되면 부부가 서로 무엇을 해야 할지를 모른다. 둘 다 아이들에게 집중되어 있다 보니 부부관계가 차단되어 있는 것이다. 그렇다고 부부간에 큰 갈등이 있는 것도 아니다. 이런 부부의 공통점은 왜곡되어 있는 사랑을 자녀들에게 주고 있다는 점이다. 이러한 가정에서 자란 아들은 남편을 닮아가고, 딸은 엄마를 닮아간다. 아는 것이 부부관계는 편안하면 된다는 생각기준으로 형성된다. 가족관계는 행복이 중요한데 편안하면 만사형통이라고 생각하니 그 이상의 행복을 모른다.

좋은 것이 결코 좋은 것만은 아니다. 특히 자녀관계에 집착해서는 안 된다. 돈이 없으면 학원에 못 보낼 수도 있는 것이다. 그런데 빚을 내서라도 학원을 보내려고 한다. 이미 남편은 남편 자신, 아내는 아내 자신이 중요한 것이 아니라 자녀를 위해 자신의 자아실현을 희생하는 것이다. 아이들을 위해서 자신의 삶을 희생해서는 안 된다. 부모로서 자신의 삶의 풍요로움을 아이에게 물려주고, 양육해주는 의무를 갖고 있기 때문에 결코 자녀에게 모든 것을 집중해서 살아가면 안 된다.

[질문] 자녀에게 집착하는 부부는 사실 자녀가 태어나기 전부터 문제가 내재되어 있었던 것은 아닌가요?

[답변] 그렇다. 연애할 때 남자와 여자가 정말 죽고 못 살아서 결혼을 했다고 해보자. 대부분의 부부들은 자녀가 태어난 후부터 남편과 아내가 서로 안 좋아지기 시작한다. 서로에게 관심을 쏟을 겨를이 없기 때문이다. 그래서 자녀가 태어나는 기점으로 부부관계가 편안함만을 유지하려고 한다.

그러나 편안한 것은 상처와 스트레스를 힐링할 수 없게 되면서 불행을 예고하는 삶이다. 편안하게 살아가는 사람들은 행복이라는 개념이 없다. 아이가 태어났을 때 갈등을 겪어가면서 치료하고, 행복을 만들어가야 하는데 보통은 상처를 회피해버린다. 갈등이 생기는 것을 원치 않기 때문에 아내도 남편도 함께 서로를 피하는 것이다. 그러다 보니 서로 무관심해지고 자녀에게 집착하는 것이다. 그저 아이들의 엄마와 아빠로서만 사는 것이지 그 가정에는 남편과 아내, 남자와 여자가 없다.

우리는 평범하게 사는 것을 꿈으로 여기며 살아가지만 인간은 태어나서 평범하게 살 수 없도록 만들어져 있다. 평범함이란 불가능한 것을 추구하고 있으니 문제가 생긴다. 편안해지면 사소한 하나의 문제에도 큰 불행이 닥치기 시작한다. 이것이 부부가 편안해져서는 안 되는 이유이다.

[질문] 부모와 자녀는 상하관계라고는 하지만 자녀가 성인이 되면 관계가 좀 달라지지 않나요?

[답변] 부모와 자식의 관계는 자녀가 성인이 되어도 변하지 않는다. 다른 인간관계와는 다르다. 자녀가 할머니, 할아버지가 되어도 부모에게 자식은 자식이다. 50살이 다 되어가는 아들에게 부모는 차 조심하고, 밥 잘 챙겨 먹고 다니라고 이야기한다. 부모와 자식의 관계는 자녀가 성인이 되어서도

동일하다.

[질문] 자기 부모가 가지고 있던 인간관계가 자기 자녀에게 대물림될 가능성이 높은가요?

[답변] 매우 높다. 대체적으로 문제가 생긴 사람들을 보면 "나는 엄마처럼 절대 안 살 거야"라고 말을 하지만 나중에 자신이 엄마처럼 살고 있을 가능성이 높다. 내 아이를 나와 같이 살지 않게 하려면 현재 부모가 행복한 부부관계로 바뀌어야 한다.

[질문] 부모와 자녀가 갈등도 많이 겪었고 많이 싸우는데 내 아이의 아이, 즉 손자와는 전혀 갈등이 없습니다.

[답변] 손자는 조손관계이다. 부모와 자식의 인간관계가 아니다. 조손의 인간관계와 부모자식의 인간관계는 전혀 다르다. 조손관계는 권리와 의무라는 개념이 없다. 조손가정이 문제가 생기는 이유는 아이들이 양육은 되는데 부모의 의무가 없는 상태에서 자아를 형성시키기 어려워지다 보니 문제가 생기는 것이다. 반면 이혼을 해서 편부가정 또는 편모가정일 때는 문제가 생기지 않는다. 만일 아버지가 혼자서 아이를 키우고 있다고 하자. 어머니가 없어서 아이에게 문제가 생길 것 같지만 전혀 그렇지 않다. 아이들은 엄마의 빈자리를 다른 사람들을 보면서 스스로 찾아가기 시작한다. 자아형성을 할 때 습관이 아주 안 좋은 엄마는 차라리 없는 것이 나을 수도 있다. 물론 아빠나 주변 선생님들이 엄마의 상(像)을 어떻게 만들어주

느냐에 따라서 달라지기는 한다. 아이들이 문제가 생기는 이유는 편부가정 또는 편모가정에서 자라서가 아니라 의무를 가진 부모가 아이에게 권리를 주장하기 때문이다.

[질문] 조손가정과 같은 경우는 할머니나 할아버지가 손자들을 부모처럼 혼내지 않습니다.

[답변] 혼낼 수도 있겠지만 부모보다는 못하다. 그러다 보니 아이가 자아형성에 어려움을 겪게 된다. 이 아이가 언제부터 조손가정에서 자랐는지가 중요하지만, 아주 어려서부터 조손가정에서 자랐다면 나중에 성인이 되고 나서 갈등이 발생하면 힐링하는 방법을 잘 모르게 된다. 양육과 보호에서 시행착오를 통하여 만들어져야 하는데, 자신이 어떠한 행동을 한 번 했다면 그 방향으로 습관이 만들어진다. 즉 자아가 형성되지 않은 채 성장하는 것이다. '자아의 미성숙'이라고 보면 된다. 조손가정에서는 시기가 중요하겠지만 그럴 가능성이 높기 때문에 건강한 울타리 안에서 시행착오를 통해 스스로 방법을 찾아 갈 수 있도록 해줘야 한다. 아이들이 실수를 하고 잘못한 것이 중요한 것이 아니다. 잘못했을 때 바로잡아가는 것도 아이들이 알아야 한다. 그런데 한 번 잘못했다고 해서 아이를 잘못된 것으로 낙인찍어 버려서는 안 된다. 그래서 아이들 시기에는 심리장애도 없고, 범죄라는 개념을 도입해서도 안 된다.

[질문] 엄마가 아들을 너무 억압시킵니다. 지나치게 상처 표현해서 아들의 하나하나를 그냥 못 보고 화를 냅니다. 그래서 아들이 또래보다 발달이

늦을 수 있는가요?

[답변] 아들의 발달이 늦게 되어 있다. 엄마가 아들이 뭐만 하면 잔소리 하고 혼낸다면 아들이 행동을 못하게 되어 있다. 표현을 못하고 모두 억압을 해버리면 자아가 형성이 되어 갈 때 시행착오를 겪지 못한다. 자아형성을 할 때 아이들은 표현하고, 실수하면 혼나기도 하면서 '이렇게 하면 안 되는구나'라는 것들을 배워 가야 한다. 그런데 모두 억압해 놓아서 배우지 못하게 되기 때문에 어떻게 해야 할지를 몰라서 멈추는 것이다. 다른 아이들은 자아가 발전되어가고 있는데 이 아이들은 멈춰 있다 보니 마치 늦는 것처럼 보인다. 아들에게 스트레스를 주고 풀어주는 것이 아니라, 계속 스트레스만 주다 보니 아이가 풀지 못하고 멈춰버리는 것이다. 그것이 남자의 스트레스이다. 만약 내 남편이 지금 나이에서 멈춰버리면 아내는 발전해가고 있는데 남편은 멈춰져 버렸기 때문에 같이 살지 못한다. 그렇게 남자에게는 스트레스는 치명적이다.

[질문] 아들이 계속 억압을 하다가 군대에 가고, 제대를 하고 나면 어떻게 되나요?

[답변] 남자는 한 번은 군대를 가볼 필요가 있다. 남자는 군대에 가서 스트레스를 받다가 해소를 했다가, 스트레스를 받았다가 해소를 했다가 반복한다. 그러나 여자는 상처를 쌓아놓는다. 여자는 상처를 쌓아놓기 때문에 군대에 가면 심리가 무너진다. 남녀평등을 이야기할 때 병역에 대한 이야기가 나오기 마련인데, 여자가 군대에 가면 안 되는 이유가 남자의 마음과

여자의 마음이 작용하는 것이 다르기 때문이다.

[질문] 억압을 많이 받았던 아들이 군대를 제대하고 결혼을 했을 때 가정생활을 원만히 할 수 있나요?

[답변] 그건 알 수 없다. 군대에서 형성된 자아가 폭력적으로 형성되어 있을지 아니면 좋게 해결하는 쪽으로 형성되었을지 모르기 때문이다.

[질문] 부모가 자녀에게 소유욕이 있습니다. 자녀가 성인이 되어서도 자아실현의 일부를 부모에게 떼어줘야 한다고 주장한다면 부모와 자녀의 인간관계를 끊는 방법밖에 없나요?

[답변] 부모는 자녀에게 의무만 있는데 '내가 너를 이렇게 양육을 했으니 나를 책임져라'라고 생각하는 것은 양육의 의무를 권리로 착각하는 것이다. 이것은 자칫 잘못하면 범죄로 갈 수 있다. 역으로 자녀가 장성했는데도 부모를 책임져야 한다고 하는 것은 권리를 과다하게 주장하는 것이다. 의무를 권리로 주장하는 사람은 부모로서의 역할을 상실한 것이다. 의무인데 권리라고 주장하는 부모는 대부분 치료가 어렵다. 그래서 부모와 자녀를 분리해 놓고 부모가 자녀에게 권리행사를 못하도록 막아 놓아야 한다. 이때는 자녀가 부모로부터 벗어나는 것이 상책이다. 자녀에 대한 권리가 과다한 경우는 반드시 그 자녀도 치료해야 한다.

[질문] 부모의 자아형성 기준이 이미 잘못된 것이거나, 자녀의 자아형성

이 안 되어 있는 상태라면 어떻게 해야 하나요?

[답변] 부모가 자녀에 대한 권리가 과다해진 것은 치료를 통해 줄일 수 있다. 치료라는 것은 자아형성을 하도록 할 수도 있고, 의미와 가치를 추구하도록 만들어주는 것이다. 만일 의미와 가치를 추구하는 것에 문제가 생겼다면 변화시켜주는 것도 치료된다. 자식의 입장에서는 이제 성인이 되었기 때문에 부모의 보호가 없어도 살아갈 수 있다. 그러나 부모에게서 문제가 생겼을 때는 다르다. 자식은 어디까지나 부모에게는 영원히 자식이다. 그런 부모가 의무를 권리로 알고 있을 때는 무조건 벗어나는 것이 상책이다. 반면 자녀들은 치료하면 된다. 그러나 부모의 입장에서는 문제를 인식하려고 하지도 않고 문제를 해결하려고 하지도 않는다. 치료라고 하는 것도 자기가 필요해서 의지를 갖고 있을 때 되는 것이다. 치료는 스스로 하는 것이기 때문이다.

[질문] 자녀의 자아형성이 덜 되었든, 자아형성에 문제가 생겼든 치료에 대한 부분은 부모의 의무인가요?

[답변] 부모가 의무를 다해야 하는데 자식에게 권리를 행사하기도 바빠서 의무를 지려고 하지 않는다. 그래서 분리해야 한다고 이야기하는 것이다. 이 부모는 자녀를 치료해줄 수 있는 능력을 상실했다. 의무가 없는데 어떻게 치료해줄 수 있겠는가?

[질문] 부모는 희생만 해야 한다는 것인가요?

[답변] 희생하는 것이 아니다. 자녀가 자아실현을 할 때 부모님이 나를 키워주신 것을 감사하게 느껴진다. 그렇게 만들어졌을 때 진정으로 자신의 풍요로움을 바탕으로 부모를 봉양하는 것이다. 부모가 은퇴하고 나면 더 이상 의무가 아니라 이제 권리를 가지고 있는 것이다. 의무에서 권리로 넘어갈 때가 부모의 은퇴이다.

[질문] 자아실현을 모르는 사람은 죽을 때까지 가치 또는 의미가 무엇인지 모른 채 살아가나요?

[답변] 모르고 살아간다. 돈이 최고의 가치가 되어버린다. 지금은 의미가 필요하지 않고 돈만 있으면 되는 사회로 몰아가고 있다. 그래서 혼자 살려고만 하고, 결혼에 관심을 갖지 않고, 아이를 낳는 것에 관심이 없다. 과거에는 더 가난했는데 왜 현재의 풍요로운 시대에 더 이상은 아이를 낳지 않을까? 지금 사람들이 결혼을 기피하고 아이를 안 낳는 이유는 자신의 가치 추구 때문이다. 아이를 많이 낳아서 기를 수 있는 환경을 만들려면 가치를 풍부하게 만들어놓아야 한다. 일자리와 돈이 중요한 것이 아니라 가치가 풍요로워야 한다.

[질문] 남편과 아내의 가치기준이 다릅니다. 그러면 양육되는 아이들은 부모의 가치기준이 서로 달라서 혼란스러워하지 않을까요?

[답변] 상관없다. 엄마가 말하는 가치, 아빠가 말하는 가치, 학교에서 말하는 가치, 어디서든 '한 가지만 있는 것이 아니라 여러 가지의 가치가 있

네'라고 아이가 느끼면 아이의 머릿속에는 여러 가지의 가치가 형성되어 가고 있는 중이다. 자아형성에 매우 다양하고 큰 부분을 아이에게 만들어 주고 있다고 생각하면 된다. 그래서 학교에서 사회적 가치, 관계적 가치, 경제적 가치가 있다는 것을 알려줘야 하는데 학교에서도 경제적 가치만을 가르치고 있는 실정이다. 유치원 때부터 아이에게 경제교육, 직업교육, 진로교육을 시킨다. 아이에게 경제적 가치가 가장 중요하다는 것을 계속 심어주고 있는 것이다. 그러다 보니 그 이외의 가치는 아예 없는 것으로 아이들의 자아가 형성된다. 설령 부모는 그렇다 하더라도 선생님이나 학교에서 자아실현을 추구하는 방향이 풍요롭다는 것을 알려주면 아이들이 자기 스스로 자아형성을 해나가고 선택하고 결정해나갈 수 있다. 그런데 우리는 그것조차도 아이들에게 차단시켜 놓고 돈을 최우선으로 가고 있다.

[질문] 만약 가치관이 달랐던 부모가 이혼을 했다고 한다면, 자녀가 아빠와 함께 살다가 엄마와 함께 살게 되면 아이의 가치관의 혼란이 오지 않나요?

[답변] 상관없다. 아빠가 말한 하나의 가치만 중요한 것이 아니라 학교나 주변을 통해서 다른 기준도 존재하고 있다는 것을 스스로가 알게 된다. 부모라고 해서 항상 좋은 것만을 아이에게 계속 주면 아이가 나중에는 그게 좋은 것인지 나쁜 것인지 분별하지 못하게 된다. 새로운 것이 들어올 때 그것을 극복하는 능력이 없어져 버린다. 그래서 아이들이 성인이 되어서 새로운 환경에 부딪힐 때마다 새로 시행착오를 겪게 된다. 만약 아이에게 '무조건 100점 맞아야 좋은 대학을 가고, 못 가면 인생은 끝나는 거야'라고 부모가 주입해서 키웠다고 해보자. 아이가 계속 100점을 맞아오다가 90점

을 맞으면 인생이 끝났다고 생각하고 자살할 수도 있는 것이다. 이런 일들이 일어나는 이유는 아이가 하나의 기준을 전부라고 알고 있기 때문이다. 아이들에게는 이런 것도 있고, 저런 것도 있다는 것을 알려줘야 한다.

[질문] 요즘 초등학교를 보더라도 엄마들이 개입해서 자기의 생각기준을 학교에 강요합니다.

[답변] 학교는 선생님, 학생, 학부모로 구성되어 있다. 현 사회에서는 교권이 모두 무너져 있다. 학부모가 나서서 교권을 다 끌어내렸다. 부모들의 생각기준이 가치 하나에만 묶여 있기 때문에 학교에서는 좋은 대학을 보내주기만 하면 되는 곳이다. 그러다 보니 학교에서는 수능에 나오지 않는 것을 가르쳐줘서는 안 되는 곳이 되었다. 초점이 학생들에게 다 맞춰지다 보니 선생님들이 무너져내리고 학생들의 인성이 무너져서 선생님 알기를 우습게 안다. 학교의 선생님이 학원의 선생님보다 못한 존재가 되어버렸다.

[질문] 남편이 타지에서 일을 하고 있고, 아빠가 자녀들에게 스트레스를 표현한 적이 없습니다. 그런데 엄마가 자녀들에게 남편을 나쁜 아빠로 각인을 시켜버리면 아빠와 자녀와의 갈등은 어떻게 되나요?

[답변] 아빠는 자녀와 갈등이 없는데 자녀들에게는 갈등이 남아 있게 된다. 그러면 아빠는 얼떨결에 뭇매를 맞는 꼴이 된다. 자신이 준 갈등이 아님에도 타인에 의해서 부모와 자식의 관계가 날아가버린 것이다. 엄마가 아이들에게 아빠의 자리를 나쁘게 없애버린 것과 같다.

[질문] 남편이 외도한 것을 아내가 딸들에게 푸념하면서 상처를 표현하니 딸들도 아빠가 싫고 밉다고 합니다.

[답변] 엄마는 딸이 결혼하기도 전에 외도의 외상트라우마를 갖고 살아가도록 만든 것이다. 엄마가 딸에게 '나 혼자는 못 죽어, 너도 나랑 같이 죽자'라고 하는 것과 같은 것이다. 하지 말아야 할 일들을 생각하지도 않고 하는 것이다. 이때 아빠가 할 수 있는 역할은 없다. 엄마 스스로가 문제가 있다는 것을 인지하고 자신의 외상트라우마를 치료해야 한다. 그렇게 자신을 먼저 치료한 후 회복해놓고 딸들을 치료해줘야 한다. 그런데 엄마가 치료되지 않은 상태에서 아빠가 뭘 하려고 하더라도 딸은 전혀 치료되지 않는다. 이미 딸에게는 아빠에 대한 확고부동한 외상트라우마가 작용하고 있기 때문이다. 부부관계는 대등한 관계이기 때문에 상처를 줬더라도 남편이 노력하면 아내의 상처에 관련된 부분을 치료해줄 수 있다. 그러나 부모와 자식의 인간관계는 상하관계이기 때문에 아빠가 어떠한 노력을 해도 회복되기가 어렵다. 그나마 안 보이면 상처를 덜 받게 되는데 부모와 자식이 안 본다는 것은 무슨 의미인가? 아빠와는 부모와 자식의 인간관계가 끝나는 것이다. 그래서 이런 경우는 남편이 할 수 있는 것이 없다.

[질문] 딸이 결혼을 했습니다. 남편이 술 마시러 다니면 전화도 잘 받지 않아 아내가 잔소리를 합니다. 그런데 한술 더 떠서 친정엄마는 사위가 정신을 차리도록 아예 전화를 받지 말라고 합니다. 이런 경우 친정엄마가 부부갈등을 더 부추기고 있는 것이 아닌가요?

[답변] 부부관계에서의 문제는 어느 누구도 개입해서는 안 된다. 부부관계의 문제를 개입하게 되면 부부관계를 갈라놓는 것밖에 되지 않는다. 아무리 좋은 이야기라고 할지라도 부부관계의 문제를 개입해서는 안 된다. 이런 경우 상처를 공유하다가 친정엄마나 딸 둘 중에 한 명에게 상처의 해리현상이 발생하면 매우 심각한 상황이 발생한다.

제7장

청소년의 갈등

 청소년의 갈등에 대해서 알아보기 전에 갈등에 대해서 알아보자. 갈등은 두 가지 경우로 생각해볼 수 있다. 첫 번째는 생각기준의 차이로 갈등이 발생할 수 있다. 생각기준의 차이는 자신의 생각기준과 상대의 생각기준이 다를 수밖에 없는데 상대의 생각기준이 틀리다고 생각되는 순간부터 갈등이 발생된다. 상대 때문에 갈등이 발생한 것이 아님에도 상대 때문에 문제가 생겼다고 생각하게 된다.
 두 번째는 심리작용의 오류로 갈등이 발생할 수 있다. 사람과 사람이 서로 심리작용을 하면 무의식으로 표현하고 의식으로 인식하게 된다. 상대가 무의식으로 아무런 생각이나 의식을 하지 않고 표현한 것들을 내가 인식할 때 의식하다 보니 '분명히 내가 싫어서 저런 말을 하는 거야'라는 생각의 오류가 생긴다. 이것이 심리작용의 오류이다. 오류는 잘못되었다는 뜻이 아니라 본질과 다르게 왜곡되었다는 것을 뜻한다.
 예를 들어 A가 스트레스 상황에 무의식적으로 표현한 것을 B는 A가 나에게 의도적으로 표현했다고 생각한다. 그러면 B도 A에게 무의식적으로 표현하게 되는데, 아무 생각이나 의식을 하지 않고 표현하다 보니 자신의 표현은 기억하지 못하고 상대의 표현만 기억하게 되면서 갈등이 발생하고, 서로를 탓하게 된다.

갈등의 원인인 생각기준의 차이와 심리작용의 오류는 인간이라면 누구나 발생하게 되어 있다. 갈등이 없다는 이야기는 자신의 생각기준이 없거나, 타인과 관계없이 자기 생각대로 살아가고 있다는 이야기가 된다. 나에게 갈등이 없다면 나로 인하여 나의 주변 사람들에게 갈들이나 문제가 발생하면서 힘들어하고 있을 가능성이 크다.

사람과 사람이 만나서 심리작용을 하지 않고 살 수는 없다. 사람으로서만 존재하면 심리작용을 할 필요가 없다. 자신의 생존만 문제가 될 뿐이지 타인과의 갈등이 발생하지 않는다. 그러나 우리는 사람과 사람이 만나서 인간관계의 사회를 살아가야 하기 때문에 심리작용을 하게 되고, 그 안에서 갈등이 발생하게 된다.

그럼 청소년의 갈등을 살펴보자. 갈등은 인간관계에서 발생하는 것이기 때문에 청소년을 기준으로 그들의 인간관계를 먼저 살펴보아야 한다. 청소년에게는 제1우선으로 부모님과 가족관계가 있다. 그리고 학교에서 만들어지는 선생님과의 관계, 친구들과의 관계, 선후배의 관계가 있다. 그리고 이러한 인간관계에서 어떻게 심리가 발달되어 가는지 알아야 한다.

심리발달의 단계를 살펴보면, 0세부터 5세까지는 생존의 유무가 중요한 생존기이다. 5세부터 13세까지는 인간관계를 맺는 법을 배우는 관계적응기이다. 그리고 13세부터 20세까지는 자신의 생각기준을 만들어서 어떻게 살아갈지를 배우는 자아형성기이다. 자아형성기는 자아를 형성해가는 시기이지 자아가 완성된 시기가 아니다. 정확한 생각기준을 갖고 있는 상태가 아니라 시행착오를 통해서 자신의 생각기준을 만들어가는 시기이다.

생각기준이 자리 잡지 않은 상태에서 넘어져도 보고, 실수도 해 보면서 자아를 만들어가는 것이다. 실수도 해봐야지 실수인 것을 알고 올바른 생각기준을 만들어갈 수 있다. 마치 습관이 만들어지는 것과 같이 자아가 형성되어 간다. 이때 청소년들이 하는 실수를 '잘못'이라고 해서는 안 된다. 아직 생각기준이 자리 잡지 않은 상태에서 청소년들은 잘못인 줄 모르고 시행착오를 겪었을 뿐이다. 스스로 실수를 인정하고 다시는 반복하지 않을 때 비로소 생각기준이 자리를 잡는 것이다.

자아가 형성될 때는 좋은 것만 존재하는 것이 아니라 실수도 함께 존재해야지만 옳다 그르다 기준을 만들어갈 수 있다. 그런데 부모님들을 대체적으로 아이들에게 좋은 것만 경험하도록 하기 때문에 아이들이 옳고 그름의 기준을 제대로 배워가기가 어렵다. 좋은 경험만 지닌 청소년이 성인이 되어 자아실현을 해나갈 때, 문제가 생기면 어떻게 될까? 실수를 경험해보지 못했기 때문에 어떻게 대처해야 할지도 모르는데 이미 성인이 되었기 때문에 그 실수에 대한 책임을 져야 하는 어려움에 빠진다. 청소년은 부모님과 학교의 보호에서 실수를 통해 생각의 기준을 만들어가는 시기이기 때문에 많은 것을 경험해보는 것이 좋다.

자아형성기는 올바른 행동과 실수의 경험을 통해서 배워가는 시기이다. 그런데 우리는 그 배움의 기회를 주지 않고 있다. 그렇다 보니 올바른 자아형성이 되지 않아 청소년들이 성인이 됐을 때 올바른 자아실현을 하기 어렵다. 성인이 되어서 사회 속에 들어가면 실수는 용납되지 않기 때문에 인간관계뿐만 아니라 회사생활에서 갈등이 점점 커지게 된다. 현 사회에서 이직률이 높고 자영업을 하려는 청년들이 많아지는 이유이기도 하다.

청소년들은 시행착오를 통해 자아를 만들어가는데 청소년들에게 갈등이 생기는 이유는 자아가 만들어져 있는 상태가 아니라 자아를 형성해나가야 하는데 자신이 생각했던 것과 다르면 생각의 오류에 빠지기 때문이다. 아직 경험이 적기 때문에 생각기준이 적을 수밖에 없다. 그렇기 때문에 수많은 시행착오와 경험을 쌓아가면서 자아를 형성하고 자신의 생각기준을 만들어가는 시기이다. 이 과정을 통해 습관과 자신의 생각기준을 만들어 성인이 되었을 때 비로소 자아실현을 추구해나간다.

청소년은 부모님과 학교의 보호에서 작은 사회를 배워나간다. 사람이 아닌 사람과 사람인 인간으로 살아갈 때 마주하는 어려움을 극복해나가는 것을 배우고, 성인이 되어서 필요한 지식을 배우면서 자아를 실현해나갈 수 있는 자신을 만들어간다. 이때 자신이 가지고 있던 생각기준과 새로운 경험 및 지식이 맞지 않을 때 갈등이 발생된다. 이는 인간이라면 누구나 겪어야 되는 과정이다.

청소년은 이제 겨우 십여 년을 살아왔는데 반평생을 살아온 부모님과 과연 생각기준이 같을 수 있을까? 부모님은 오랜 세월 살아오면서 많은 경험을 통해 이미 자아가 형성되어 있는 상태이다. 그러나 청소년이 이제 막 경험을 시작했는데, 부모님의 생각기준으로 청소년의 생각기준에 대하여 무조건 '잘못'이라고 하면 과연 자녀가 갈등 없이 받아들일 수 있을까? 자녀는 아직 경험을 못 해보았기 때문에 '잘못'인 줄 모르고 했던 행동들을 무조건 잘못이라고 해서는 안 된다. 아이들은 시행착오의 과정에 있다는 것을 알고 같은 실수를 반복하지 않도록 설명해주면 갈등은 이내 해결될 수 있다.

말을 잘 듣던 아이가 어느 순간부터 "왜요? 왜 그래야 하는데요?"라고 말하기 시작하면 관계적응기에서 자아를 형성하는 자아형성기로 넘어온 것이다. 그런데 부모님들은 아이들이 말을 듣지 않게 되자 사춘기가 와서 부모님에게 반항한다고 생각한다. 부모님이 지속적으로 본인의 생각기준을 강요하면 아이는 '이제 엄마나 아빠와는 대화가 안 통해'라고 생각하고 부모님과의 대화를 거부하기 시작한다. 아직 경험해보지 못한 아이들은 부모님의 말이 귀에 들어오지 않는다. 그러다 보니 부모님이나 선생님과 청소년은 갈등을 겪을 수밖에 없다.

청소년시기에 있는 아이들은 갈등을 겪게 되니 또 다른 곳에서 자아를 형성하려고 한다. 학교에 가서 선생님과 이야기하려는데 선생님도 자신의 생각기준만을 강요한다면 선생님과의 대화도 점점 사라지게 된다. 그래서 주로 청소년시기에는 친구들과 많이 어울리게 된다. 요즘은 같은 또래들끼리 만나서 또래상담을 하는 경우도 많다. 그런데 같은 또래도 경험이 적은 것은 마찬가지인데 어떻게 상담을 해줄 수 있을까? 같은 생각기준을 갖고 있는 친구와는 문제가 생기지 않겠지만 자신의 생각과 다른 기준을 갖고 있는 친구와는 갈등이 생기게 된다.

청소년들이 친구끼리 어울리는 것을 보면 한 가지의 생각기준으로 친구가 된다. 어른들이 볼 때는 한 가지의 생각기준이 세상 전부인 것처럼 이야기하는 아이들이 귀엽다. 그런데 시행착오를 반복하다가 한 아이는 그 생각기준이 좋은 것이 되고, 한 아이는 그 생각기준이 좋지 않은 것이 되면 과연 자아실현을 할 때도 이 둘은 친구가 될 수 있을까? 이렇듯 친구를 사귀는 방식, 공부하는 방식 등 수많은 것들을 경험하고 시행착오를 겪으면서 생각기준이 형성되고 바뀌기도 하면서 어른이 되어 간다.

한 가지 더 살펴볼 점은 과거에는 아이들이 직접 경험에 의하여 넘어져도 보면서 시행착오를 경험하였지만, 현 사회의 아이들은 SNS나 인터넷의 많은 정보가 공유되면서 직접 경험하지 않고 생각기준을 만들어간다는 점이다. 자아를 형성해나가는 시기는 경험을 통해서 옳고 그름의 기준을 하나하나 만들어가야 한다. 그런데 SNS나 인터넷을 통한 정보와 지식으로 생각기준을 만들어가기 때문에 시행착오를 경험하지 못하는 문제가 발생한다. 누군가의 생각기준이 아무 경험도 없이 나의 생각기준이 되어버리는 것이다.

인터넷을 보면서 생각기준을 한꺼번에 만든 친구와 하나하나 경험을 하면서 생각기준을 만들어가는 친구는 갈등을 겪을 수밖에 없다. 또한 하나하나 생각기준을 만들어가야 하는데 너무 빨리 생각기준이 만들어져 버리면 자아를 형성하는 차원을 넘어서 자아실현을 하려고 한다. 청소년시기에 이미 20세 이상의 자아를 가지고 실현해나가는 아이들이 점점 많아지고 있는 이유이기도 하다.

지금의 학교에서도 아이들의 자아실현을 앞당기고 있는 실정이다. 자아를 형성시키기보다는 기술교육과 직업교육으로 자아실현에 필요한 것들을 가르치다 보니 아이들이 올바른 자아를 형성해나가는 시기를 잃어버리고 있는 것과 같다. 또한 인터넷의 정보가 선생님 또는 부모님의 말보다 더 정확하기 때문에 어른들의 말을 들으려고 하지 않고 경험을 배우려고 하지 않는다. 즉 자신의 자아가 형성되지 않게 되는 것이다. 자아(自我)란 스스로 自, 나 我, 즉 자신 스스로의 경험으로 만들어지는 것이다. 그런데 경험이 없는 상태에서 SNS나 인터넷의 정보만으로 만들어진 것은 자신의 자아라고 할 수 없다.

인터넷에 홍수처럼 넘쳐나는 정보 속에서 인간의 자아기준이 만들어지고 있다. 청소년시기에 시행착오를 겪으면서, 갈등을 겪으면서 자아를 형성해나가야 하는데 이런 과정이 인터넷의 정보로 인하여 필요가 없어져버리는 것이다. 정보매체가 자아를 결정해버리면 부모님과의 관계, 선생님과의 관계도 필요가 없어진다. 그저 부모는 날 먹여주면 되고, 선생은 지식만 주면 되는 존재가 되어버린다. 부모는 날 낳았으니 당연히 책임을 지고, 선생은 뭘 알고 있는지 가르쳐보라는 식의 생각을 하도록 사회가 청소년들을 내몰고 있다.

 현 사회의 청소년들은 인간관계의 갈등을 만들려 하지 않는다. 부모와 자식의 관계에서 대화도 없고, 갈등도 없고, 의견대립도 없다. 여러 아이들이 한 아이를 따돌리는 이유도 자신들과 맞지 않다고 생각하기 때문이다. 정보매체에 의해 획일적으로 생각기준이 만들어진 아이들이 하나하나 스스로 경험하면서 자아를 형성해가는 아이를 받아들이지 못하는 것이다. 그런데 과연 성인이 되어서 건강한 자아를 갖고 있는 아이는 누가 될까?

 현 사회의 성인들은 직접 부딪히고, 넘어지고 하면서 자아를 형성해왔다. 자신의 경험들에 의하여 하나하나 자아를 형성했기 때문에 자아를 실현해나갈 때 어려움이 있어도 극복할 수 있는 힘을 갖고 있다. 그런데 요즘 청소년들은 정보매체에 의해서 자신의 경험도 없이 생각기준을 만들었기 때문에 성인이 되어 자아실현을 할 때 사회가 바뀌고 정보가 바뀌면 견딜 수 있는 힘이 없다. 성인이 되어서 부딪히고, 넘어지면서 자아를 다시 형성해나가야 하는 어려움이 생긴다. 청소년의 시기는 자아를 형성해가는 시기이기 때문에 옳고 그름에 관련되는 기준을 변경해가면서 자리를 잡게 할 수 있다. 그러나 성인이 되어 자아실현을 할 때는 이미 자신의 생각기준이 형성된 상태이기 때문에 올바른 생각기준으로 변경하기가 매우 어렵다. 청소년은 1년도 소요되지 않아도 바뀔 수 있는 생각기준을 성인은 10년이 걸려도 바꾸기 힘들다.

청소년시기인 13세부터 20세까지의 긴 시간동안 자아를 형성하도록 만들어진 이유는 넘어져도 보고, 실수도 해보면서 선악(善惡)에 관련된 생각기준을 만들어가라고 하는 기간이다. 그런데 많은 정보매체를 통해서 2~3년 만에 자아를 형성해버린다. 요즘은 15세만 되어도 이미 어른의 자아실현을 하고자 한다. 그러나 자아실현에는 반드시 책임이 뒤따른다. 자아를 형성해나가면서 하는 실수는 바로잡을 수 있지만, 자아를 실현해나가면서 하는 실수는 더 이상 실수가 아닌 '잘못'으로서 반드시 책임을 져야 한다.

자아형성을 넘어 자아실현을 하는 청소년들은 아직 책임을 질 수 있는 나이가 아님에도 불구하고 책임지지 못할 행동들을 하는 것이다. 이것이 현재 청소년들의 갈등에 결정적인 원인이 된다. 어른들과 나의 자아실현이 같을 가능성이 없기 때문에 갈등이 생길 수밖에 없다. 부모님은 물론 선생님과도 갈등이 깊어져서 학교도 그만두고 사회에 뛰어들어 가려고 가출도 마다하지 않는다.

부모의 입장에서는 지난 과거를 살아오다 보니 학력도, 지식도, 경험이 없으면 사회를 살아가기 힘들다는 생각기준을 갖고 있다. 그래서 내 아이만큼은 학력과 지식의 서러움을 받지 않게 하기 위해서 어떻게든 학교로 되돌려 보내려고만 한다. 아이가 적응을 못하면 대안학교나 기숙학교를 보내서라도 어떻게든 아이에게 맞는 학교를 찾아주려고 한다. 그러나 그렇게 해서 얻은 학력과 지식이 그 아이가 성인이 되었을 때 도움이 될지는 아무도 모른다.

요즘 대안학교는 기본적인 지식교육 외에는 주로 아이들을 놀게 한다.

제일 먼저 아이가 스스로 경험할 수 있도록 정보매체에서 멀어지게 만드는 경우도 있다. 휴대폰이나 인터넷에 제한을 두면서 자연과 친구들과 함께 보내는 시간을 많이 만들어준다. 부모님과의 갈등, 선생님과의 갈등, 친구들과의 갈등 속에서 시행착오를 겪으며 충분히 자아를 형성해나갈 수 있도록 해주는 교육이 다시 늘어나고 있는 것도 동일한 맥락이다.

청소년의 갈등은 청소년의 건강한 자아를 형성하는 데 꼭 필요한 요소이다. 어른들의 잣대가 아닌 아이들의 눈높이에서 청소년들이 갈등을 겪는 것을 인정해줘야 한다. 자아를 형성해 가는 시기이기 때문에 당연히 실수도 할 수 있고 반복할 수 있다. 그래도 어른들은 포기하지 말고 아이들이 건강한 자아를 만들 수 있도록 올바른 방향으로 보호하며 이끌어줘야 한다.

주변에 보면 학교를 다닐 때 공부도 못하고 사고뭉치 같았던 아이들이 성인이 되었을 때 성공한 경우가 종종 있다. 청소년시기에 많은 갈등과 경험에서 하나하나 해결하는 능력을 만들었기 때문이다. 갈등에서 해결해나가려고 노력하는 과정을 통해 건강한 자아를 형성해나가는 것이다. 해결하려고 노력하지 않으면 해결할 수 있는 능력을 지닌 건강한 자아를 만들 수 없다.

성적이 안 오르는 것 때문에 스트레스도 받고, 부모님과 선생님과의 갈등에서 혼도 나보고 하면서 갈등을 해결하는 능력을 만들어가는 것이다. 갈등을 해결하려고 나름대로 노력하는 가운데에서 갈등을 해결할 수 있는 건강한 자아가 형성되는 것이다. 이 모든 것이 스스로 겪는 경험에서부터 만들어진다.

그러나 성적에 대한 갈등을 느꼈을 때 성적이 안 오른다고 포기해버린다면 성적과 연관되는 자아는 형성되지 않는다. 설령 내가 원하는 만큼 안 되더라도 무엇인가 해보려는 노력과 시간을 투자할 때 비로소 무엇인가 해낼 수 있는 건강한 자아가 형성되는 것이다.

노력하는 이유는 무엇인가 부족한 것이 있고, 필요로 하는 것이 있는 등의 갈등이 존재하기 때문에 어떻게든 극복하려고 하거나 해결하기 위함이다. 청소년들은 부모님 또는 학교의 보호 속에서 하나씩 갈등을 해결해나가며 자신의 능력을 키워가야 한다. 그런데 요즘 어른들은 청소년들이 갈등을 이야기하면 큰일이라도 난 것처럼 상담소나 소아정신과를 찾는다. 그렇다 보니 아이들은 점점 갈등에 대하여 이야기를 하지 않고, 아이들이 보호받을 곳이 없어져버리는 것이다.

청소년들을 보호해줘야 하는데 부모는 부모의 입장에서만 생각하고, 선생님들은 선생님들의 입장에서만 생각하다 보니 그 아이의 잘못으로 치부하게 되고 갈등은 해결되지 않은 채 더욱 증폭된다. 그러다 보니 아이들은 더 이상 갈등을 해결할 곳이 없다. 청소년시기에는 원래 학교에서 발생되는 갈등은 부모님이나 친구를 통해서 해결하고, 부모님과의 갈등은 선생님이나 친구를 통해 해결해야 하는데 갈등을 해결할 곳이 없어지다 보니 등교거부나 가출의 형태로 나타나기 시작하는 것이다. 즉 보호 속에서 자아를 형성해 가야 하는 아이들이 방치되어 있는 것이다.

부모님의 말을 잘 듣고, 선생님의 말을 잘 듣는 아이들은 갈등이 없다. 어른들의 입장에서 볼 때는 이상적이고 착한 아이라고 생각되지만, 갈등이 없다는 이야기는 아이의 자아가 형성되지 않고 있다는 이야기와 같다. 아이들은 자라면서 부모님 또는 선생님에게 잔소리를 듣는 것이 당연한 것이다. 갈등을 겪으면서 스트레스도 받아보고, 잘못된 것을 바로잡아가고 하면서 자아가 형성되는 것이다. 갈등을 겪고 노력하는 과정에서 많은 것들이 만들어진다. 따라서 청소년의 갈등은 결코 피할 것이 아니라 마주하고 해결 또는 극복하려고 노력하면서 자신의 능력으로 만들어가야 하는 것이다.

청소년의 갈등은 자아를 형성하기 위한 거름이 된다. 그렇다면 어른들은 청소년들에게 어떤 도움을 줄 수 있을까? 아이들에게 앞서 말한 각자의 생각기준의 차이와 심리작용의 오류를 알려주면 아이들 스스로 갈등을 해결해가면서 건강한 자아를 형성해나갈 수 있게 된다. 무조건 부모 또는 선생님의 생각기준을 아이들에게 강요할 것이 아니라 아이의 의견을 들어주고 인정할 것은 인정해주고, 잘못된 것은 올바른 방향을 제시하면서 스스로 자아를 만들어갈 수 있게 해줘야 한다. 문제가 발생이 됐을 때 '이건 이렇게 해서 극복해나가면 되는구나' 하면서 자기 나름대로의 습관을 만들어간다. 건강한 자아를 형성한 후 성인이 됐을 때 사회생활을 하면서 갈등을 하나하나 해결할 수 있는 능력을 가지고 건강하게 자아를 실현할 수 있다.

지금까지 이야기를 했던 청소년은 학교를 다니고 있는 경우였다. 그럼 이번에는 학교를 다니지 않고 있는 청소년들의 갈등을 살펴보자. 학교를 다니지 않는 청소년은 학교의 선생님과 학교의 친구들이 없다. 이런 아이들은 주변에 친구가 아닌 지인관계가 형성된다. 학교를 다니는 청소년들은 자아를 형성해나가는데 학교를 다니지 않는 청소년들은 아직 성인이 되지 않았음에도 자아실현을 하고 있다는 점이 가장 우려스러운 부분이다. 자아실현을 하면서 사회에서 자아를 형성해나가는 것과 같다.

학교가 존재하고 있을 때 청소년은 지인이 필요하지 않다. 그러나 학교가 존재하지 않는 청소년에게는 지인관계가 형성되면서 사회성을 필요로 하게 된다. 그 안에서 인간으로서 가치를 추구하던가, 의미를 추구하면서 자아실현을 추구해가야 한다. 길거리의 청소년들을 보면서 어른들은 불량

청소년이라고 하지만 그들은 불량청소년이 아니라 그저 청소년일 뿐이다. 청소년은 청소년이지만 자아형성기의 과정을 건너뛰고 자아실현기로 바로 들어간 아이들이다. 이 아이들이 자아가 형성되지 않은 상태에서 사회에서 겪을 고통은 상상을 초월할 것이다.

자아실현을 할 때 남자는 가치를 추구하고 여자는 의미를 추구한다. 남자 가출청소년의 경우는 자기가 목표로 하는 일만 하려고 하는데 청소년들이 할 수 있는 일들이 과연 얼마나 있을까? 그러다 보니 범죄에 노출되기 시작하고, 타인에게 피해를 입히면서 자신의 이익을 취하게 된다.

여자 가출청소년의 경우는 자아도 형성되지 않은 상태에서 의미를 찾으려 하기 때문에 쉽게 남자의 성에 노출된다. 가출청소년들의 결정적인 원인은 부모의 역할부재이다. 부모가 보호하지 않고 양육을 포기한 상태라면 아이들은 본인 스스로 생존하기 위해서 가출하게 되고, 생존하기 위해서 수단과 방법을 가리지 않게 되면서 범죄에 노출되는 것이다.

부모님의 양육 아래 학교에 다니고 있는 청소년의 갈등은 자아를 형성해 나가는 소중한 경험이지만, 학교와 부모가 존재하지 않는 가출청소년의 갈등은 자아가 형성되지 않은 상태에서 자아실현을 할 때 발생하기 때문에 고통과 상처만 남는다. 자아가 형성되지 않은 상태에서의 자아실현은 무조건 갈등을 유발시킨다. 여자아이는 무엇을 해도 모두 상처가 되고, 남자아이는 무엇을 해도 모두 스트레스가 된다. 그러다 보니 성인이 되기도 전에 중독증과 같은 심리장애로 빠지게 된다.

청소년의 갈등은 앞서 살펴본 바와 같이 두 가지로 나눌 수 있다. 첫 번째 부모와 학교에서 자아를 형성해나가면서 생기는 청소년갈등, 두 번째 부모와 학교에서 벗어나서 자아실현을 해나가면서 생기는 청소년갈등이 있다. 자아실현을 해나가는 청소년갈등에서는 무조건 상처와 스트레스를 유발시키면서 아이들의 자아가 형성되지 않고 심리가 무너지게 된다.

청소년시기에 있는 아이들은 어떻게 해서든지 가정으로, 학교로 돌려보내야 한다. 학교 밖에 있는 아이들은 자아실현을 하고 있지만 사회에서의 힐링방법이나 대처방법을 전혀 모르고 있는 상태에서 세상을 살아가고 있는 것이다. 한마디로 무기도 없이 전쟁터에서 싸우고 있는 것과 같다. 살아남을 가능성이 거의 없고, 대부분은 범죄에 노출되게 되어 있다. 가출청소년들에게 왜 너희들이 힘들 수밖에 없었는지 정확하게 설명해주고, 갈등을 해결하는 방법을 알려줘서 다시 가정과 학교로 돌아갈 수 있게 해줘야 한다. 그 후 다시 건강한 자아를 형성해나갈 수 있게 도와주는 것이 어른들이 청소년들을 위해 반드시 해야 할 일이다.

그런데 요즘 부모들은 사는 것이 힘들다며 아이들을 보호하지 않고, 양육하려고 하지 않는다. 그러면 아이들을 보호해줄 수 있는 곳은 학교나 공공기관밖에 없다. 그래서 공공시설이 중요한 역할을 하는 것이다. 부모님이 아이들을 포기하더라도 학교에서는 아이들이 버티고 견뎌나갈 수 있게 도와줘야 한다. 그런데 현 사회에서는 학교에서조차도 학교의 역할을 다하지 못하기 때문에 청소년들이 무너지고 있다. 학교가 먼저 아이들을 보호하고 부모님들이 자녀들이 건강하게 자아를 형성해갈 수 있도록 만들어줘야 한다.

예전에는 학생 수가 아무리 많아도 담임선생님이 가가호호(家家戶戶) 방문을 했었다. 선생님이 오신다고 하면 부모님이 먹을 것을 챙기며 선생님을 기다리곤 했다. 부모님과 학교가 같은 역할을 하고 아이들의 자아를 형성해가는 데 커다란 축이 되었기 때문이다. 선생님은 내 아이의 또 다른 부모와 같은 존재였다. 부모님과 학교가 만들어주는 축이 매우 중요하다. 그런데 이 축이 무너지기 시작하면서 청소년들의 갈등은 점점 더 골이 깊어지고 있다. 현재는 선생님이 가정방문을 하는 것이 오히려 이상한 사회가 되어버렸다.

부모와 학교의 보호 속에서의 청소년갈등은 자아를 형성하는 소중한 자원이지만, 현 사회에서 부모와 학교는 청소년들을 보호하지 못하고 있다. 이 사실을 부모님도 선생님도 함께 알고 아이들의 보호의 축으로 다시 돌아가야 한다. 어른들은 청소년갈등의 원인에 대해서 정확하게 알고, 아이들을 인정해주면서 바른길로 이끌어줘야 하는 책임을 가지고 있다는 것을 잊어서는 안 된다.

부모나 학교에서 갈등의 원인인 생각기준의 차이와 심리작용의 오류에 대해서 아이들에게 알려주면 아이들 스스로 갈등을 해결해나간다. 그리고 그것을 먼저 알게 된 아이가 다른 친구들에게 알려주면 이것만큼 좋은 것이 없다. 원리를 알고 있을 때의 또래상담은 아이들에게 좋은 영향을 퍼뜨리게 된다. 그렇게 되면 아이들도 학교도 매우 건강해질 수 있다.

청소년갈등은 첫 번째 일반적인 청소년갈등, 두 번째 가출한 청소년갈등으로 볼 수 있다. 일반적인 청소년들의 갈등은 자아를 형성해나가는 소중한 자산이 되지만, 가출청소년들의 갈등은 자아가 형성되지 않은 채 자아실현 속에 있기 때문에 갈등으로 심리가 모두 무너질 수 있다. 이 점을 부모님과 학교에서 정확히 알고 청소년들을 보호하는 것에 더 힘써야 할 것이다.

질문과 답변

[질문] 관계적응기 때와 자아형성기 때의 습관을 만드는 차이점은 무엇인가요?

[답변] 관계적응기는 부모님과의 관계, 선생님과의 관계, 친구와의 관계 등 타인과의 관계에 적응해나가는 시기이다. 이때 적응하는 것은 관계를 유지해나가는 습관이라고 보면 된다. 자아형성기는 관계의 습관을 가진 상태에서 가치판단의 기준 또는 의미의 기준을 만들어가는 시기이다. 자아를 형성해나갈 때 남자는 주로 가치기준을, 여자는 주로 의미기준을 만들어간다. 관계적응기는 함께하는 관계를 배워나가는 시기이고, 자아형성기는 나의 기준을 만들어가는 시기이다.

주변에 자신밖에 모르는 사람들이 있다. 그런 사람들은 대체적으로 관계적응기를 건강하게 보내지 못했기 때문이다. 학교, 학원, 집, 학교, 학원 등 이렇게 자란 아이들이 나중에 성인이 되면 독선적이고 이기적이 될 가능성이 매우 높다. 함께하는 습관이 없기 때문이다. 관계적응기만 잘 지나간다면 설령 자아형성기가 없더라도 사람들과 잘 어울리며 잘 살아갈 수 있다. 초등학교 때는 공부를 잘하는 것이 중요한 것이 아니라, 함께 어울려가는 관계를 배우는 것이 중요하다. 13세 미만의 아이들에게 피해를 입힌 범죄자를 엄중하게 처벌해야 하는 이유는 그 아이들이 인간관계에 적응해가는 시기에 평생 인간관계에서 문제가 발생할 수 있게 피해를 입혔기 때문이다.

[질문] 관계적응기에서 자아형성기로 넘어가는 과도기도 있나요?

[답변] 그렇다. 관계적응기는 보통 5세부터 13세까지이고, 자아형성기는 13세부터 20세까지라고 본다. 보통 11세에서 15세 정도가 관계적응기와 자아형성기가 함께 나타나는 과도기적인 상태라고 보면 된다. 개개인마다 조금 늦고 빠르고의 차이일 뿐이다. 대체적으로 아이들은 중학교 2학년 때 자기 의견을 표현하기 시작한다. 자아형성을 위해 과도기가 오는 것이다. 자아를 형성해가면서 자신의 기준과 맞지 않으면 의견을 말하기 시작하는데, 부모님이나 선생님의 입장에서는 아이가 반항한다고 생각하고 사춘기 또는 중2병이라는 표현을 만들어버렸다. 사춘기는 병이 아니다. 청소년이 되어가면서 자아를 형성해나갈 때 많은 시행착오를 통해야 하는데, 어른의 입장에서 시행착오를 용납하지 않으려 하기 때문에 아이들의 잘못으로 치부해버린다. 자신의 의견을 표현할 줄 아는 아이들은 매우 건강하다는 것을 알고 인정해줘야 한다. 사춘기와 같이 과도기적인 시기는 아이들이 자아를 형성해나가는 매우 중요한 시기이다. 각 개인마다 자아가 형성되는 시기가 조금씩 다를 뿐 청소년이라면 성인이 되기 전에 누구든 겪어야 하는 과정이다. 과잉행동장애라고 하는 ADHD 역시 병이 아니다. 그저 다른 아이들보다 표현이 많은 것뿐이다. 표현이 과한 아이들은 인식되어 들어오는 것이 다른 아이들보다 빠르기 때문에 표현이 과해지는 것이다. 인식과 표현이 과한 것을 조율만 해주면 되는 것이기 때문에 병이라고 해서는 안 된다. 자아형성을 해갈 때 엄청난 시행착오를 겪는 것이 당연한 것인데 장애로 명칭을 붙여서는 안 된다. 아이들이 자신이 장애를 갖고 있다고 생각하기 때문에 정말 심리장애가 발생되는 것이다. 절대 그렇게 돼서는 안 된다.

[질문] 틱장애는 왜 발생하나요?

[답변] 틱장애는 주로 남자아이들에게서 많이 발생한다. 아이들에게 틱이라는 말은 써도 되지만 장애라는 말을 써서는 안 된다. 틱은 스트레스에서부터 시작한다. 그래서 틱이 있는 아이들의 부모님들에게는 그냥 아이에게 웃어주고 함께 놀아주고 칭찬해주라고 권한다. 스트레스가 해결되면 틱 증상은 자연스럽게 사라지게 된다. 틱이 생기는 이유는 스트레스가 과도해지면서 그 스트레스의 에너지가 신체의 특정한 부분으로 표현되는 것이다. 틱 증상을 의학에서는 신경정신적인 문제라고 하지만 심리적 관점에서 보면 스트레스의 에너지가 공급이 되는 것이다. 그래서 반드시 과도한 스트레스를 없앨 수 있도록 하면서 힐링시스템을 만들어줘야 한다. 스트레스를 힐링하는 방법은 원리를 알고 이해하는 것이다. 이해가 되면 스트레스가 해소되면서 틱이 사라진다. 요즘은 아이들의 불면증도 매우 많은데 이 역시도 원리가 이해되면 사라진다. 청소년들은 마음교육에 관련되는 부분을 알게 되면 많은 변화가 일어난다. 이해가 되기 때문에 스트레스가 발생하지 않고 틱이나 불면증이 사라지게 되는 것이다. 그 아이가 배웠던 마음교육 하나가 평생의 힐링체계를 만든다.

[질문] 따돌림을 시킬 때, 여자아이는 상처를 표현하고 남자아이는 스트레스를 표현하는 것인가요?

[답변] 한 아이를 많은 아이들이 따돌림을 시킨다. 총괄적으로 주도하는 아이가 있고, 이 아이의 말에 따라서 따돌림을 하는 아이들이 있다. 이때

주도하는 아이와 실행하는 아이들의 심리는 전혀 다르게 작용한다. 주도하는 아이가 남자아이라면 그저 자신이 재미있어서 하는 행동이고, 따라하는 아이들은 스트레스를 해소하기 위해서 한 아이를 괴롭히는 것이다. 그러다 보니 재미있어서 주도하는 아이보다 스트레스를 해소하기 위해서 따라하는 아이들이 훨씬 큰 강도로 한 아이를 괴롭히게 된다. 주도하는 아이가 여자아이라면 자신이 관심을 받기 위한 행동이고, 따라하는 아이들은 상처가 작용하기 때문에 행동하는 것이다. 주도하는 아이는 단순히 재미를 위해, 관심을 받기 위해서 하는 행동이지만 따돌림을 당하는 한 아이는 엄청난 피해를 입게 된다. 주도하는 아이가 몰랐던 것치고는 대가가 너무 심각한 것이 따돌림의 문제이다.

[질문] 학교에서의 친구와 학원에서의 친구는 차이점이 있나요?

[답변] 많은 차이가 있다. 학교는 부모님과 같은 역할을 담당하는 스승의 개념이 있고, 학원은 돈을 받고 지식을 가르치는 강사 개념밖에 없다. 그러다 보니 학교에서의 친구들은 스승의 밑에서 목적 없이 만들어진 친구들이다. 그런데 학원이 있는 친구들은 목적을 가지고 만들어진 친구들이다. 학원에서는 특정한 대가가 없으면 친구를 만들지 않는다. 즉 학교는 목적의식이 없는 친구이지만, 학원은 목적의식이 있는 친구라고 보면 된다.

[질문] 사립학교 같은 경우 아이들이 어린데도 불구하고 우리가 돈을 내서 학교가 운영된다는 인식을 갖고 있는데, 그러면 학원과 같이 심리가 작용하나요?

[답변] 요즘은 학부모들이 아이들에게 우리가 주는 돈으로 학교에서 가르치고 있다고 주입시킨다. 그러면 학교는 더 이상 학교가 아닌 학원과 같은 존재가 되는 것이다. 학교도 학원화되어가면서 스승은 사라지고 교사만 남아 있는 실정이다. 학교의 선생님들은 교사가 아닌 스승이 되어서 아이들이 목적의식 없이 건강한 자아를 형성할 수 있도록 도와줘야 한다. 그런데 스승이 점점 없어진다는 것은 학부모의 교권침해가 그만큼 커졌다는 것이다. 학부모 스스로가 학교를 모두 학원화로 만들어 놓았기 때문에 아이들이 스승을 만날 수 없는 환경이 되었다. 공교육이 무너진 근본적인 원인은 학부모들이라고 할 수 있다.

[질문] 인터넷을 통하여 받아들이는 지식과 책을 통하여 받아들이는 지식의 차이점은 무엇인가요?

[답변] 책은 직접 읽고 느끼면서 생각과 자각을 하게 된다. 책은 나의 기준에서 볼 때 1 대 1의 관계가 되면서 생각을 많이 키워주게 한다. 그런데 인터넷은 결론이 이미 다 나와 있기 때문에 생각할 겨를이 없다. 이렇듯 책과 인터넷은 정보가 들어오는 것이 전혀 다르다. 책을 많이 읽게 되면 기억에 많은 기억의 파편들과 흔적들이 만들어진다. 내 기억의 파편으로 있다가 무엇인가를 필요할 때 기억에서 끌고 나오는데, 이것이 창의력이다. 창의력은 책을 통해서 점점 커져간다. 인터넷의 정보는 결론만 나와 있는 정보로서 그냥 스쳐 지나갈 뿐 기억의 파편으로 거의 남지 않는다. 내가 무엇인가를 생각하고 고찰하면서 기억에 넣는 것이기 때문에 책에서 가진 정보가 창의력을 향상시키는 결정적인 역할을 한다.

[질문] 아이가 책에서 읽은 것을 계속 이야기하려고 하는 것은 인식한 것과 표현하는 것의 밸런스를 맞추려고 하는 것인가요?

[답변] 아주 좋은 습관이다. 그래서 책을 볼 때 그냥 눈으로 읽는 것보다는 소리를 내면서 읽는 것이 좋다. 인식되어 들어오는 것보다는 인식과 표현을 함께 했을 때 기억이 훨씬 강화되기 때문이다. 큰 소리로 책을 읽으면 기억에 오래 남는데, 이것은 좋은 학습방법에 하나이다. 내가 읽었던 책을 발표하면 그 책은 내 것이 된다. 인식된 것을 표현할 때 자신도 모르게 기억에 다시 한번 더 들어가기 때문이다.

[질문] 전자책자와 활자책자의 차이점이 있나요?

[답변] 전자책자와 활자책자가 같아 보이지만 차이는 매우 크다. 전자책자는 특정한 기계를 통해서 읽게 되는데, 내용은 기억에 잘 남지 않고 기계만 기억에 남게 된다. 전자책자로 공부하면 그때그때 필요한 정보를 찾을 때는 유용하지만 그 정보를 내 기억으로 만들어가는 과정은 활자책자가 훨씬 효과적이다. 책이라는 것은 촉감정보와 함께 더 많은 것을 기억하게 한다.

[질문] 학습능력을 향상시키려면 어떻게 해야 하나요?

[답변] 우선 신체가 건강하고 심리가 안정되면 저절로 지적욕구가 강화된다. 공부하지 말라고 해도 지식이 그냥 들어오고, 지식을 찾게 된다. 가

치추구를 잘 하는 사람은 진정으로 자신이 하고 싶어서 하는 사람이다.

[질문] 모든 사람들이 공부만 하면 회사나 공장과 같은 곳에서는 누가 일을 할까요?

[답변] 자아실현을 해나갈 때 공장해서 일하는 것을 신명나게 하는 사람이 있고, 농사짓는 것을 신명나게 하는 사람도 있다. 사람마다 자신의 가치를 추구해나가는 것이 다르다. 그런데 현실에서는 대학을 목표로 가르치다 보니 공장이나 농사를 생각해볼 겨를이 없다. 가치추구를 가르쳐주지 않아서 공장에 가거나 농사를 지으면 자신의 인생이 다 무너지는 줄로만 안다. 그러다 보니 3D 업종이 생겨나는 것이다. 공장에서 일을 하더라도 좀 더 효율적인 방법을 찾다가 더 큰 생산능력을 갖게 될 수도 있는 것이다.

[질문] 친구들과의 갈등과 형제자매들과의 갈등에는 어떤 차이점이 있나요?

[답변] 많은 차이가 난다. 형제자매는 혈연관계이면서 가족관계이기 때문에 갈등이 생겨도 죽는 날까지 형제자매로 남는다. 그러나 친구관계는 타인관계이기 때문에 갈등이 생기면 언제 끊어질지 모르는 인간관계이다. 형제자매끼리 죽을 듯이 싸워서 인간관계를 끊는다 하더라도 언제든 다시 돌아올 수 있는 가족관계이다.

[질문] 부모님 또는 선생님과 잘 맞지 않습니다. 그런데 형제자매끼리 갈등의 원리를 알고 스스로 잘 해결하면 서로가 서로에게 시너지를 줄 수 있을까요?

[답변] 좋은 인간관계가 될 수 있다. 나 하나가 변화하면 내 주변의 가족들이 모두 변화된다. 나도 모르는 사이에 나의 말과 행동이 달라지기 시작하면서 내 부모님과 형제자매들이 달라지기 시작한다. 그래서 나로부터 변하는 것이 매우 중요하다. 대부분의 사람들은 '네가 변해라' 하기 때문에 갈등의 골이 점점 더 깊어지는 것이다.

[질문] 학교의 선생님이 마음의 원리를 학생들에게 알려준다면 큰 전파력을 가질 것 같습니다.

[답변] 예를 들어 선생님 1명이 정년퇴임까지 500명의 아이들에게 마음의 원리를 알려주고 행복을 만들어갈 수 있는 능력을 만들어준다면, 이 아이와 연결된 가정의 구성원이 얼마나 많을지 생각해보면 알 수 있다. 그리고 그 가정에서 자란 다음 세대, 또 다음 세대까지 파급효과는 가히 상상을 초월할 것이다. 그래서 교육은 백년대계라고 하는 것이다. 선생님 한 명이 인간관계에 끼치는 영향력이 이렇게 대단한 것이다.

[질문] 자아형성기에 스승의 가르침을 못 받고, 자아실현기로 바로 들어갔을 때 남자청소년과 여자청소년이 어떻게 다르게 나타나나요?

[답변] 스승이 아닌 교사와 같은 선생님만 있을 때 아이들이 선생님의 자아가 안 좋다는 것을 아는 것도 중요하다. '이렇게 하면 안 좋은 거야'라는 자아가 형성되는 것도 중요하다. 그런데 아무도 나쁘다는 것을 알려주지 않기 때문에 남자아이는 다른 곳에서 스트레스를 해소하려고 하고, 여자아이는 다른 곳에서 관심을 받으려 하는 것이다. 선생님이 스스로 자신의 자아가 잘못된 것을 알고, 나처럼 가지 말라고 가르쳐주는 것도 아이들에게 큰 가르침이 된다.

[질문] 학교에서 선생님이 있는 것과 없는 것의 차이는 큰가요?

[답변] 매우 큰 차이를 갖는다. 선생님이 없다는 것은 롤 모델이 없다는 것과 같다. 즉 보고 듣고 비교할 수 있는 사람이 없다는 것이 문제이다. 자아를 형성할 때 좋은 것만 가지고서 형성해나가는 것이 아니다. 나쁜 것을 통해서도 해결 또는 극복하는 법을 배워서 좋은 것으로 만들어가고, 좋은 것은 받아들이면서 가는 것이 자아형성이다. 그런데 한쪽으로 치우쳐 가게 되면 문제가 발생한다.

요즘은 대체로 선생님의 역할이 많이 줄어들었다. 거꾸로 교실처럼 선생님의 역할을 최소화하고 지식은 많이 쌓을 수는 있지만, 아이들끼리 자아를 형성하게 만든다. 과연 거기서 아이들이 무엇을 배워나갈 수 있을까? 자아를 형성할 때는 선생님에게 혼나기도 하면서 건강한 자아로 바로잡아 가는 것이다. 선생님의 보호 속에서 여러 시행착오를 통해 아이들이 올바르게 판단하고 건강한 자아를 형성해나갈 수 있게 해주면 된다. 선생님이 없다는 것은 학생들끼리 자아를 형성해나간다는 것인데, 그러다 보니 많은 경험을 하지 못하고 또래끼리의 자아만 형성된다. 앞으로 살아가면서 배워야 할 것들을 못 배운다는 것이다. 그래서 선생님이 없는 학교에서는 아이들에게 미래의 비전이 없다. 현재는 공부를 잘할 수 있으나 미래적인 관점으로 봤을 때 성인이 되어서 자아실현을 할 때는 많은 문제점이 생기게 된다. 한 번도 느껴보지 못한 새로운 것을 접할 때 매우 겁을 많거나 어려움을 겪게 된다. 유독 새로운 것에 대한 두려움이 많은 사람들이 있는데, 선생님과 관계없이 공부만 했던 아이들이 성인이 되어서 그런 양상을 보인다. 성인이 된 후 사회에 나와서 새로 접하면서 실패를 통해 배워가야 한다는 뜻이 된다. 즉 대가가 너무 커지는 것이다. 자아실현을 할 때는 책임이 뒤따르기 때문에 반드시 그 대가를 지불해야 하고 책임을 져야 한다. 그래서 가능하면 청소년시기에 부모와 학교의 보호 속에서 시행착오를 많이 겪어봐야 한다.

[질문] 편부, 편모 또는 부모님이 없는 아이들은 학교에서 받는 것만으로도 부모님의 부분을 충족시킬 수 있나요?

[답변] 편부, 편모 또는 조손가정 등 부모님이 안 계셔서 아이들이 잘못되는 것이 아니다. 만약 아버지가 매일 술을 마시고 아이들을 때리면서 만들어지는 자아보다는 오히려 아버지가 일찍 돌아가셔서 다른 아버지들을 보면서 자아를 형성해나가는 것이 좋을 수도 있다. 아버지가 아이들을 때리는 상황에서 자아가 형성되면 이 아이는 성인이 되어 스트레스를 받으면 자기도 모르게 폭력을 행사할 수도 있다. 아이에게 심리가 건강한 어머니만 있고 아버지가 안 계신다면 자신도 모르게 다른 사람들을 보면서 아버

지의 상을 만들고 자아를 형성할 수 있게 된다. 그런데 만약 아버지가 없고, 어머니가 매일 스트레스와 상처를 주고 있다면 아버지에 대한 상이 부정적인 형태로 만들어지게 된다. 그렇다면 과연 편모 가정에서 자랐기 때문에 아이에게 문제가 생긴다고 할 수 있을까? 엄마의 상처가 치료되어 있느냐, 안 되어 있느냐에 따라서 아이의 자아가 전혀 다르게 형성될 수 있다. 편부 또는 편모의 가정이라고 해서 아이가 문제가 생기는 것이 아니다. 그 가정에서 아이가 받는 영향력이 아이의 자아형성에 문제를 유발하는 것이다. 건강한 편부가정 또는 편모가정에서 스스로 스트레스와 상처를 힐링할 수 있는 능력을 가진다면 아이는 비어 있는 부모의 자리에 자기 나름대로의 롤 모델을 만들고 자아를 형성해나갈 수 있다.

제8장
청년의 갈등

 갈등이 생기는 이유는 서로의 생각기준이 다르기 때문이다. 서로의 생각기준이 다를 뿐인데 나의 생각기준과 맞지 않아 상대가 틀리다고 생각하면서 갈등이 발생한다. 상대가 틀리다고 생각하는 이유는 상대에게 나의 생각기준을 적용하였기 때문이다. 상대에게 관심을 가지고 있기 때문에 나도 모르게 나의 생각기준을 적용하게 된다. 만약 상대가 관심이 없는 사람이라면 나의 생각기준을 적용하려 하지 않는다.
 우리는 관심이라는 단어를 좋은 의미로 받아들이지만 나쁜 관심도 관심이다. 좋은 관심이든, 나쁜 관심이든 인간이라면 누구나 관심이 있는 상대에게 자신의 생각기준을 적용하게 되어 있다. 반면 나와 관계없는 사람은 좋은 관심이든, 나쁜 관심이든 관심 자체를 가지지 않는다. 이런 무관심한 상대와는 갈등이 발생하지 않는다. 따라서 갈등은 관심이 있는 상대와의 인간관계에서만 발생한다.
 갈등이 발생하는 또 한 가지 이유는 심리작용의 오류 때문이다. 의식으로 인식하고, 무의식으로 표현하는데 이때 심리작용에 오류가 생긴다. 표현을 무의식으로 하는 이유는 자신의 스트레스와 상처를 해결하기 위함이다. 다섯 개의 감각기관을 통하여 인식하는 것은 생존을 위해서 들어오는 정보이기 때문에 내가 인식하고 싶지 않아도 인식되어 들어오게 된다. 그렇게 인식되어 들어오면 기억과 비교하여 생각을 하게 되는데 이때 스트레스와 상처가 발생한다. 그런데 생각만으로는 스트레스와 상처를 제거 혹은 치료를 할 수 없다. 스트레스를 처리하기 위해서 무의식이 작용하여 표현을 통해서 스트레스를 제거하고 상처를 치료하도록 만들어진 것이 인간의 마음이다.

표현하는 이유는 마음을 안정시키기 위한 것이다. 그러나 대부분의 사람들은 표현하지 않고 억압하게 된다. 억압하게 되면 스트레스가 제거되지 않고 상처가 치료되지 않는다. 표현이 멈춰 있게 되면 스트레스나 상처가 처리되지 않고 계속 쌓이게 되고 이로 인하여 심리에 문제가 생기거나 심리장애가 발생하고, 인간관계에서 갈등이 발생하게 된다.

갈등을 발생하는 원인은 두 가지로 정리할 수 있다. 첫 번째는 자기 생각기준을 상대에게 적용하기 때문에 갈등이 발생한다. 두 번째는 인식과 표현의 심리작용의 오류가 생겼을 때 갈등이 발생한다. 인간으로 살아간다면 갈등이 발생할 수밖에 없다. 즉 우리는 태어나서 죽는 날까지 인간으로 살아가기 때문에 누구나 갈등을 겪을 수밖에 없다.

갈등을 겪고 있지 않다면 사람으로서만 살아간다는 뜻으로 인간으로서의 구실을 하지 못하고 있다는 것이다. 자기생각만 하는 대부분의 사람들은 타인과 관계없이 혼자서 사람으로 살아가는 것이다. 자기 생각기준만을 가지고 자기가 편하고 좋은 대로, 멋대로 자신만 행복하려고 하는 것이다. 많은 사람들 속에서 인간으로서 사는 것이 아니라 자신만을 위해서 하는 것으로서 주변 사람들이 필요한 이유는 자기의 즐거움과 재미를 위한 하나의 소모품이 필요하기 때문이다. 상대에게 관심이 없고 자기 생각대로만 살아가니 당연히 갈등이 생기지 않는다. 그러나 인간으로 인간답게 산다는 것은 함께 서로의 생각기준을 갖고 조화롭고 질서를 갖고 살아가는 것이다.

갈등은 반드시 인간관계 속에서 발생한다. 남녀노소에 관계없이 인간관계 속에 있으면 누구나 갈등이 발생하는 것이다. 스트레스로 기분이 나빠지기도 했다가, 기분이 좋아지기도 했다가 하는 희로애락의 과정을 겪어가는 것이 인간관계이다. 인간이라면 자기도 모르게 표현할 때 스트레스와 상처가 나오게 되어 있는데 그렇지 않은 경우는 한 사람이 상대에게 모두 맞춰주고 있거나, 이미 서로에게 관심이 없어진 사람으로 전환해버렸을 때이다.

그럼 청년들에게서는 어떤 갈등이 발생하는지 살펴보자. 통상적으로 20~30대를 청년층이라고 표현한다. 청년은 자아를 실현하는 시기이다. 성인이 되면 무엇인가를 시작하고 실행해가면서 의미와 가치를 만들어가고, 만들어진 것을 바탕으로 지속적으로 자아실현을 추구해간다. 청년은 비로소 성인이 되어 자아실현을 시작하면서 의미와 가치를 만들어가는 단계이다.

예를 들어 의미를 추구하려면 결혼을 해야 하고, 결혼하기 위해서는 누군가를 만나서 연애부터 시작해야 한다. 또한 가치를 추구하려면 취업을 해야 하고, 취업하고 난 후 전문지식을 배워가면서 자리를 잡아가는 시기가 시작된다.

청년층은 자아실현을 위해 하나씩 환경을 만들어가는 단계이다. 그러다 보니 현실에서 자아실현을 이룬 것이 없고 구체적인 것도 없다. 현실에서 내 것이 없다 보니 현실성이 결여된다. 청년들이 갈등을 느낄 때 가장 큰 부분이 첫 번째는 자아실현을 시작하는 것이고, 두 번째는 자아실현을 추구하는 과정이다. 지금 자아실현을 시작하지도 못한 청년들이 매우 많다. 삼포세대 또는 오포세대라는 신조어도 청년층에서 생겨난 말이다. 청년층에서 포기라는 말은 자아실현과 연결되어 있다. 자신의 인생과 삶이 걸린 문제이다. 자아실현은 시작해야 하는데 시작을 하지 못하다 보니 자아실현을 포기해버리는 것이다.

이성을 만나는 것도 시작하기 힘드니 포기를 해버리고, 결혼 역시 포기하고, 출산 역시 포기하는 것이 삼포세대이다. 즉 자신의 의미를 포기해버리는 것이다. 가치추구를 하는 것도 내 눈높이에서 취업이 불가능해 보이기 때문에 가치추구도 포기하면서 취업활동도 포기해버린다. 그리고 성인이 되어서도 부모님에게 양육되거나 아르바이트로 취업을 대체한다.

취업도 하고 연애도 하고 싶은데 시작도 못 하고 포기해버리는 것이다. 이렇게 시작을 못 할 때 청년들에게 강력한 갈등이 생긴다. 이 갈등은 자기 혼자만의 갈등이다. 시작이 반이라고 했다. 넘어져도 보면서 시행착오를 겪어가면서 시작하는 것인데 시작조차 하려고 하지 않는다. 이미 자아는 부모님이 해줄 것이라고 형성되어 있는 것이다. 부모님이 공부만 잘하면 되는 본인들만의 생각기준으로 아이를 키워왔기 때문이다.

청년의 갈등을 살펴보기에 앞서 부모에 의해서 자아가 어떻게 형성되었을까를 한 번은 생각해봐야 한다. 자아형성기에 부모님이 모든 것을 다 주었다면 그것은 부모님의 자아이지 나의 자아가 아니다. 부모님의 자아에 맞춰서 살아가야 하는데, 부모님의 세대는 이미 이뤄놓고 누리는 사람들의 생각기준이다. 새롭게 시작해야 하는 청년의 입장에서 이미 누리는 사람의 생각기준에 맞추려고 하니 시작하지 못하게 되는 것이다. 시행착오를 겪어보지 못해서 시작을 어떻게 해야 하는지도 모른다.

　원래는 시작하고 만들어갈 때 갈등이 많이 생긴다. 그런데 요즘은 시작도 안 한 상태에서 혼자의 갈등만 많아진다. 혼자 갈등하는 이유는 자아실현을 하기 위해서 올바른 자아형성이 되어 있지 않기 때문이다. 자아형성이 되어 있지 않다 보니 자신이 무엇을 어떻게 해야 될지 몰라서 계속 방황하게 된다. 부모님은 공부를 더 해서 좋은 학교에 가고, 좋은 곳에 취업해야 되는 자아만 만들어줬기 때문에 실패를 해보거나 공부를 왜 해야 되는지에 대한 자아가 형성되지 않았다.

　그런데 자아실현을 할 때는 누가 알려주는 사람이 없다. 그동안 부모님이 시켜서 내 생각기준도 없이 자아를 만들어왔는데 이제 와서 "이제는 다 컸으니 네가 알아서 해라"라고 하면 그 청년은 앞으로 어떻게 살아갈지가 막막해진다.

　만약 혼자 갈등하고 있는 이 청년을 부모님이 또 보호하게 되면 이제는 캥거루족이 된다. 아이가 청년이 되어서도 자아형성이 안 되어 있어 시작도 못 하고 계속 엄마의 주머니 안에서 나오지를 못하는 것이다. 이렇게 캥거루족으로 살다가 부모님이 돌아가시면 물려받은 재산으로 연명하면서 살면 되는 것일까? 자아형성이 안 되어 있기 때문에 부모님의 재산을 물려받아도 관리할 줄 모르기 때문에 모든 것을 잃게 될 가능성이 높다. 이렇게 부모님이 시키는 대로만 자아가 형성된 아이는 성인이 되어서 목숨만 연명하는 인생으로 전락하게 된다.

　갈등이라는 것은 인간관계에서 느껴야 되는데 요즘의 청년들은 이렇게 혼자서 갈등한다. 자기 혼자서 갈등하고 힘들어지고, 고민이 많아지게 되니 자아실현을 포기해버린다. 자아실현을 생각하면 스트레스가 발생하니 시작도 하지 않고, 만들고 누리는 인생을 포기해버린다. 의식주의 생존에 필요한 만큼만 아르바이트를 해서 하루하루 살아가는 청년들이 점점 많아지고 있다. 시작조차 하지 못한 채 갈등을 겪고 있다면 다시금 자아형성이 필요하다는 이야기가 된다.

청년이 되어서도 자아형성이 필요하다면 학교를 다니는 12년 동안 부모님의 생각기준대로만 살아온 것이고, 아이들을 성인이 되었을 때 독립시켜 주지 못한 것이다. 청소년시기를 지나서 청년시기로 넘어갈 때 아이들을 독립시킨다는 것은 집에서 아이를 내보낸다는 것이 아니라 심리적으로 독립할 수 있게 해주는 것이다. 스스로가 자아를 형성해서 스스로 생각하고 스스로 무엇인가 해나갈 수 있는 능력을 만들어주는 것이 부모가 해야 할 일이다. 이것이 심리독립(心理獨立)이다. 부모와 함께 살더라도 자신의 자아를 가지고 자아실현을 해나간다면 심리적으로 독립되었다고 볼 수 있다.

아이가 시행착오를 겪고 아파하고 힘들어하고 고민하는 과정을 지켜봐주고 이끌어줘야 하는 것이 부모가 할 일인데, 아이들의 시행착오를 용납하지 못하고 부모의 생각기준대로만 키워 왔기 때문에 아이들이 청년이 되어서 혼자 갈등을 겪게 되는 것이다. 인간관계로 들어가기 전부터 갈등을 하게 되니 인간관계로 진입하지 못하고 있다. 즉 사회 속으로 진입하기 전에 갈등을 겪고 해결이 안 된 채 스트레스가 지속이 되니 사회 속에 들어가는 것을 포기해버리는 것이다.

갈등을 겪는 청년이 여자라면 상처를 치료하려고 하기 때문에 관심이 필요해지게 된다. 그런데 인간관계 속에 잘 들어갈 수 없기 때문에 더욱 현실 회피의 수단으로 SNS 또는 게임에 빠져들게 된다. 남자는 스트레스를 제거하는 마음을 갖고 있어서 포기해버리는데, 여자는 스트레스를 수용하고 상처로 만드는 마음을 갖고 있어서 시작단계에서 어떤 것부터 해야 할지 고민만 하다가 상처만 점점 키워간다.

이번에는 시작단계를 넘어간 청년들의 갈등을 살펴보자. 최근에는 40대 이상이 되어도 결혼을 하지 않는 사람들이 많다. 직장도 있고, 사랑과 행복을 누릴 법도 하지만 결혼하지 않는 이유는 과연 무엇일까? 성인이 되어 자아실현을 하면서 자아실현의 가치가 바뀌었기 때문이다. 현 사회에서의 결혼은 내 가치를 만들어놓고 누릴 때 해도 되고, 안 해도 되는 부가적인 것이 되어버렸다. 자아실현에서 가치만 추구하고 인간관계를 중요하게 생각하지 않기 때문이다. 인간관계에서 오는 스트레스와 상처가 싫어서 인간관계를 맺지 않으려 하는 것이다. 즉 인간으로서의 삶이 아니라 사람으로서 자신의 삶만 중요하게 생각하는 개인화(個人化) 또는 이기적인 시대로 변했다고 볼 수 있다.

청년의 갈등에서 혼자 갈등하고 있는 사람들은 자아부터 다시 형성해야 한다. 몇 년이 걸리더라도 시행착오 속에서 자신만의 자아를 형성해가는 것이 중요하다. 그래서 성인이 되어서도 안전하게 시행착오를 겪을 수 있게 만들어진 곳이 대학(大學)이다. 대학은 준사회로서 시행착오를 겪을 때 완충적인 역할을 해준다. 미처 형성하지 못했던 자아를 대학에서 형성해가면서 조금씩 자아실현을 해나갈 수 있는 능력을 만들어간다. 그 기간이 조금 길어진다고 해서 조바심을 낼 필요는 없다. 늦었다고 생각할 때가 가장 빠른 법이다.

자아형성의 미숙으로 자아실현을 하지 못하고 있다면 한 번은 자아형성에 관련된 시행착오를 다시 겪어야 한다. 그렇다고 내가 잘못 살아온 것이 아니다. 다만 몰랐을 뿐이다. 부모님도 몰랐고, 선생님도 몰랐고, 나 역시 몰랐던 것뿐이다. 낙오되고 뒤처지는 것이 아니라 올바른 나만의 자아를 형성해놓고 인간관계 속으로 들어가야지만 올바른 시작과 함께 자아실현을 추구해나갈 수 있다. 나만의 자아를 형성하는 과정이 없이 자아실현을 하게 되면 사회 속에서 엄청난 고통과 무거운 책임을 안고 시행착오를 겪게 된다.

자아실현을 아직 시작도 못 해본 상태에서의 청년갈등은 인간관계에서의 갈등이 아닌 자기 혼자만의 갈등이다. 자아형성에서 문제가 생긴 것뿐이지 사회문제로 생겨난 갈등이 아니다. 이러한 청년들이 많아지다 보니 사회문제처럼 비쳐질 뿐이다. 이런 청년들이 조금은 더 보호 속에서 시행착오를 겪으며 자신만의 자아를 형성해나가서 사회로 진출해나갈 수 있도록 도와줘야 한다. 이렇듯 시작도 못 한 채 갈등을 겪는 청년들은 자아부터 다시 형성하는 것이 청년갈등의 힐링이다.

청년의 또 다른 갈등은 자아실현을 시작한 후 생기는 갈등이다. 자아실현을 시작해서 의미와 가치를 추구해나가는데 이때는 주로 여자에게서 갈등이 많이 발생한다. 남자는 가치만 추구하게 되어 있기 때문에 미래의 희망만 있으면 꾸준히 가치를 추구해나갈 수 있다. 반면 여자는 의미와 가치를 같이 추구하기 때문에 자신의 의미기준에 위배가 되면 갈등이 발생하고 상처가 생기게 된다. 여자들은 갈등을 겪게 되면 그대로 상처가 되는데 상처를 치료하려면 위로를 받으려고 한다. 그래서 청년시기의 여자들이 집에서도, 회사에서도, 인간관계에서도 더욱 적극적이고 활동적이다. 갈등과 상처가 많아지고 있기 때문이다.

남자든 여자든 갈등은 무조건 스트레스를 유발시키는데 남자에게는 갈등이 크게 중요하지 않고 미래의 가치와 미래의 희망에 더 큰 중점을 둔다. 반면 여자는 갈등의 상처가 지금 느껴지는 현실이다. 여자에게는 현재의 의미도 있어야 하고 현재의 가치도 있어야 하는데 이제 막 시작하는 단계에서는 현재의 가치성을 크게 느끼지 못한다. 현재 자신과 맞지 않은 것에 대해서 갈등을 많이 겪게 된다.

직업군을 봐도 여자와 남자의 차이가 나타난다. 선생님이나 공무원과 같이 안정적인 직장에는 주로 여자들이 많다. 여자는 안정된 현재가 중요하기 때문이다. 그런데 군인이나 경찰과 같이 직급이 존재하는 곳에는 여자보다는 남자가 많다. 상위계급이라는 미래의 희망이 존재하기 때문이다. 이렇듯 안정적인 직장에는 여자들이 많고, 계급구조의 직장에는 남자들이 많다.

청년은 자아실현을 시작하면서 의미와 가치의 방향을 만들어가는 시기이다. 그런데 앞으로 살아가면서 내가 만들어놨던 의미와 가치의 기준에 맞는 경우가 얼마나 있을까?

이직을 하는 것에서도 여자와 남자의 차이가 나타난다. 여자의 경우는 현실적 가치 또는 의미에 변화가 있을 때 이직하고, 남자의 경우는 미래의 희망이 흔들리기 시작할 때 이직한다.

예를 들어서 남녀가 사내연애를 하다가 헤어졌다고 하면, 여자는 의미에서 오는 상처 때문에 견디지 못하고 회사를 그만둔다. 그런데 만약 여자가 남자보다 직급이 높았다면 남자는 자신의 미래희망이 사라졌다고 생각해서 스트레스를 견디지 못하고 남자가 회사를 그만둔다. 이렇듯 의미와 가치를 내가 어느 방향에 두고 가느냐가 중요하다.

요즘 청년들은 의미를 포기한 채 가치만을 추구하는 경향이 많다. 그래서 여자가 남자를 만날 때도 관심과 사랑을 받기 위해서가 아니라 나에게 얼마나 가치가 있느냐를 먼저 생각하게 된다. 의미와 가치를 만들어가는 과정에서 누군가를 만나서 결혼하고 아이를 낳다 보면 나의 의미와 가치를 변화시켜야 하기 때문이다. 현 사회에서도 여자가 결혼하거나 임신하면 퇴사해야 된다는 인식이 많다. 사회의 인식을 의미와 가치를 포용해갈 수 있는 체계로 바꿔야 한다.

　의미와 가치를 만들어갈 때는 이직할 수도 있고, 이성과 사귀다 헤어질 수도 있다. 이렇듯 시행착오 속에서 나만의 의미와 가치의 방향이 만들어진다. 시행착오를 겪지만 이미 시작해보았기 때문에 또 다른 시작을 하는 것은 어렵지 않다. 시작하고서도 시행착오를 겪는 이유는 사회 속에서 인간으로 함께 살아가기 위해 조화를 맞추며 자신의 의미와 가치가 변화해나가는 것이다. 인간이라면 모두 이렇게 자아실현을 해나간다.

　예를 들어 청소년 때는 꿈이 대통령이었는데, 청년이 되어서 회사에 취업했다면 자신의 가치기준과 맞지 않아 갈등을 겪고 고통스러워할까? 그렇지 않다. 성인이 되어서 사회를 살아가다 보니 자신의 가치기준이 변하기도 하고 방향이 바뀌기도 하는 것이다. 인간은 자아실현을 향해서 자신을 끊임없이 바꿔나간다. 나의 의미와 가치를 추구하면서 조금씩 수정해가는 과정도 자아실현의 과정 중에 하나이다.

　청소년시기에 시행착오를 겪을 때는 부모와 자식의 관계, 선생님과의 관계, 친구와의 관계 속에서 배워나간다. 이때는 나만의 의미와 가치를 만들어가는 단계가 아니다. 청년이 되어서 비로소 사회 속에서, 인간관계 속에서 자아실현을 해가면서 자신의 의미와 가치의 방향을 만들어가는 것이다.

　여기서 주의해야 할 점은 자아실현을 하면서부터 겪는 시행착오는 책임이 뒤따른다는 것이다. 청소년이 자아를 형성해나갈 때는 부모와 학교의 보호 아래서 시행착오를 겪어가는 것이 권리이지만, 성인이 되어서 자아실현을 해갈 때는 자아를 실현하는 권리도 있지만 이에 따르는 시행착오의 책임을 져야 하는 의무도 따라온다는 것을 알아야 한다. 청소년기에 시행착오를 많이 겪으면 겪을수록 성인이 되어서 시행착오를 겪을 가능성이 줄어든다. 청년이 되어서 시행착오를 많이 겪는다는 것은 청소년시기에 시행착오를 충분히 겪어보지 못했기 때문이다.

예를 들어 청소년시기에 부모님의 기준대로만 열심히 공부하고 좋은 대학을 나와 성인이 되어 좋은 회사에 들어갔다고 해보자. 그렇게 자기의 생각기준이 없이 부모님의 생각기준대로만 살아왔는데 만약 회사에서 작은 문제라도 생기면 어떻게 될까? 문제를 회복하는 과정 또한 시행착오를 겪으면서 만들어지는 것인데, 그 과정이 없었으니 문제를 대처할 능력도 없고 겪어 보지 못한 갈등으로 견디지 못하고 회사를 그만두는 경우가 많다. 시행착오를 얼마나 겪어봤느냐에 따라서 문제를 회복하는 자아가 형성되느냐, 안 되느냐가 결정된다.

노숙자에게 청소년 때의 꿈이 과연 노숙자였는지를 물어보아라. 그들도 분명 꿈이 있었고 청소년시기에 의미와 가치를 실현하기 위해서 노력해본 경험도 가지고 있을 것이다. 그런데 성인이 되어서 시행착오를 겪는 과정에서 책임이 뒤따르게 되고, 그 책임을 다하지 못했기 때문에 무너져서 일어서지 못하고 있을 것이다. 노숙자뿐만 아니라 캥거루족도 같은 심리라고 볼 수 있다. 자신만의 자아를 형성하지 못하고 한 사람은 인간관계를 포기하고, 한 사람은 부모님의 주머니 속에 들어가 있는 것뿐이다.

청년일 때 시행착오에 대한 책임은 자신 스스로가 져야 하는 것은 맞다. 그러나 청년이 자신이 겪고 있는 문제가 자신이 해결할 수 없다는 생각으로 인하여 스트레스를 받고 상처를 입어서는 안 된다. 이때 이 청년에게 필요한 것은 이것이 누구나 겪는 시행착오라는 것을 알려주는 것이다. 잘못에 대한 책임을 져야 되는 것도 있지만 자아실현을 추구할 권리가 사라진 것이 아니라는 것을 정확하게 알려주는 안전장치가 필요하다.

청년수당으로 50만원의 현금이 지급되는데, 차라리 직업훈련을 받을 수 있도록 보조해주거나 스스로 건강한 자아를 다시 형성할 수 있게 도와주는 것이 훨씬 효율적일 수 있다. 자아를 다시 형성해나갈 때 필요한 것은 정확한 이해이지 물질로 만들어줄 수는 없는 것이다. 이때의 시행착오는 자신의 자신이 되고 다시 만들어갈 수 있는 원동력이 된다.

청년이 시행착오로 1,000만원의 책임이 필요하다고 해서 그 돈을 손에 쥐여주면 과연 다시는 그런 시행착오를 겪지 않고 책임을 다할까? 책임은 그만한 대가를 치르는 것이다. 절대 무상으로 가서는 안 되며, 스스로 시행착오를 극복해보지 못하면 자신의 자아로 만들어서 자아실현을 해나갈 수 없다. 청년은 자아실현의 권리도 있지만 이로 인해 시행착오를 겪었을 때 반드시 그 책임도 함께 해결하게 해야 한다.

책임을 다했을 때 다시 그 시행착오를 겪지 않기 위해 열심히 노력하면서 건강한 자아가 다시금 형성되는 것이다. 그런데 현 사회는 시행착오를 용납하지 않는 사회로 바뀌었고, 청년들 역시 책임을 지지 않고 권리만 주장하는 사회가 되어버렸다. 책임을 지지 않는 권리는 자아실현이라고 할 수 없다. 성인이 되어서도 타인은 안중에도 없고 자신만의 권리를 주장하며 자기 뜻대로 하고 책임지지 않는 것이 심리장애이다.

청소년기에는 이제 막 자아를 형성해나가는 단계이기 때문에 부모와 학교의 보호 속에서 시행착오를 바로잡아주면서 올바른 방향으로 이끌어줘야 한다. 그런데 청년이 되어서 자아실현을 할 때는 이끌어주는 사람이 없다. 스스로 책임지면서 스스로 찾아가는 과정이 자아실현의 과정이기 때문이다. 그래서 자아실현은 함께 행복하게 가기 위한 자신의 권리와 책임을 함께 가져가는 시기이다.

현 사회의 큰 문제점 중에 하나가 청년기에 생기는 갈등과 문제에 대해 스스로 책임지지 않으려고 하는 점이다. 책임을 져야 할 상황이 오면 '사회가 나를 이렇게 만들었다'라는 생각을 하면서 사회를 탓한다. 대부분의 청소년들이 갈등을 피하려고만 하기 때문에 자신이 책임을 져야 된다는 생각은 하지 않는다. 자아실현을 해나가더라도 함께 행복이 아닌 자기행복만을 우선시하는 사회가 되어버렸다. 그러다 보니 사회 속의 인간관계가 모두 무너지기 시작하고 그 누구도 책임을 지려고 하지 않는다. 집단을 만들어서 여론몰이를 하고, 세력화하면서 책임지지 않는 현 사회에서 책임을 지는 행동들을 찾아보기 힘들어졌다.

청년 때의 시행착오를 최소화시킬 수 있도록 자아형성을 할 수 있는 기반을 만들어줘야 한다. 청년은 충분히 다시 시작하고 만들어갈 수 있을 때이다. 자아실현을 추구하고 있을 때 다시 시작하려면 매우 힘들다. 그렇기 때문에 청년 때의 시행착오를 책임질 줄 아는 그런 청년들로 만들어줘야 한다. 그래야지만 다시 건강하게 자아가 형성되고 자기 권리를 가지고서 자기의 책임을 다할 줄 하는 건강한 성인이 될 수 있는 것이다.

책임에 관련된 것을 알지 못하면 갈등을 해결할 수 없다. 책임을 질 줄 알게 해주는 것이 청년갈등의 힐링이다. 아무도 알려주지 않기 때문에 자신의 권리만 가져가려 하고 그 안에서 권리끼리 충돌을 일으켜 갈등이 발생하는 것이다. 권리만 가져가려고 하면서 발생하는 갈등은 인간관계에서의 갈등이 아니라 사람으로서의 갈등이다. 즉 사회 속에 들어가지 못하고 자신의 생존과 자기의 행복만이 달린 문제가 된다. 책임과 권리가 상호 조화를 이루면서 갈등을 느껴갈 때 비로소 갈등을 해결할 수 있다.

자기 혼자만 생각하고, 자기 혼자만의 행복을 위해서 사람으로 살아가서는 안 된다. 많은 사람들이 인간관계가 무엇인지조차도 구분을 못하기 때문에 갈등을 해결할 수 없는 것이다. 사회에서 인간으로 살아가기 위해서는 나의 권리와 상대의 권리가 함께 조화를 이룰 수 있게 책임도 함께 가져가야 한다는 것을 상기시켜줘야 한다.

청년의 갈등은 누군가가 힐링시켜주는 것이 아니다. 권리와 책임에 대한 것을 정확하게 알려주어서 스스로 책임을 다하면서 권리를 다해가는 것이 인간의 삶이라는 것을 알려주는 것이 청년의 갈등을 힐링시킬 수 있는 방법이다.

질문과 답변

[질문] 초등학교 선생님과 같은 경우는 여자선생님들이 대부분입니다. 이것이 아이들의 자아형성에 별로 도움이 안 되지 않나요?

[답변] 강사, 선생님, 교수 등처럼 누군가에게 뭔가를 알려주거나 가르쳐주는 직업군이 있다. 이런 경우 성비구성에 불균형이 오게 되면 지식이 전달되는 것은 같겠지만, 배우는 사람들에게 만들어지는 생각기준은 조금씩 달라진다. 여자선생님이 많으면 생각기준이 감정적으로 흘러가게 되고, 남자선생님이 많으면 생각기준이 기분과 사실 위주로 흘러가게 된다. 예를

들어 AS센터의 기사와 같은 직업군의 성비구성은 남자가 많을 수밖에 없다. 직업의 특성상 이러한 성비구성은 어쩔 수 없다. 어떤 문제점을 파악할 때는 직능(職能)이라는 특성이 있는데, 바로 이 직능별로 구별해서 성비구성에 관련된 부분을 생각해보아야 한다.

[질문] 성비구성도 중요하지만 똑같은 집단이라도 사람들이 추구하는 가치구성도 다양하게 있어야 하지 않나요?

[답변] 그것을 조직문화라고 한다. 조직문화가 가치를 추구하는지, 의미를 추구하는지에 따라서 많이 달라진다. 조직 자체가 특정한 가치를 추구하는 문화라면 가치만 추구하는 남자에게는 잘 맞는다. 여자는 의미와 가치를 모두 추구해가는데, 만약 조직문화 자체가 가치를 추구한다면 가치의 중요성으로 뭉치게 된다. 이때 의미에 조금이라도 문제가 생기면 의미는 그 조직문화에서 배제된다. 가치를 추구하는 문화에서는 의미를 중요하게 생각하지 않는다. 만일 조직문화가 의미를 중요하게 생각한다면 직원의 복지와 같은 감정적인 측면에 관련되는 내용들을 중요하게 생각한다. 조직문화가 무엇을 추구하느냐에 따라서 성비구성이 많이 달라진다.

[질문] 같은 기업이라도 경제적 가치를 추구하는 사람이 많은 집단이 있을 수 있고, 사회적 가치를 추구하는 사람이 많은 집단이 있을 수 있지 않나요?

[답변] 가치는 경제적 가치, 관계적 가치, 사회적 가치 세 가지가 있다.

만약 조직자체가 경제적 가치를 추구하는데 그 안에 있는 사람이 사회적 가치를 중요하게 생각한다면 기업의 조직에서 견디기 힘들고 갈등을 겪게 된다. 만일 반대로 조직에서 사회적 가치를 추구하는데 자신은 경제적 가치를 추구하고 있다면 스트레스를 받게 된다. 예를 들어 공공기관은 사회적 가치를 추구해나가야 하는데 만약 그 조직의 공무원이 경제적 가치를 추구하는 사람이라면 공무원으로서 생활해나가기 힘들다. 갈등을 겪으면서 가고 있기 때문에 자아실현이 안 되고 있는 것과 같다. 그러다 보니 이런 갈등에 있는 공무원들은 주식이나 도박의 유혹에 쉽게 노출된다. 공무원이다 보니 조직에서는 사회적 가치를 추구해야 하는 것은 알지만, 자신의 자아실현은 경제적 가치를 추구하기를 원하기 때문에 계속해서 다른 경제적 가치를 추구할 수밖에 없게 심리가 작용한다.

[질문] 가치추구의 기준이 바뀔 수도 있을 텐데, 어떻게 바뀌어 가나요?

[답변] 만일 경제적 가치를 추구하던 사람이 문제가 발생되어 '나는 더 이상 경제적 가치를 추구할 수 없어, 다른 가치를 추구해야겠어'라고 생각하면 가치기준이 바뀔 수 있다. 다만 가치추구를 전환할 때는 기존에 내가 가지고 있던 것들을 버리지 말아야 한다. 경제적 가치를 추구하던 사람이 자신의 노하우를 가지고 사회적 가치를 추구하는 방향으로 연결하는 것이 얼마든지 가능하다. 자아실현은 추구를 하다가 문제가 생기면 자신의 인생이 다 무너질 수 있기 때문에 버려서는 안 된다. 지금 경제적 가치를 추구하는 사람에게는 경제적 가치의 추구만이 인생을 살아가는 목표이다. 그런 사람에게 경제적인 것들을 버리고 사회적 가치로 가라고 하면 자아실현을

하지 말라는 것이 된다. 반면 사회적 가치를 추구하는 사람에게 경제적 가치를 추구하라고 강요하게 되면 사회적 가치만이 진짜 삶이라고 거부한다. 여기서 중요한 것은 어느 가치가 더 중요하다는 것을 논해서는 안 된다. 어떤 가치든 똑같이 자아실현을 하는 목표가 된다. 다만 서로 추구하는 가치가 다르다는 것을 모르고 있을 뿐이다. 내가 자아실현의 목표를 정해두고 추구해나가는 것이지 자아실현은 이루는 것이 아니다. 추구를 할 때 행복을 느끼는 것이 인간이다. 그래서 인간이라면 누구나 죽는 날까지 자아실현을 향해서 끊임없이 노력해나가는 것이다.

그런 자아실현이 멈출 때가 있다. 바로 은퇴를 할 때이다. 은퇴를 한다는 이야기는 자아실현을 멈추고 인간관계에서 사람으로 돌아간다는 뜻이 된다. 더 이상 자아실현을 하지 않고 먹고, 자고, 사는 것에 자기 행복의 초점을 맞추게 된다. 인간에게 자아실현은 인간관계에서 살아가는 원동력이 된다. 사람으로 살아가는 것은 생존을 위한 것이 된다. 요즘 젊은 사람들도 빨리 은퇴하겠다고 하는데 진정한 은퇴인지 잘 생각해보아야 한다. 은퇴를 하고 나서 여행을 다니는 것은 은퇴했다고 할 수 없다. 계속 자아실현인 가치추구를 하고 있는 것과 같다. 진정한 은퇴는 인간관계를 하지 않고 자신의 의식주에 의하여 생존만 하는 사람으로 돌아가는 것이다.

[질문] 청년들이 회사에 취업을 해서 기업에서 배워가는 것과 1인 창업으로 배워가는 것이 다른가요?

[답변] 많이 다르다. 취업을 했다는 것은 조직사회에 들어갔다는 이야기이다. 조직은 문화를 가지고 있고 기업만의 축적된 기술 등 여러 가지 가

치가 존재하고 있다. 취업은 이러한 것들을 배우면서 익히는 과정을 가지고 있다. 그러나 창업은 내가 기술도 만들어내야 되고, 문화도 만들어가면서 스스로 처음부터 모든 가치를 만들어가야 한다. 또한 취업은 내가 가진 능력만큼의 급여를 받으면서 능력을 하나씩 쌓아가는 곳이지만, 창업은 내 능력에 의하여 내가 하는 모든 것이 나의 가치추구와 직접적으로 연결된다. 따라서 창업은 직접적인 가치추구이고, 취업은 가치추구를 위한 하나의 수단이 된다. 무엇이 옳고, 그름을 논할 수 있는 문제는 아니다.

만약 취업을 했는데 문제가 생기면 또 취업을 하면 된다. 그러나 창업은 문제가 생기면 다시 취업하기 어렵다. 자신이 만들어 놓은 기술과 문화는 자신만의 것으로 이것과 맞는 회사를 찾기 어렵기 때문이다. 그래서 대체적으로 청년창업을 해서 실패하면 대부분은 다른 회사에 들어가서 직장생활에 적응하는 것을 매우 어려워한다. 조직문화에서 일을 해본 적이 없기 때문이다. 설령 취업을 했더라도 조금만 자리가 잡히면 다시 창업을 꿈꾸게 된다. 그래서 회사의 입장에서는 창업이나 사업을 했던 사람들을 직원으로 채용하는 것을 많이 꺼려 한다. 회사의 노하우를 쌓은 후에 창업 또는 사업을 할 가능성이 매우 높기 때문이다. 또한 조직 내에 있던 인력도 함께 데리고 나갈 수 있기 때문에 회사에서는 창업이나 사업을 했던 사람들을 경계한다.

[질문] 자아실현을 잘해나가고 있던 사람들도 로또에 맞거나 돈이 갑자기 많이 생기면 오히려 무너지는 경우를 본 적이 있습니다.

[답변] 청년들뿐만 아니라 모든 사람이 다 그렇게 된다. 로또는 자신의

노력 없이 경제적 가치가 갑자기 상승하는 것이다. 만약 사회적 가치를 추구하던 사람이 로또에 당첨되었다면 그 사람에게는 그 돈이 큰 의미가 없을 것이다. 저축을 하거나 기부를 하면서 예전과 같이 사회적 가치를 추구하면서 살아갈 수 있다. 그러나 인생의 목표를 10억원이라는 경제적 가치에 놓고 추구를 하던 사람이 30억원의 로또에 당첨되면 이 사람의 자아실현은 이미 종료되는 것이다. 자아실현은 계속해서 추구해나가야 하는 것인데 자아실현이 멈추다 보니 인생의 목표가 사라지고 심리가 무너지기 시작한다. 예를 들어 당첨금 30억원으로 투자도 해보고, 부도도 맞아보고 하면서 10억원만 남았다면 예전의 가치기준으로 10억원을 통하여 다시 자아실현을 추구하면 되는데 더 이상은 자아실현의 가치추구가 되지 않는다. 자아실현의 기준이라는 것은 한 번 틀어지기 시작하면 회복되지 않는 것이 문제이다. 만약 더 악화되어 파산하여 마이너스가 되면 과연 이 사람은 다시 경제적 가치를 추구할 수 있을까? 경제적 가치를 추구할 수 없는 심리가 된다. 이미 30억원을 이루어 보았기 때문에 이 사람의 자아실현은 30억원보다 더 높게 목표를 잡아야 한다. 그런데 마이너스에서 30억원으로 가는 것이 불가능하다고 느껴지게 되면 경제적 가치를 추구하는 것을 포기해 버리게 된다.

[질문] 자아실현을 이루었기 때문에 그런 것이 아니라, 불로소득으로 이뤄진 것이기 때문에 문제가 커진 것이 아닌가요?

[답변] 불로소득도 자아실현이다. 만약 내가 노력해가면서 이루고 또 이루어갔다면 그 경험치가 쌓이기 마련이다. 그런데 불로소득의 경우는 경험

치가 없다 보니 문제가 생기면 극복 또는 해결할 수 있는 능력을 갖고 있지 못한 것이다. 그럴 때에는 경제적 가치에서 관계적 가치나 사회적 가치로 자신의 가치기준을 전환하는 것이 중요하다.

[질문] 로또당첨번호를 예측하고 분석하는 사람들은 어떤 심리인가요?

[답변] 로또당첨번호를 예측하고 분석하는 것은 경제적 가치를 위해서 하는 것이 아니다. 도박과 같은 이치라고 보면 된다. 그러면 이 사람은 도박으로 경제적 가치를 이루겠다는 노하우가 쌓이는 것뿐이다. 가치추구의 노하우를 만들지 못하고 다른 것은 못 한 채 로또당첨번호의 예측과 분석만이 자신의 경제적 가치라 여기며 살아가게 된다. 주식의 가치를 예측하고 분석하는 것에 매달리는 사람도 비슷한 심리라고 볼 수 있다.

[질문] 만약 사회적 가치를 추구하면 로또에 당첨이 되어도 안 흔들릴 수 있다고 하는데, 자신이 추구하는 가치에 대한 이해가 없으면 누구나 다 흔들릴 것 같습니다.

[답변] 자본주의 사회에서 30억원을 돌같이 보라는 것은 말이 안 되는 이야기이다. 그래서 로또당첨은 장점도 있고 단점도 있다. 예를 들어서 빚이 10억원이 있어서 오늘내일을 살아가는 것이 위태로운 상태에서 로또에 당첨되어 30억원으로 10억원을 갚고 +20억원이 되었다면 그런 사람들은 그때 가치추구를 바꾸지 않으면 빠르게 무너질 수 있다.

[질문] 요즘 한국의 청년들도 생계를 아르바이트만으로 많이 연명합니다.

[답변] 자기 생존에 필요한 만큼만 벌면 되는 것이다. 굳이 취업이나 창업 등의 가치추구를 할 필요를 느끼지 못한다. 아르바이트와 취업의 차이점은 취업은 자기의 자아실현을 위한 과정으로서의 일이다. 그러나 아르바이트는 자신의 취미 또는 생존을 위한 것으로서 자아실현을 추구하는 것과는 관련이 없다. 아르바이트와 취업을 같이 하는 경우는 둘 다 아르바이트로 심리가 작용하기 때문에 심리에서는 더 이상 자아실현의 가치를 추구하는 것이 아니다.

[질문] 경력이 단절된 여자들이 가치추구를 하려고 이런저런 파트타임으로 일을 합니다. 정말 자신의 가치추구로 생각하고 시간과 노력을 투자하는 경우도 있지 않을까요?

[답변] 아르바이트는 10년이 지나도 아르바이트의 심리를 갖고 간다. 자아실현이라는 개념보다는 생존을 위해서 일을 하고 돈을 버는 것뿐이다.

[질문] 고등학교 시절에 캐스팅 제의를 받아서 소속사로 들어가게 되면 어떻게 되나요?

[답변] 고등학교 시절에 형성되어야 할 자아를 소속사에서 형성해갈 수 있도록 도와주는 역할을 한다면 나쁘다고 볼 수 없다. 청소년시기라고 해서 자아실현을 무조건 하지 말라는 것은 아니다.

[질문] 젊은 사람 중에 직장을 6개월, 1년 단위로 계속 옮기는 사람들이 있습니다.

[답변] 자아실현에 대한 일의 개념은 최소 3년은 지나야 생성이 된다. 조직문화와 인간관계는 최소한 3년이 되어야 무엇인가를 배우고 자신의 자아로 형성할 수 있다. 그런데 그전에 이직한다면 거기서 배우는 것은 없다. 이력서에 한 줄이 더 추가되는 것밖에 없고, 자기 필요할 때 이직하는 습관만 형성될 뿐이다.

[질문] 최근 취업을 늦게 하는 경우가 많습니다. 취업을 하려고 하는데 잘 되지 않아서 30~40대가 되어서도 계속 공부하는데 이 또한 자아실현이라고 볼 수 있나요?

[답변] 자아실현을 위해 계속 형성해나가는 단계라고 보면 된다. 나이가 몇 살이든, 취업을 빨리하든 늦게 하든 그것은 중요한 것이 아니다. 꼭 취업이라는 틀에 맞출 필요는 없다. 예를 들어서 내가 사회복지사자격증을 취득하여 사회복지활동을 하고 있다면 그 자체가 자신의 일이 되는 것이다. 자아실현의 시기는 중요하지 않다. 자아실현은 죽을 때까지 해야 하는 것으로서 늦게 시작하면 늦게 시작한 대로 죽을 때까지 추구하게 된다. 자아실현을 시작하기 전까지는 자아실현을 위한 준비과정이다.

[질문] 일본의 경우는 취업보다 아르바이트로 돈을 더 많이 버는 경우가 있습니다.

[답변] 자아실현에는 관심이 없고 자신이 일한 만큼 벌고 먹고, 취미생활을 하려고 사는 것을 '프리타'라고 한다.

[질문] 요즘 4시간짜리 공무원도 있습니다. 4시간이라도 정규직인데 이 또한 아르바이트와 같은 개념인가요?

[답변] 4시간의 정규직 공무원을 어떤 관점에서 선발하는지는 잘 모르겠으나 아르바이트일 가능성도 있고, 취업일 가능성도 있다. 그러나 시간제인데 정년이 보장되고 겸직도 보장된다면 문제가 생길 가능성이 높다. 그러한 정책은 단기적인 처방에 불과하다. 만약 그러한 일자리가 100개가 있고, 이 자리가 다 채워지고 나면 사람들은 안주하려고 할 것이다. 그러면 일자리가 정체되어버린다. 일자리가 일자리를 창출할 수 있는 기본개념이 만들어져야 한다.

[질문] 창업을 남자들끼리 하는 경우가 있고, 여자들끼리 하는 경우도 있으며, 이성끼리 하는 경우도 있는데 어떻게 다른가요?

[답변] 남자들끼리 동업하면 좋을 때는 일의 추진도 잘 진행되고 매우 좋겠지만 조금만 안 좋아지면 완전히 끝난다. 남자와 여자가 동업하면 감정이 섞일 가능성이 매우 높아진다. 여자는 가치도 추구하지만 의미도 만들어가기 때문이다. 반면 여자끼리는 생각보다 함께 동업하기 어렵다. 그러나 시작하게 되면 서로 힘이 되면서 열심히 잘해나간다. 이때 서로가 추구하는 가치가 달라지면 문제가 생기게 되고, 둘 중에 한 사람이 의미를 추

구하게 되면 동업관계는 끝난다.

처음 창업할 때는 남자들이 매우 중요한 역할을 한다. 맨땅에서 넘어지고 부딪혀가면서 만들어내는 것은 남자들이 잘한다. 그러나 관리와 운영의 측면을 보면 여자들이 잘한다. 창업할 때는 처음이기 때문에 무엇인가를 향해서 만들어가야 한다. 이때는 남자가 필요한 경우가 많고, 창업 후에 어느 정도 안정되어 관리를 해야 할 때는 여자가 필요한 경우가 많다. 이 조율이 잘 맞는다면 조직은 건강하게 잘 커나갈 수 있다.

[질문] 자아형성기의 아이들이 아르바이트를 하는 것을 시행착오라고 볼 수 있나요?

[답변] 자아형성기에는 시행착오 중에 하나이다. 그러나 청년의 아르바이트는 조금 다르다. 청년기는 자아실현이다. 만약 대학에 다닐 돈이 필요해서 아르바이트를 하고 생존하는 것은 그나마 낫지만, 대학을 졸업하고 취업할 곳이 없어 직업적인 측면에서 아르바이트를 시작한 사람은 취업을 잘하지 못하게 된다. 아르바이트에 익숙해져 있어서 취업을 하더라도 매우 불편하고 힘들어지기 때문이다.

비정규직일 때는 100만원을 받고 정규직일 때는 80만원을 받는 경우가 있다고 하면, 비정규직으로 일을 하려고 하고 계속 그렇게 파트타임으로 일을 해나가게 되면 그것에 익숙해진다. 그러면 정규직이 되기 어려워진다. 비정규직은 나만 잘하면 되지만 정규직은 나만 잘하면 되는 것이 아니라 조직문화에 같이 흡수되어 조화와 질서를 지켜야 하기 때문이다. 그래서 비정규직으로 오래 있던 사람들은 정규직의 마인드가 되어 있지 않아서 정규직이 되었을 때 많이 힘들어하는 경우가 종종 있다.

[질문] 요즘은 비정규직과 정규직이 같은 일을 하지만 차별을 받아서 문제가 됩니다.

[답변] 이것 또한 심각한 사회문제이다. 비정규직과 정규직이 같은 일을 하고 있는데 누구는 정규직이고, 누구는 비정규직이다. 정규직에 있는 사람들은 자기 나름대로 습관이 만들어져 있고, 비정규직에 있는 사람들은 비정규직 습관을 갖게 된다. 심리적으로 볼 때도 이것은 차별이다.

[질문] 20대 초반의 청년들이 아르바이트를 할 때 자신의 가치추구를 고려해서 아르바이트 자리를 물색해야 하는 것이 아닐까요?

[답변] 청년이 아르바이트로 일단 100만원을 모으고, 이 자금으로 창업을 해야겠다고 한다면 이 아르바이트는 자아실현을 위한 보조단계에 불과한 것이다. 문제는 이러한 개념이 없이 그냥 취미나 생존을 위해서 아르바이트를 할 때이다. 여기에 초점이 맞춰진다면 자아실현의 개념이 사라지기 시작하기 때문에 위험하다.

[질문] 인턴사원의 열정페이는 어떻게 생각하십니까?

[답변] 회사에 입사를 해서 수습기간이라고 해서 3개월 동안 급여의 60~80%를 주는 경우가 있는데, 이는 열정페이라고 보기는 힘들다. 경력

사원을 뽑을 때도 수습기간이 필요하듯이 신입사원이 입사해서 100% 능력을 발휘하기까지는 최소한 3개월의 적응기간이 필요하다고 생각해서 만들어진 것이다. 그런데 요즘은 인턴기간이 끝나도 정규직으로 전환시켜주지 않는다. 즉 수습기간이라고 정하지 않고 급여를 적게 주면서 일을 시킬 때를 열정페이라고 한다. 정규직은 고용을 책임져야 하고 비정규직은 고용을 책임지지 않는다. 즉 책임지지 않는 고용문화가 만들어진 것이다. 회사의 사원을 책임지는 기업문화가 만들어져야 한다.

[질문] 학교의 선생님도 정규교사를 줄이고 기간제 교사를 늘리는 실정입니다. 그러다 보니 아이들도 잠깐 보고 말 선생님인 걸 알고 선생님을 우습게 생각합니다.

[답변] 아이들 역시 선생님이라고 하지 않고 기간제 교사라고 명칭하고 있다. 학교의 인사에 커다란 불균형이 초래되고 있는 것이다. 이는 교육현장이 바뀌지 않는 이상 손쓸 방법이 없다. 정규교사, 기간제 교사, 학생들이 모두 손해인 제도이다.

[질문] 마사지 숍을 하는데 직원이 기술만 배우고 바로 나가버려서 손해가 컸습니다.

[답변] 직업에서 앞으로 성장과 발전을 해나갈 수 있는 직업의 차이는 자신만의 노하우 차이이다. 자신만의 노하우를 가지고 갈 수 있는 일을 찾는 것이 중요하다. 그런데 경쟁이 심화되어 있는 경우는 언젠가 과포화 상태

가 되어 발전하지 못한다.

[질문] 정규직도 어느 정도까지 올라가면 연봉제가 되지 않나요?

[답변] 4대 보험을 지급한다고 해서 정규직이 아니다. 정규직이라는 말은 비정규직을 만들었기 때문에 나온 용어이다. 일을 하면서 일정기간 올라가면서 무엇인가 이루는 것이 자아실현을 만들어가는 단계이다. 그런데 비정규직은 자아실현의 개념 자체가 없다. 목표도 없고 소모품 형태가 되어버리는 것이다.

[질문] 대학이 청년의 자아형성의 완충역할을 한다고 했는데, 대학을 나온 사람과 나오지 않은 사람의 차이가 날 수 있을까요?

[답변] 청소년시기에 자아가 어떻게 형성이 되어 있느냐에 따라서 달라지는 것이지 대학의 졸업유무와는 관계가 없다. 대학을 가면 학문적인 지식이나 스펙에 관련된 부분이 가미되는 것을 떠나서, 대학을 다니는 몇 년 동안 자아를 좀 더 탄탄하게 형성시킬 수 있는 기회가 만들어지는 것이다. 그런데 대학을 가보지 못한 사람들은 항상 가슴에 대학에 대한 아쉬움이 있다. 안 해본 것에 대한 아쉬움이다. 그래서 나이가 들어서도 방송통신대학이나 사이버대학을 다녀보고 싶어 하는 사람들이 많아지는 것이다. 청년시기에 그렇게 할 수 없었던 환경에 의해서 못 갔었던 것뿐이지 그 사람이 잘못 살아온 것이 아니다.

[질문] 직장을 다니면서 영어공부를 하거나 자기계발을 합니다. 만약 직장과 연관이 없는 자기계발을 할 때는 어떻게 적정하게 유지할 수 있을까요?

[답변] 직장에 다니면서 자기계발을 위해 영어공부를 한다고 보자. 그런데 직장과 영어는 전혀 관계가 없다면 지금의 직장 이후에 하고 싶어 하는 목표를 설정해두고 공부하는 것이 좋다. 지금 현재 하는 일이 나의 미래가치를 만들기 위한 중간역할을 할 때 자기계발은 큰 역할을 한다. 자기계발이 없는 상태에서 미래의 목표로 가는 것은 어렵기 때문이다.

[질문] 현재 하고 있는 일과 전혀 상관없는 취미가 힐링으로 사용될 수 있나요?

[답변] 지금 현재 일을 잘해나가기 위한 힐링으로 사용할 수도 있고, 업무와 연관되어 발전적인 하나의 보조적인 역할을 할 수도 있다. 그래서 자기계발은 자기힐링이냐 아니면 미래의 발전적인 것이냐에 따라서 생각하고 만들어가면 된다.

제9장

교사의 갈등

갈등은 두 가지 이유로 발생한다. 첫 번째는 자신의 생각기준이 상대와 맞지 않을 때 상대가 틀리다고 판단하면서 발생한다. 즉 상대와는 관계없이 오로지 자신의 생각기준에 맞느냐, 틀리느냐에 따라서 만들어지는 것이다. 두 번째는 심리작용의 오류로 인하여 갈등이 발생한다. 상대가 무의식으로 표현한 것을 그 사람이 생각하고 표현을 한 것이라고 생각한다. 나 자신도 무의식으로 표현하면서 상대는 무의식이 아니라 의도적으로 표현한 것이라고 생각할 때 심리작용의 오류가 발생한다.

이와 같이 인간이라면 누구나 생각기준의 차이, 심리작용의 오류로 인해서 갈등이 생길 수밖에 없다. 인간관계 속에서 살아가는 사람들은 무조건 갈등이 생긴다.

교사는 어떤 갈등이 발생하는지 살펴보자. 교사가 갈등을 겪고 있다는 것은 지금 누군가와 인간관계를 맺고 있다는 이야기이다. 만약 갈등이 없다면 인간관계 속에 있는 것이 아니라 사람으로서만 심리가 작용하고 자신 외에는 관심이 없다는 뜻이 된다. 학생, 학부모, 동료 선생님 등에게 관심이 없기 때문에 자기의 생각기준을 상대에게 적용할 필요도 없고 상대와 심리작용을 할 필요도 없기 때문에 갈등이 발생하지 않는다. 자기가 필요한 말만 하고 상대가 하는 이야기는 듣지도 않는다. 이것은 갈등이 없는 교사들의 특징이다.

교사가 갈등이 없다면 이는 매우 심각한 문제이다. 대부분의 교사들은 많은 인간관계와 연결되어 있기 때문에 갈등이 발생할 수밖에 없다.

그렇다면 교사의 인간관계를 살펴보자. 학생과의 인간관계, 학부모와의 인간관계, 동료교사 및 선후배 교사들과의 인간관계가 있으며 가정으로 돌아가면 가족관계도 존재한다. 이렇게 많은 인간관계를 맺고 있는 교사가 갈등이 없다고 한다면 인간관계가 아닌 자기행복만을 추구하는 사람으로서 살고 있다는 이야기가 된다. 인간관계 속에 있으면서 갈등이 없을 수는 없다.

또한 직업군에서의 인간관계의 갈등을 논할 때는 남자와 여자의 몰입차이도 함께 살펴봐야 한다. 남자의 몰입은 분산몰입이고, 여자의 몰입은 집중몰입이다.

남자교사의 경우는 분산몰입이기 때문에 가족과 갈등을 겪었다 하더라도 다른 인간관계에 영향을 미치지 않는다. 집에서 벗어나면 가족과의 갈등에서 벗어나게 된다. 학교에서 학생들에게 스트레스를 받고, 업무로 인하여 갈등을 겪어도 학교를 나가는 순간 모두 잊게 된다. 동료교사와 갈등이 있다면 동료교사와 갈등이 있는 것이지 그것 때문에 다른 인간관계의 갈등으로 이어지지 않는다. 가족과의 갈등, 학생과의 갈등, 학부모와의 갈등 등이 서로 연계되지 않고 그 순간마다 별개로 작용하게 된다. 남자교사가 이 3가지 관계에서 모두 갈등을 겪고 있다고 하더라도 갈등이 증폭되지 않고 각각 따로 존재하게 된다.

　여자교사의 경우는 집중몰입이기 때문에 오늘 가정에서 힘들었다면 학교에 가서도 힘들다. 감정이 하나로 이루어져 있기 때문이다. 여자교사는 어느 하나에 문제가 생기면 감정 전체에 문제가 생기게 된다. 만약 남편과 싸우고 치료가 안 된 채 학교에 가게 되면 표정부터 좋지 않다. 이런 상황에서 학생이 조금만 잘못하면 좋지 않은 감정이 증폭된다.

　누군가의 잘잘못이 아니라 남자와 여자의 기분과 감정이 작용하는 차이를 모르다 보니 조절하는 방법을 알지 못하기 때문에 문제와 갈등이 발생하는 것이다. 그렇다면 교사의 갈등을 놓고 보았을 때 남자교사의 갈등이 더 많을까? 여자교사의 갈등이 더 많을까? 사실은 갈등이 더 많기보다는 여자교사는 감정이 작용하다 보니 어느 한 인간관계에서 갈등이 발생하면 다른 인간관계에 영향을 미치기 때문에 갈등이 더 깊어지는 것이다. 그래서 직업군에서 갈등을 논할 때에는 남녀의 몰입차이를 반드시 함께 생각해야 한다.

　남자는 돌아서면 잊어버리는 기분이 작용하지만 여자는 모든 것이 함께 연결되어 감정으로 작용하기 때문에 전체적으로 문제가 확산된다. 이는 교사에게만 적용되는 것이 아니라 모든 남녀에게 적용된다. 그래서 특정한 직업의 갈등을 이야기할 때는 몰입의 차이도 함께 갈등의 원인으로 분석해야 한다.

　교사와 학생의 관계에서 갈등이 있다고 하면 우선 남자교사인지, 여자교사인지부터 살펴봐야 한다. 남자교사와 학생이 갈등을 겪고 있으면 이는 학생과 남자교사만의 갈등이다. 그런데 여자교사와 학생이 갈등을 빚고 있으면 이 갈등이 어디에서부터 시작된 것인지 원인을 찾아야 한다. 그렇지 않으면 해결하기 어렵다. 그러나 그 갈등이 어디서 시작되었는지 어떻게 알 수 있겠는가? 그래서 여자교사의 경우는 자신의 감정이 안 좋다면 이 감정이 반드시 다른 인간관계에 영향을 미칠 것이라는 것을 알고 있어야 한다. 그래야 갈등이 생겼을 때 스스로 조치할 수 있다. 자신도 모르게 감정이 좋지 않아 무의식적으로 표현되는 것을 막기는 어렵기 때문이다.

사람은 누구나 기분이나 감정이 안 좋은데 무의식을 통제하는 것은 매우 어렵다. '절대 화를 내지 말아야지' 하면서도 감정이 안 좋은 상태에서 스트레스가 들어오면 나도 모르게 표정부터 나빠지기 시작한다. 이렇게 나도 모르게 무의식으로 표현했다고 하더라도 내가 나의 감정 때문에 상대에게 나쁜 표현을 했다는 것을 알면 안 좋은 감정이 사그라졌을 때 상대에게 후속적으로 조치를 할 수 있다.

"선생님이 사실은 조금 속상한 일이 있었는데 선생님도 모르게 너에게 짜증을 냈었네. 네 잘못이 아닌데 그렇게 나쁜 말을 해서 선생님이 미안해"라고 말하는 순간 본인도 상대도 함께 갈등을 힐링할 수 있다.

교사가 갈등을 겪고 있다면 제일 먼저 나의 생각기준이 어떠한지 살펴야 하고, 심리작용의 오류는 없는지 살피고, 마지막으로 내가 분산몰입을 하고 있는지 집중몰입을 하고 있는지를 살펴야 한다.

여자는 감정을 기억하기 때문에 치료되지 않으면 상처를 기억하고 있다. 여자교사가 상처의 감정을 갖고 있으면 가족, 학생, 학부모, 동료교사와의 관계도 안 좋아진다. 그 이유는 내 안에서 상처의 감정이 작용하고 있기 때문이다. 상처의 원인을 찾아서 해결하지 않으면 나와 만나는 모든 사람들과의 갈등은 점점 깊어질 것이다.

여자는 감정을 기억하지만 남자는 감정을 기억하지 않는다. 만일 남자교사의 심리가 고장 나면 어떻게 될까? 나를 중심으로 A라는 사람과 갈등을 겪고, B라는 사람과도 갈등을 겪고, C라는 사람과도 갈등을 겪고 있다면 나와 연결된 상대들이 문제가 생긴 것일까? 내가 문제가 생긴 것일까? 똑같은 것을 놓고 주변의 모든 사람과 갈등을 겪고 있다면 나 자신에게 문제가 생긴 것은 아닌지 한 번은 돌아봐야 한다. 남자교사는 자신의 심리에 문제가 발생하면 학생, 학부모, 동료교사, 가족 그 누구를 만나도 갈등이 생긴다는 것을 알아야 한다.

교사들 중에 유독 학생과도 동료교사와도 갈등을 겪는 교사들이 있다. 자신의 생각기준이 하나밖에 없고 자기 소신이 매우 강한 사람들의 특징이다. 융통성이라는 개념이 없고 하나밖에 없는 자기 생각기준에 확고부동한 원리원칙을 갖고 있기 때문이다. 이런 사람은 자신의 생각기준 이외의 것은 어떠한 것도 용납하려고 하지 않는다.

생각기준을 여러 개 갖고 있지만 소신 있게 하나를 선택해서 가는 사람도 있다. 생각기준 하나만을 가지고 원리원칙을 따지는 사람과 여러 개 중에서 선택해서 소신 있게 생각기준을 가져가는 사람은 전혀 다르다. 여러 개 생각기준의 경험을 갖고 있는 사람은 타인의 의견을 잘 받아들인다. 나와 상대의 생각기준이 다를 수 있다는 것을 알고 포용해가는 것을 성숙한 자아라고 한다. 이러한 사람들은 갈등이 현저히 적다. 상대방을 이해하기 때문이다. 그러나 생각기준이 하나밖에 없는 사람들은 자신의 생각기준에 맞지 않으면 갈등이 생기기 때문에 인간관계에서의 갈등이 많을 수밖에 없다.

이때 여자교사는 조금 다른 양상을 보일 수 있다. 여자는 자신의 감정기준을 갖고 있기 때문에 자신의 감정에 따라서 갈등이 많이 생길 수도, 적어질 수도 있다. 예를 들어 한 학생에 대해서 감정이 나빠지면 그 학생에 대하여 이해될 때까지 갈등이 해결되지 않을 수도 있다. 또한 여자교사는 집중몰입을 하기 때문에 기억에 많은 상처가 있다. 만일 미혼의 여자교사라면 남편과의 상처는 없을 것이고, 기혼의 여자교사라면 남편과의 상처, 아이와의 상처, 시댁과의 상처 등 더 많은 상처를 갖고 있을 것이다. 여자교사는 상처의 치료여부에 따라서 갈등의 발생여부가 결정될 수 있다.

남자교사의 경우 교직생활을 얼마나 했든, 결혼을 했든 모두 각각의 기분으로 분리되어 있기 때문에 갈등과는 크게 관계가 없다. 다만 자신의 생각기준이 하나밖에 없으면 주변과 갈등이 많아진다. 여자교사는 교직생활이 오래될수록, 결혼생활이 오래될수록 상처가 많아지기 때문에 갈등이 많아진다. 여자교사가 상처를 치료하는 능력을 가지고 있다면 반대로 오랜 경력만큼 행복이 훨씬 크다. 그러면 학생들은 따라서 행복해진다.

만일 여자교사가 학교에서 학부모로부터 엄청난 공격을 당해서 '외상 후 스트레스'에 가까운 트라우마를 입고 학교를 퇴직한다 하더라도 그 상처는 치료되지 않는다. 자칫 잘못하면 향후 자신의 아이를 학교에 보내놓고 불안증상으로 매우 힘들어할 수도 있다. 이때 학부모는 가해자이고 범죄자가 된다. 여자교사 한 명이 갖게 되는 상처가 다른 사람들에게 얼마나 많은 상처를 유발시키고, 얼마나 많은 갈등을 유발시키는지 가늠조차 하기 힘들다. 그래서 교권을 넘어선 학부모의 행위는 범죄라고 할 수 있다. 한 학부모로 인해 수백 명의 학생들이 오롯이 그 상처의 영향을 다 받게 되기 때문이다.

남자교사들은 감정이 아닌 기분만 작용하기 때문에 갈등이 생겨도 돌아서서 술 한잔 마시면서 다 털어낼 수 있다. 그러나 여자교사는 상처가 치료되지 않은 채 갈등이 심화가 되면 감정을 잃는 상처의 해리현상이 발생할 수 있다. 여자교사가 상처의 해리로 빠지게 되면 재미있고 즐거운 것만 찾아다니게 된다. 이때 작은 스트레스라도 들어오게 되면 히스테리 증상이 나타날 수 있기 때문에 학생들은 매우 위험한 환경에 노출되는 것과 같다.

다음은 교사의 갈등을 힐링하는 방법을 알아보자. 남자교사는 우선 자기의 생각기준을 늘려야 한다. 생각기준을 늘리려면 많은 경험을 해보고, 조정하면서 자아를 조금 더 크게 형성해나가야 한다. 수많은 경험을 통해서 주변 사람들과 함께 갈 수 있는 관대함을 가져야 한다. 시간이 오래 걸리기는 하겠지만 조금씩 다른 생각기준도 있다는 것을 알고 그것을 모두 포용할 수 있는 사명의식을 가지는 것이 근본적으로 갈등을 힐링하는 방법이다.

여자교사는 사명의식보다 중요한 것이 자신의 상처치료이다. 여자는 상처에 관련된 부분이 매우 중요하기 때문에 상처의 해리가 오기 전에 상처를 치료해야 한다. 여자교사가 폭력을 쓴다면 이미 상처의 해리로 들어갔을 가능성이 매우 높다. 그러나 아직 상처가 작용하는 여자교사는 잔소리가 많을 뿐, 폭력적인 히스테리의 증상은 나타나지 않는다.

교사가 자기기준을 상대에게 적용하고 심리작용을 하면서 오류를 겪어 갈등이 발생하는 이유는 상대에게 관심이 있기 때문이다. 갈등이 전혀 없는 교사라면 학생들에게 관심이 없다는 것과 같은 뜻이다. 반면 남자교사든 여자교사든 학생들과 갈등이 있다면 학생들에게 관심이 많다는 뜻이다. 갈등은 관심이 있는 인간관계에서 반드시 나타날 수밖에 없는 것인데 이것이 자신에게 또는 상대에게 어떤 영향을 미치는지 아무도 생각을 못하기 때문에 갈등을 해결할 수 없었던 것이다.

남자교사는 자아를 조금 더 성숙하게 만들면 되고, 여자교사는 상처를 치료하면 행복해질 수 있다. 나뿐만 아니라 내 주변의 학생, 학부모, 동료 교사, 가족 모두 함께 행복을 누리면서 더 큰 행복을 만들어갈 수 있다. 이처럼 갈등을 해결할 때 행복이 만들어진다는 것을 알아야 한다.

우리는 갈등이 생기는 것을 나쁘게만 생각하지 말고 오히려 갈등이 힐링되었을 때 얼마나 많은 사람들이 행복하고 풍요로워질지 한 번은 생각해보아야 한다. 교사에게 갈등이 생기는 것은 사명의식 또는 교권의 실추 때문에 오는 것이 아니다. 남자교사는 자신의 자아가 미성숙되어 있기 때문이고, 여자교사는 상처가 치료되지 않았기 때문이다. 이러한 갈등의 원인을 정확하게 알고 갈등을 해결해나가야 한다.

신규 교사든 오랜 경력의 교사든 무엇보다 교사는 자신의 생각기준이 매우 중요하다. 그 이유는 교사 밑에서 자아를 형성해나가고 있는 학생들이 있기 때문이다. 교사인 내가 갈등을 해결할 수 없으면 학생들의 자아형성에 문제가 생긴다는 것을 알아야 한다. 예를 들어 교사 한 명이 30명의 학생을 담당하고 있다고 하면 교사 한 사람의 갈등이 30명에게 갈등을 일으키는 셈이다. 그래서 교사에 대한 갈등은 중요한 역할을 한다.

학생들은 학교에서 관계적응기를 거쳐서 자아형성기까지 보내게 된다. 그런데 관계적응기나 자아형성기에 문제가 발생하면 그 아이들이 성인이 되어 자아실현을 추구할 때 문제가 발생하게 된다. 학생일 때 건강한 자아를 만들어갈 수 있도록 교사들은 올바른 길로 이끌어줘야 한다. 비록 갈등이 있더라도 어떻게 해결하고, 어떻게 극복해나가는지를 알아가는 것도 건강한 자아를 형성해가는 과정이다. 이 과정에서 교사 한 사람으로 인해서 건강한 자아로 자리를 잡지 못하게 된다면 그 아이들은 성인이 되어서 어떻게 되겠는가? 아이들은 성인이 되어 나라의 주축이 되기 때문에 교육을 백년대계라고 하는 것이다. 교육의 주축은 학교도 아니고, 나라도 아니며 오로지 학생과 직접적으로 연관되어 있는 교사라는 것을 잊어서는 안 된다.

교사 한 사람이 정년퇴임을 할 때까지 얼마나 많은 학생들과 인간관계를 맺겠는가? 교사는 수백 명에서 수천 명의 아이들에게 올바르게 인간관계를 맺는 법과 건강한 자아형성을 해줄 수 있게 해주는 매우 사명이 깊은 역할이다. 이 과정에서 갈등은 아이들이 자아형성을 할 때 반드시 필요한 시행착오 중에 하나라는 점을 알아야 한다. 그 경험을 가지고 자아실현을 해나갈 때 발생하는 갈등을 해결하고 극복하는 능력을 만들어가는 것이다.

갈등이 해소되고 해결될 때 비로소 행복을 가진다. 만일 내가 자아실현을 하기 위해서 목표를 세우고 그것을 이루기까지 엄청난 자기와의 싸움을 하는 것도 갈등이다. 그렇게 갈등을 겪고, 넘어져도 보고, 해결도 해가면서 그 목표로 향해 갈 때 행복을 느끼는 것이 우리 인간이다. 그래서 내가 자아실현을 하고 행복을 느끼기 위해서는 반드시 갈등이 필요하다. 갈등은 결코 나쁜 것이 아니다.

갈등은 나쁜 것이 아니지만 힐링하는 방법을 몰라서 계속 갈등 속에서 나오지 못했을 뿐이다. 남자라면 자신의 미성숙한 자아를 좀 더 성숙시키기 위해 여러 생각기준을 만들어가고, 여자라면 내 안의 상처를 치료해가면 비로소 갈등을 행복으로 전환시킬 수 있게 된다.

스스로 갈등을 해결할 수 있도록 원리를 정확하게 알려주고, 스스로 조절해갈 수 있도록 만들어주면 된다. 모르는 것은 죄가 아니다. 잘못 알고 있다면 빨리 올바르게 바로잡아갈 수 있도록 해야 한다.

갈등은 인간사회 속에서 항상 존재한다. 특히 교사는 많은 학생들의 자아를 형성하는 데에 있어서 주축이 되는 사람임을 스스로 알고 자신의 스트레스와 상처를 해결할 수 있는 방법을 찾아서 갈등을 행복으로 전환시키는 능력을 키워나가야 한다.

질문과 답변

[질문] 방과 후 선생님이나 과외와 학원의 선생님은 갈등이 별로 없나요?

[답변] 방과 후 선생님이나 과외와 학원의 선생님은 계약직이다. 선생님도 아니고 교사도 아닌데 위탁을 받아 운영하는 강사의 개념이다. 그러다 보니 아이들은 학생이 아니라 고객이 되어버린다. 그래서 인간관계의 형성이 잘 안 되는 특징이 있다. 학원은 거래관계이기 때문에 지식만 배우면 되는 곳이 된다. 그래서 이들의 갈등은 내가 낸 비용에 대한 가치가 있느냐 또는 고객인 학생이 줄어드는 것에 갈등을 느낀다.

[질문] 학원 선생님도 나름대로 좋은 사람도 있고, 아이들을 진정으로 가르치는 분도 있지 않나요?

[답변] 예를 들어 학원 선생님이 너무 좋으신 분이고, 스승과 같이 인식되면 학교에 있는 선생님은 더 이상 스승으로 느껴지지 않는다. 즉 학원이 더 중요하게 인식되고 학교생활은 무너지기 시작한다. 사교육의 문제점은 초과적인 비용의 문제가 아니라 공교육이 무너지는 결과를 갖는다는 점이다. 지식을 배우는 것에 투자하는 것은 나쁜 것이 아니다. 다만 학교가 무너지고 공교육이 무너지기 때문에 문제가 점점 커지는 것이다.

과거에는 사교육과 공교육을 따로 분리시킬 것도 없이 그냥 교육(敎育)이라고 표현했다. 그런데 언제부터인가 이를 엄격하게 분리를 해버렸다. 그 이유는 공교육이 무너지면서 사교육이 필수인 사회가 되었기 때문이다. 지식을 밖에서 배우면 학교 안에서는 과연 무엇을 배운다는 것일까? 이는 지식교육이 양분화되어 버리면서 생긴 현상이다.

[질문] 공교육이 무너진 것은 교사들이 스스로 무너져서 그런가요?

[답변] 아니다. 공교육이 무너지게 된 결정적인 이유는 학부모들 때문이다. 학부모들이 교권을 다 무너뜨리고 아이들이 갈 곳이 없으니 사교육으로 가는 것이다. 학부모들 스스로 다 무너뜨리고 다른 곳에서 또 찾고 있는 것이다. 이제는 내 아이들을 스승으로서 보듬어주는 또 다른 곳을 찾아야 하는 실정이다.

예전에 상담을 오신 학교 선생님이 계셨다. 한 학부모가 자신의 아이가 학교에서 친구와 다투다가 다쳤다고 선생님이 수업하는 교실에 들어와 수많은 제자들 앞에서 선생님을 무릎 꿇게 하고 사과를 종용했다고 한다. 상담을 오신 선생님에게 여자의 상처해리가 얼마나 무서운 것인지, 왜 그런 히스테리의 증상이 나오는지 설명을 드렸다. 그제야 이해하고 다시 교육현장으로 복귀할 수 있었다. 그 선생님이 무너져야 될 이유가 전혀 없는 것이었다. 그렇다고 선생님이 학부모의 상처해리를 치료해줄 수는 없다. 그러나 원리를 알고 있으면 선생님이 자신을 치료하고 아이들을 보호해줄 수 있게 된다.

[질문] 히스테리를 부리는 학부모가 교실에 쳐들어왔다면 어떻게 대처해야 하나요?

[답변] 학부모가 히스테리를 부리는 이유는 자기 뜻대로 안 되고 있기 때문이다. 일단 뜻대로 맞춰줘서 히스테리가 멈추도록 하는 방법이 가장 우선이다. 대응하려고 하면 일이 더 커지기 때문이다. 히스테리를 멈추게 한 후 후속조치를 취해야 한다. 학부모가 히스테리에서 원래대로 돌아오는 시간을 주어야 한다. 며칠 후 학부모가 제정신으로 돌아왔을 때 교장선생님이나 학부모 위원회를 통하여 조율해갈 수밖에 없다고 이야기하면 된다. 그렇게 후속조치를 해야 한다. 만약 수업을 하고 있는데 학부모가 들어온 경우는 아이들의 교육차원에서라도 즉시 수업을 중단하고 교무실로 자리를 옮겨야 한다.

[질문] 동료 선생님이 히스테리가 있으면 어떻게 해야 하나요?

[답변] 가까이 가지 않는 것이 제일 현명한 것이다. 히스테리의 공통점은 자기 기분이 좋을 때는 매우 좋지만, 자신과 조금이라도 맞지 않는다고 생각되면 히스테리 증상이 나타나면서 이성을 잃어버린다.

[질문] 최근 젊은 미혼 여자선생님들 사이에도 상처해리가 매우 많습니다. 이런 경우는 양육과정에서 문제가 있었기 때문에 상처가 많은 것인가요?

[답변] 양육될 때 상처가 많았을 수도 있고, 성인이 되어서 사회에서 상처가 많이 생겼을 수도 있다. 미혼의 여자선생님이 이미 상처해리라면 그에 버금가는 트라우마가 반드시 있었을 것이다. 결혼해야지만 상처가 많이 생기는 것은 아니다.

[질문] 선생님이 되려면 어쩔 수 없이 많은 공부를 해야 하는데 그것도 모두 상처가 되나요?

[답변] 공부를 어쩔 수 없이 했다면 상처가 될 수도 있다. 그러나 공부가 좋아서 했다면 상처가 되지 않는다.

[질문] 교사 한 명이 30명의 학생을 가르치다보면 어떤 아이는 잘 따라오고, 어떤 아이는 못 따라오는데 교육방식을 바꾸지 않고 그대로 가고 있습니다. 여자교사라면 편안함에 안주하려는 것이고, 남자교사라면 열정이 없는 것인가요?

[답변] 만약 가르치는 학생 30명 중 20명은 잘 따라오고 10명은 잘 따라오지 못한다고 가정해보자. 그렇다 하더라도 선생님은 자신의 훈육방식과 교육철학을 나름대로 가지고 초지일관(初志一貫) 그대로 가면 된다. 선생님의 생각기준을 보면서 아이들은 성장한다. 학생들이 선생님의 생각기준이 틀려서 스트레스를 받고 힘들기도 하지만 이를 통해 학생들은 배워나가는 것이다. 그런데 선생님이 누군가에게 맞추려고 할 때 문제가 생긴다. 나의 교육철학을 타인에게 맞추려고 들면 안 된다. 학생들은 자아를 만들

어가는 과정인데 왜 만들어가는 과정에 맞추려고 하는가? 나의 교육철학을 학생들이 보고 배우고 느끼도록 하는 것이 가르침이다.

교사의 나쁜 상(像)도 있다. 이 나쁜 사례를 통하여 어떤 것이 나쁜 것인지도 배워나가야 한다. 그러나 한 교사를 두고 10명에게는 나쁜 교사일 수도 있지만, 20명에게는 좋은 선생님일 수도 있다. 각자에게 다른 자아가 만들어진다는 것이다. 그리고 다음 해가 되면 또 다른 생각기준을 가진 선생님을 만나서 각자의 자아를 또 배우고 만들어가는 것이다. 학생들은 12년의 학교생활 동안 선생님들을 통하여 꾸준하게 옳고 그름의 자기 생각기준들을 형성해가고 배워간다. 선생님의 생각기준이 틀릴 수도 있다. 선생님은 자기 나름의 원칙과 교육철학을 가지고 있다. 이 생각기준은 선생님 자신에게는 맞는 것이지만 아이들에게 맞을 가능성이 높지는 않다. 그러나 아이들은 그러한 것들을 보면서 자기 나름대로의 생각기준을 만들어간다. 자아를 만들어갈 때 무엇이 좋고, 무엇이 나쁜 것인지를 알아가는 것이 시행착오이다. 선생님은 말 그대로 몸소 자기가 실천하면서 자신이 가지고 있는 지식과 행동을 학생들이 보고 배우면서 자아를 형성해갈 수 있도록 이끌어주는 역할이다. 대학에서는 선생님이라고 하지 않고 교수(敎授)라고 하는데, 이유는 이미 형성된 자아를 가지고 자아실현을 위해 학문적으로 연구하는 곳이기 때문이다. 대학은 지식을 배우러 가는 곳이지 자아를 형성하러 가는 곳이 아니다.

[질문] 학교에서 선생님들의 성비 불균형이 많은데 이로 인해 남학생과 여학생의 심리가 어떻게 형성되나요?

[답변] 남자선생님과 여자선생님의 성비 불균형이 문제가 된지는 오래되었다. 성비가 골고루 분포되면 좋겠지만 현실적으로 잘 되지 않는다. 성비 불균형을 보완해줄 수 있는 곳이 가정이다. 예를 들어 줄곧 여자 담임선생님만 만나왔더라도 가정에서 아빠로부터 균형을 잡아간다. 아이가 자아를 형성할 때는 학교만의 책임이 아니고, 가정에서도 책임이 있다. 가정에서 자아를 형성해줄 수 있는 한계영역이 있기 때문에 학교의 보호 속에서 친구관계나 선생님과의 관계를 배워가는 것이다. 자아형성의 가장 최소단위는 집이고 그다음이 학교이다. 가정에서 바쁘다고 학교에만 기대고 손을 놓아서는 안 된다.

[질문] 맞벌이 가정이 많아지면서 아이들이 학원을 많이 다니게 되었습니다. 학원을 많이 다닐수록 공교육의 선생님과의 관계가 안 좋아질 수 있나요?

[답변] 관련성이 없다. 아이가 관계적응이 될 겨를도 없이 학원을 여러 개 다니면 오히려 학교생활이 낫다. 학교에서는 규칙만 잘 지키면 되는데 학원은 여기저기 계속해서 돌아다녀야 하니 힘들다. 학원을 많이 다니는 아이들은 학원 가기 싫다는 말은 해도 학교에 가기 싫다는 말은 잘 하지 않는다.

[질문] 히스테리를 부리는 학부모는 일단 피하고 보라고 했는데, 히스테리보다 더 강하게 나가는 방법은 무엇인가요?

[답변] 반드시 알아야 할 점은, 히스테리는 폭력성향을 동반한다는 것이다. 상대가 히스테리로 한 대 때릴 때 그것을 이기겠다고 내가 10대 때리면 나는 범죄자가 되는 것이다. 히스테리에 대처하려고 하면 나 역시 히스테리가 생기는 것이다. 차라리 피하는 것이 현명한 방법이다.

TV를 시청하다 보면 심리극으로 심리치료를 하는 경우를 종종 볼 수 있다. 인형을 하나 갖다 놓고 야구 방망이로 때리면서 분노를 표출하라고도 한다. 그렇게 분노를 표출하고 나면 후련하고 시원하다고 한다. 그러나 집에 가서 또다시 상처가 올라오면 그때는 어떻게 할 것인가? 이처럼 치료할 때도 신중히 생각해보고 해야 한다. 여자는 남자가 아니고, 남자는 여자가 아닌데 남자와 여자의 마음과 심리가 작용하는 원리도 가르쳐주지 않고 상대방의 입장이 되어보라고 하니 서로가 상대를 알 수 없는 노릇이다. 분노를 표현하는 심리극은 자기도 모르는 사이에 폭력적으로 화를 표현하게 하는 습관을 만들기 때문에 위험하다. 그래서 심리극에서 하지 말아야 할 것이 폭력성향에 관련되는 것들이다.

[질문] TV프로그램을 보면 문제가 있는 아이가 달라졌다고 끝나는데 과연 맞는 것인가요?

[답변] TV프로그램에서는 아이에게 문제가 있다고 단정을 짓는다. 그 문제가 있는 아이를 고치기 위해 부모님이 어떻게 해야 하고, 아이는 어떻게 다뤄야 하고, 심지어 부모님의 어렸을 때의 상처까지 분석한다. 그런데 TV프로그램에 나오는 아이들이 하나같이 건강하고 자기표현도 잘한다. 아이들이 관계적응기에 나올 수 있는 행동들을 보면서 성인들이 문제 또는

장애라고 생각하고 낙인을 찍기 때문에 실제로 문제가 생기는 것이다. 이제 인간관계에서 적응해가고 있는 아이들에게 어른들의 생각기준을 강요하는 것과 같다. 아이는 아직 잘잘못에 대한 생각기준을 배우지 못해서 몰라서 했던 행동들을 무조건 잘못했다고 다그쳐서는 안 된다. 시행착오를 통해서 잘잘못에 대하여 배워가는 단계이기 때문에 몰라서 실수할 수도 있는 것이다.

[질문] 아이들에게 설명해주고 이해시켜주면 되는 것인가요?

[답변] 아이들이기 때문에 이해를 잘하지 못한다. 어른들부터 '아이 잘못이 아니구나'라는 것을 알아가야 한다. 어른들이 양육하기 편하게 아이들을 어른들의 생각기준에 맞추려고 하기 때문에 아이가 잘못된 것처럼 보이는 것이다. 요즘은 아이가 조금만 산만해도 ADHD로 판정 내리고 심리치료를 위한 상담실 또는 소아정신과로 보낸다. 이는 어른들도 모르기 때문이다. 여러분 자신이 어렸을 때를 한 번쯤 생각해보자. 아이는 건강하게 자라면서 몰랐던 것을 배워가는 것뿐이다.

[질문] 아이가 산만하다고 담임선생님이 학부모를 호출합니다.

[답변] 선생님의 생각기준에서 아이를 다루기 힘들기 때문에 아이에게 문제가 있다고 생각하기 때문이다. 과거에는 아이들끼리 다투어도 학교에서 선생님이 직접 해결하고 나섰다. 하지만 요즘은 조금만 산만해도 ADHD, 학습장애, 행동장애 등을 내세우면서 학부모에게 심리치료를 위

한 상담을 하든가 소아정신과 치료를 다니게 할 것을 요구한다. 아이들에게는 심리장애가 없다. 심리와 자아가 형성되는 단계이기 때문에 시행착오를 겪는 과정일 뿐이다. 어른들의 눈높이로 아이들에게 문제 또는 장애의 딱지를 붙여서는 안 된다.

[질문] 일반 고등학교의 학생이 예체능계 대학입시를 위하여 예체능학원에 가게 되었습니다. 그러면 학교의 선생님과 갈등이 생길 확률이 높아지나요?

[답변] 그럴 수 있다. 이 학생에게 일반고는 보조가 되고 예체능학원을 중심에 두게 된다. 그러면 학원이 학교의 개념이 된다. 어떻게 보면 매우 위험한 것이다. 학교는 그저 졸업장을 따기 위한 곳이 되어버린다. 그러나 이에 대한 정답은 없다. 아이들이 살아가는 데 옳고 그름을 논해서는 안 되기 때문이다. 학교와 학원에서 심리가 어떻게 형성되어가는지 알려주고 스스로들이 판단할 수 있게 만들어주면 된다. 어른들은 정확하게 알려주고 그들이 스스로 자아를 형성해나갈 수 있도록 만들어주면 된다.

[질문] ADHD는 그 아이가 건강하기 때문이라는 것은 알겠습니다. 하지만 또래 친구들이 그 아이의 폭력적인 부분 같은 것들을 습득합니다. 그런 상황에서 선생님은 어떻게 조정해가야 하나요?

[답변] 선생님이 조정하려고 하기 때문에 문제가 생긴다. 과잉행동을 하는 아이가 있을 경우, 학부모와 함께 협조하여 아이를 보듬어주면 좋겠다

고 이야기하는 것이 중요하다. 대처하려고 하면 해결방법이 나오지 않는다. 30명 중에 10명에게 맞출지, 20명에게 맞출지 고민하지 말고 자신의 지침을 갖고 부모님과 함께 조화를 이뤄가야 한다. 병원에서도 협진이 필요하듯이 한 아이 때문에 다른 아이들에게 피해가 있을 것이라고 생각되면 학부모 또는 교감선생님, 교장선생님과 함께 의논해서 조정해나가야 한다. 그런데 대부분의 선생님들은 아이가 잘못되었다고 학부모를 불러서 아이를 문제아로 만들려고 한다. 나머지 학생들에게 맞추려고 아이를 정신적인 문제가 있는 아이로 만들어버리는 것이다. 그렇게 해서는 안 된다.

어른들이 아이들에게 시행착오를 바로잡아주면서 알려주는 것도 중요하지만 알려줬다고 해서 아이들에게 책임까지 지라고 해서는 안 된다. 실수를 반복하면 다시 한번 알려주고, 부모님과 협력해서 지속적으로 알려주려 노력해야 한다.

"엄마, 내가 이렇게 뛰어놀면 애들이 힘들어해?"
"응. 그래서 엄마가 하지 말라고 그랬잖아."
"하지 말라고만 했지 애들이 힘들다는 말은 안 했잖아."

놀랍게도 아이들이 스스로 알아간다. 자신도 모르게 또다시 실수를 하면 친구들에게 사과한다. 이렇게 반복되면 그 아이는 스스로 그런 행동을 하려고 하지 않는다. 그동안 해결되지 않았던 이유는 "네가 잘못했어"라는 개념이 들어갔기 때문이다. 아이들의 시행착오를 고치려고 하지 말고 원리를 알려주고 스스로의 경험을 통하여 바꿔나갈 수 있도록 어른들이 기다려줘야 한다.

제10장

감정노동자의 갈등

갈등이 발생하는 원인을 살펴보자. 첫 번째는 자신의 생각기준이 상대와 맞지 않을 때 상대가 틀리다고 판단하면서 갈등이 발생한다. 두 번째는 심리작용의 오류로 갈등이 발생한다. 그리고 직업군의 갈등을 다룰 때 반드시 한 가지 원인을 더 살펴봐야 한다. 남자와 여자의 심리작용의 차이로 인해 갈등이 발생한다. 남자는 기분을 추구하면서 무의식에서 스트레스를 제거하는 역할을 하고, 여자는 감정을 추구하면서 무의식에서 상처를 치료하는 역할을 한다는 점이다.

감정노동에 관련된 직업군의 갈등을 살펴보자. 실질적으로 감정노동에 관하여 많은 기관이나 전문가들이 다루고 있지만 여기서는 심리적 관점이 아닌 마음의 관점에서 감정노동을 살펴보려고 한다. 감정노동자의 정의를 보면 감정을 갖고 감정에 관련된 노동을 하는 사람이라 정의되어 있다. 노동의 개념이 감정이기 때문이다. 과거에는 화이트칼라, 블루칼라, 즉 정신적 노동, 육체적 노동으로 나뉘었으나 산업이 발달함에 따라 서비스산업이 발전하면서 정신적, 육체적 노동이 결합된 형태로서 감정노동이 생겨났다.

그런데 왜 기분노동이라고 하지 않고 감정노동이라고 하는 것일까? 그 이유는 기분은 지속력이 없어 노동에 관련된 개념으로 쓸 수 없기 때문이다. 지속적인 개념은 감정에만 존재하고 있다. 통상적으로 감정노동이라고 하면 서비스업을 일컫는다. 그 안에서도 육체적인 서비스를 제공하는 감정노동이냐, 정신적인 서비스를 제공하는 감정노동이냐에 따라서 다르기 때문에 엄격하게 구분하여 살펴봐야 한다.

대부분의 감정노동자들의 갈등을 해결하거나 치료하고자 할 때 육체적, 정신적 감정노동을 구분하지 않은 채 기분전환을 하는 방법만을 다룬다. 감정노동을 하고 있는데 과연 기분전환만으로 감정이 힐링될까? 감정은 억압하거나 기분전환을 하게 되면 이유여하를 막론하고 치료되지 않는다. 오히려 기분전환을 지속적으로 하게 되면 중독증에 빠진다. 이로 인하여 서비스업에 종사하는 사람들이 중독증에 빨리 빠져드는 이유이다.

기분전환의 대표적인 것이 강연이다. 유튜브의 영상이나 강연을 들을 때 기분을 전환시켜주기 때문에 일시적으로는 힐링이 된다. 그러나 갈등의 근본이 해결되지 않았기 때문에 다시 강연을 찾게 되고 그렇게 한 번, 두 번, 세 번 반복해서 듣다 보니 강연에 중독되어 강연이 있는 곳만 찾아다니게 된다. 이렇게 기분전환을 추구하게 되면 남자든 여자든 중독으로 빠지게 된다. 반대로 상처의 감정을 억압하게 되면 우울증으로 들어갈 가능성이 높아진다. 그래서 감정노동자의 우울증이 매우 많아지고 있다.

육체와 연결된 감정노동의 직업군을 보면 대표적으로 간호사, AS기사, 승무원, 강사 등과 같이 전문성을 띠고 있는 직업들이다. 일을 하면서 몸을 움직이고 거기에 자기감정도 필요하다. 몸을 움직이고 무감정으로 일을 할 수 있는 직업군은 블루칼라로 칭한다. 육체적인 감정노동자는 반드시 몸을 움직이면서 감정을 필요로 하는 직업이다. 육체를 사용하다 보니 육체적인 피로감을 갖게 된다. 인간은 몸과 마음이 연결되어 있어 몸이 아프면 마음에도 문제가 생기고, 마음이 아프면 몸에도 문제가 생기게 되어 있다. 그렇기 때문에 몸이 피곤하면 마음도 다운되고 그에 연결되어 있는 감정과 심리도 함께 다운된다.

인간이 표현하는 이유는 스트레스나 상처를 치료하기 위해서이다. 표현을 함으로써 마음을 안정시키고, 마음이 안정된 상태에서 몸을 안정시키는 역할을 해주는 것이 힐링법이다. 남자는 스트레스를 제거하고, 여자는 상처를 치료하면 마음이 안정됨과 동시에 몸도 함께 회복된다.

육체적 감정노동자는 마음에 먼저 문제가 생겨 몸이 다운되는 경우도 있다. 스트레스나 상처로 인해서 몸이 다운되고 심리도 다운되면서 몸과 마음이 점점 더 피곤해지는 악순환의 고리가 감정노동의 핵심이다. 그래서 육체적 감정노동자는 몸과 마음을 함께 힐링해주지 않으면 둘 중에 하나에 문제가 생기면서 결과적으로 몸과 마음이 다운되는 악순환으로 들어갈 수밖에 없다.

정신적으로 연결된 감정노동의 직업군을 보면 대표적으로 콜센터, 은행원, 상담사, 공무원 등이 있다. 정신적 감정노동자의 경우는 육체적인 부분은 거의 다루지 않고 서비스를 제공하기 때문에 이러한 직업군에 관련된 힐링법은 스트레스와 상처만 치료하면 된다.

육체적, 정신적 감정노동자들의 공통사항은 감정이다. 감정은 내 안에서 나의 기억을 가지고 무의식이 만들어낸다. 감정이 만들어질 때 반드시 따라오는 것이 무의식의 표현이다. 그래서 감정노동자들이 고객 앞에서는 웃어야 하고 밝아 보이겠지만 고객에게서 벗어나면 말과 행동과 표정의 표현이 안 좋아진다. 무의식이 표현하는 이유는 남자는 스트레스를 제거하기 위함이고, 여자는 상처를 치료하기 위함이기 때문이다.

남자의 감정노동을 먼저 살펴보자. 남자는 감정노동으로 스트레스를 받고 무엇인가를 하면서 그 스트레스를 제거한다. 예를 들어 퇴근길에 술을 마신다던가, 운동을 하는 등 말과 행동과 표정으로 무엇인가를 표현하면서 받았던 스트레스를 제거한다. 그렇게 스트레스를 제거하고 나서 아무런 생각 없이 집으로 돌아간다. 스트레스를 제거하지 않고 집에 가게 되면 집에서 스트레스를 제거하기 위하여 말과 행동과 표정으로 표현을 하거나 TV나 게임에 몰입하는 것이다.

여기서 한 가지 살펴봐야 할 것이 표현이다. 퇴근하고 분명히 무엇인가를 표현하는데 그것이 순수한 표현이 아닐 경우에는 힐링되지 않는다. 예를 들어 운동을 하는데 레슨을 받는다면 이는 순수한 표현이 아니라 인식이 함께 작용한다. 표현할 때 힐링되는 것이지, 인식이 따라 들어오면 힐링되지 않는다. 또 한 가지 예를 들어보면, 산책할 때 주변의 경관을 감상하면서 걷는다면 힐링되지 않는다. 등산할 때도 마찬가지이다. 누군가와 함께 대화를 나누며 등산을 한다면 힐링이 아니다. 건강에는 좋을 수 있으나 마음의 관점에서 보면 스트레스는 제거되지 않는다. 운동이 끝나고 술을 마실 때 각자 상대방의 말에는 별로 귀를 기울이지 않고 혼자 표현을 많이 할 때 힐링된다. 남자는 그렇게 스트레스를 제거하고 잊어버린다.

자신이 하는 것이 인식인지 표현인지 정확히 구별하지 못한 채 인식과 표현을 함께 하면서 스트레스를 해소하는 사람들이 있다. 가령 음악의 가사를 음미하면서 운동을 하면 인식과 표현이 공존한다. 이렇게 되면 스트레스가 힐링된 것처럼 느껴지지만 스트레스는 계속 잔존하게 된다. 술을 마시는 것도 아무 생각을 하지 않고 떠들고 마시는 것이 아니라 상대의 이야기에 귀를 기울이며 마시면 인식과 표현이 공존하면서 힐링되지 않는다. 순간적으로는 힐링되는 것 같지만 스트레스가 해소가 되지 않아서 같은 행위를 반복하게 된다는 것이 문제이다. 스트레스를 받으면 하고, 스트레스를 받으면 또 하게 되면서 중독증에 들어가게 된다. 중독은 강박에 의해서 작용하는데, 강박의 원천이 스트레스이기 때문이다.

그렇다면 육체적 감정노동자와 정신적 감정노동자 중에 어느 쪽이 심리에 문제가 생길 가능성이 높을까? 정신적 감정노동자이다. 몸을 움직이지 않으니 표현이 함께 밸런스를 맞추지 못하기 때문이다. 육체적 감정노동자는 자신의 건강만 괜찮다면 심리에 관련된 스트레스는 몸으로 표현하고 있기 때문에 저절로 힐링하면서 밸런스를 맞춰간다.

고객을 응대할 때 "어서 오세요"와 같은 인사말도 나의 힐링으로 쓸 수 있다. 표현하면 힐링된다는 것을 알고, 웃으면서 이야기를 하다 보면 스트레스를 받더라도 이내 사라지게 된다. 스트레스를 즉시 표현하면서 힐링을 하였기 때문이다. 그만큼 표현이 매우 중요하다. 말과 행동과 표정으로 표현하게 되면 스트레스가 제거된다. "그래도 그만하길 다행이야. 고생했어"라고 동료에게 한마디 하는 것도 힐링된다. 그런데 스트레스가 제거되지 않은 상태에서 무엇인가 눈에 거슬리는 것이 있으면 "내가 뭐라 그랬어!" 하면서 쌓였던 스트레스가 쏟아져 나온다.

−10만큼의 스트레스가 쌓인 상태에서 편안한 상대를 만나면 자신도 모르게 −10의 스트레스를 표현하게 된다. 스트레스가 제때 해결되었으면 좋았겠지만 스트레스가 쌓이다 보니 당연히 충동조절이 되지 않는다. 그래서 감정노동자들의 공통점 중에 하나가 충동조절장애가 많다는 것이다. 다만

중독에 빠진 사람들은 중독의 대상으로 스트레스를 해소하고 있기 때문에 충동조절에 문제가 생기지 않는다. 그러나 중독의 표현을 하지 못하는 상황이 되면 작은 스트레스에도 폭발하게 된다.

충동조절장애를 해결할 수 있는 좋은 방법은 표현을 분산시키는 것이다. 스트레스를 나쁘게 표현할 때 갈등이 생기고 문제가 생기게 된다. 인식된 만큼 표현해야 스트레스가 쌓이지 않는 것을 알고 쌓이기 전에 적절히 표현을 늘려주면 쌓였던 스트레스가 폭발할 일이 줄어들 것이다. 표현이 스트레스를 제거해주는 것을 몰랐기 때문에 쌓아놓게 되고, 그 스트레스를 가깝고 친밀한 사람에게 터뜨렸던 것이다.

의외로 육체적 노동을 많이 하는 블루칼라의 직업군에 있는 사람들은 스트레스가 적다. 일을 하면서 신체를 움직일 때 표현이 되면서 힐링한다. 일 자체에서는 스트레스를 받지 않지만 근무처의 인간관계에서 스트레스를 받을 수는 있다. 그런데 직업 자체가 정신적으로 스트레스를 많이 받는 직업이라고 하면 힐링을 어디서 하느냐에 따라서 가정의 분위기가 달라진다. 이런 직종에 있는 사람들은 퇴근 후 힐링을 못 한 채 스트레스를 가지고 집에 돌아오면 무의식이 쌓였던 스트레스를 가정에서 한꺼번에 표현하게 만든다. 평소에 집이 조금 지저분해도 아무렇지 않았는데, 스트레스를 쌓아놓고 온 날이면 작은 머리카락 하나에도 신경질이 나고 화가 난다. 이는 청소를 안 한 배우자의 탓이 아니라 스트레스를 제때 힐링하지 못하고 온 당사자의 심리가 자기도 모르게 작용하는 탓이다.

남자에게 스트레스를 해소하기 가장 좋은 방법은 아무 생각 없이 순수하게 표현할 수 있는 것들을 찾는 것이다. 스트레스와 표현의 밸런스가 맞지 않으면 중독 또는 충동조절장애가 만들어지게 되는데, 이는 나쁜 표현의 방법으로 폭언이나 폭력의 행태로 나타날 수 있다. 따라서 스트레스가 쌓이기 전에 힐링할 수 있는 표현을 늘려 심리에 문제가 생기는 것을 예방할 수 있다. 스트레스를 받지 않으면 가장 좋겠지만, 우리가 눈을 뜨고 보고 듣고 살아가는 동안 인식은 멈추지 않고 스트레스 역시 죽을 때까지 작용하게 되어 있다. 그래서 스트레스를 안 받는 것이 중요한 것이 아니라 스트레스를 힐링할 수 있는 체계를 만드는 것이 중요하다. 이때 필요한 것이 자신만의 건강한 표현법을 찾는 것이다.

여자는 남자와 달리 순간의 기분뿐만 아니라 지속되는 감정을 갖고 있기 때문에 힐링법이 남자와 다르다. 우선 여자는 상처를 치료하는 것이 가장 중요하다. 감정노동을 하면서 상처가 쌓일 수도 있지만 자신의 의미와 가치 기준에 맞지 않는 일을 하고 있다면 일을 하는 하나가 모두 상처가 되어 쌓일 수 있다. 만약 내가 하고 있는 일이 나의 의미와 가치에 부합한 일이라면 일을 할 때 오히려 상처가 치료되고 힐링된다. 즉 여자는 현재 자신이 하고 있는 일 자체가 자신의 의미와 가치 기준에 맞는지에 따라서 현저히 다른 양상을 보인다. 자신의 의미와 가치 기준에 맞는 일을 하고 있다면 일을 할 때 행복감을 느끼게 된다.

감정노동자들은 고객과 직접 소통하면서 일을 하기 때문에 상대 고객에게서 상처를 받는 일이 많다. 더욱이 최근에 감정노동자에게 자신이 돈을 지불했으니 권리를 주장하며 화풀이를 하는 고객들이 늘고 있다. 그러다 보니 좋은 말보다는 클레임이나 불평불만들이 주를 이루고 있다. 직원들은 최전선에서 별의별 소리를 다 들어가며 진상고객을 응대해야 하니 억울하고 상처만 커진다. 그런데 회사에서 그들을 보호하기는커녕 방패로 쓰고 있다는 것이 더 큰 문제이다.

예전에 한 TV프로그램에서 방영한 감정노동자의 이야기를 담은 다큐멘터리가 있었는데, 어느 카드사의 해지업무와 관련한 콜센터의 직원들이었다. 콜센터의 직원들은 실적제로 근무하고 있었다. 그런데 상담원이 얼마나 고객의 해지를 방어했느냐에 따라서 그 실적기준이 달라진다고 한다. 상담원은 자신의 실적이 달려 있으니 끝까지 해지를 방어하려고 하고, 고객은 해지가 목적이었으니 듣지도 않고 따지는 식이었다. 이런 식으로 상담원들의 감정조차 헤아리지 못하고 노동만 착취하는 기업들이 늘어나고 있다. 아파서 병들면 부속품을 바꾸듯이 새로운 사람으로 교체하는 비정규직 형태로 이뤄진 곳이 대부분이었다. 이들에게는 비정규직이라는 타이틀 때문에 법적으로 안전장치조차 없다는 쓸쓸한 내용이었다.

우울증은 기억장애, 중독증은 표현장애, 공황장애는 인식장애이다. 남자에게 공황장애가 생기는 이유는 표현을 통해 스트레스가 제거되어야 하는데 미처 제거되지 않은 채 계속해서 스트레스가 들어올 때 마음이 더 이상 감당하지 못하면서 인식의 심리가 고장 나는 것이다. 이때 더 이상은 인식되어 들어오는 스트레스를 차단하기 위하여 공황발작이 나타나게 되는데, 이것이 노이로제의 공황장애이다.

여자감정노동자는 상처를 기억하고 치료해야 하기 때문에 남자 감정노동자보다 상처도 많이 받고 힐링도 어렵다. 또한 퇴근하고 가정에 가서 치료나 힐링이 되지 않으면 고스란히 가족에 대한 상처도 쌓이게 된다. 그렇게 상처를 치료하지 못한 채 억압하게 되면 얼굴표정도 어두워지고, 우울감이 지속되면서 우울증에 빠지는 경우가 많다. 이는 감정노동자들의 자살률이 높아지는 직접적인 원인이 된다. CS교육 또는 책에서는 기분전환을 위하여 좋은 생각을 하라고 하면서 힐링법을 알려주지만 이런 교육이 많아질수록 자살의 위험성은 더 높아진다. 순간은 힐링된 것 같지만 현장에 나가서 다시 상처를 받는 것이 반복되면서 더 큰 상처를 만들어버리기 때문이다. 여자의 상처를 치료하려면 반드시 이해를 해야 하고 그 후 관심이 필요하다. 이 이해와 관심에 관련된 표현을 해야지만 치료가 된다.

여자의 상처에 대해서 좀 더 살펴보자. 우선 직업 자체에 대한 상처는 자신의 의미와 가치의 기준과 자신의 일이 맞지 않을 때 발생한다. 일과 자신의 의미와 가치를 맞춰갈 때 상처가 저절로 치료된다. 또한 자신의 의미와 가치에 맞는 것이기 때문에 일도 잘된다. 이때 회사의 사람들 또는 가족들이 고생했다는 말과 같이 조금만 관심을 주면 일을 하는 것이 행복이다.

그렇다면 고객에 의한 상처는 어떻게 치료해야 할까? 고객에 의한 상처는 고객이 이해되지 않기 때문에 나의 생각만으로 치료되지 않는다. 고객에 의한 상처는 아무리 억압하려고 해도 억압되지 않고 쌓여 있게 된다. 그런데 이때 기분전환을 조금씩 하다 보면 상처가 쌓일 때마다 기분전환을 하려고 한다. 그래서 감정노동자들이 기분전환에 관련된 쇼핑이나 여행을 하기 시작하면서 중독증으로 빠질 가능성이 매우 높아진다. 그래서 고객에 의한 상처는 반드시 이해가 바탕이 되어야 하고 그다음에 관심이 들어와야 한다. 이해 없는 관심, 이해 없는 기분전환은 심리장애를 유발시키는 원인이 된다.

여자가 상처를 치료하지 않고 기분전환만 하다 보면 상처의 해리로 빠지게 된다. 상처의 해리에 빠진 여자들은 남자들처럼 기분만 추구하게 되는데 이때 작은 스트레스만 들어와도 덮어 놨던 모든 상처가 한꺼번에 폭발하면서 히스테리의 증상이 나타나게 된다. 요즘 어린이집에서 여자선생님들이 아동을 상대로 폭력을 휘두르는 일이 많아진 것을 볼 수 있는데, 이

것이 히스테리 증상이다. 남자는 좋게 표현하던, 나쁘게 표현하던 스트레스를 표현하면 끝이지만, 여자의 상처는 술을 마시고 돌아선다고 해서 치료되는 것이 아니다.

여자의 감정은 하나로 이뤄져 있기 때문에 가정에서 받는 상처도 함께 살펴봐야 한다. 우선 미혼보다는 기혼일 때 가족에게 상처받을 가능성이 더 크다. 기혼의 여자는 남편과 아이에게서도 상처를 받기 때문이다. 그런데 가족에게서 받은 상처는 서로 사랑하는 사이이기 때문에 굳이 이해하지 않고 가족의 관심만 들어와도 쉽게 치료된다. 엄마에게서 받은 상처는 엄마가 딸에게 조금만 관심을 주면 치료가 되는 것과 같다.

여자감정노동자는 어디에 관련된 상처가 주된 상처인지에 따라서 주된 상처를 치료해야 한다. 직업에 관련되는 상처는 자신의 의미와 가치에 맞춰가면 되고, 고객에 의한 상처는 이해와 관심이 필요하다. 가족에 대한 상처는 가족의 관심만 들어와도 치료가 일어난다. 이것이 여자감정노동자에 대한 갈등의 힐링이다.

감정노동의 공통점은 몸과 마음을 함께 다루고 있다는 것이다. 그러다 보니 남자는 스트레스를 제거하고, 여자는 상처를 치료하는 방법을 다루는 것이 힐링법이면서 치료법이다. 의미와 가치를 만들어주는 것이 어렵지는 않지만 의미와 가치가 정확히 무엇인지 알려주지 않기 때문에 갈등과 문제가 해결되지 않은 채 상처가 점점 커지는 것이다.

우선은 직업에 관련된 의미와 가치를 찾아가야 한다. 고객에 대한 이해는 나의 마음이 어떻게 작용되는지를 정확히 알고 상대의 마음이 어떻게 작용되는지 정확하게 알아야 한다. 마음과 심리에 대한 원리와 이치를 알고 나서 "고생했어"와 같은 말 한마디에 스트레스와 상처가 사라지고 행복으로 전환한다.

감정노동에 관련되는 부분을 다룰 때 하지 말아야 할 것은 억압과 기분전환이다. 억압과 기분전환으로는 치료가 불가능하며 오히려 우울증 또는 중독증의 심리장애로 악화된다. 반복되는 기분전환으로 중독증에 빠지게 되면 살맛 나는 중독에서 다시 고통을 느끼는 상태로 빠져나왔을 때 비로소 치료가 가능하다. 차라리 아파하고 있는 상태에서 심리를 정상적으로 작용하게 해놓고 치료하는 것이 빠르다. 그런데 마음과 심리의 정확한 작용을 모르다 보니, 상담소나 기업에서는 억압하여 우울증에 빠뜨리거나 기분전환을 권장해서 중독증에 빠뜨리고 있다. 그렇게 만드는 상담사 또는 기업의 경영자들 역시 이미 중독증에 빠져 있을 가능성이 매우 높다.

선생님은 감정노동자가 아니다. 선생님이라는 그 자체는 스승과 교사를 함께 포용하고 있기 때문이다. 스승이라는 개념이 들어가게 되면 감정노동이 아닌 의미와 가치를 함께 추구하고 있기 때문에 상처가 작용하지 않는다. 그러나 현 사회의 학교에서는 스승의 개념은 사라지고 감정노동을 하고 있는 교사만이 늘어나고 있다. 선생님들은 감정노동자의 갈등이 아닌 교사나 선생님의 갈등에 맞는 힐링을 하길 바란다.

질문과 답변

[질문] 요즘 콜센터에서 직원들을 보호하기 위해 심한 말을 하는 고객은 두 번까지 참고 힘들면 끊어도 된다는 규정을 만들고 있습니다. 이는 남자에게는 스트레스를 제거할 수 있는 권한을 준 것이고, 여자에게는 기업이 너를 케어해주겠다는 관심으로 받아들여도 되는 건가요?

[답변] 기업에서 고객에 대해서 블랙리스트 처리를 하는 규정을 만든 것은 좋다. 다만 그 규정에 관하여 직원들에게 피해가 없다는 내용이 함께 들어가야 한다. 만약 직원이 고객을 블랙리스트로 처리하고 난 후에 회사가 피해를 입게 되었을 때 직원에게 책임을 전가한다면 있으나 마나 한 규정인 것이다. 그런데 규정대로 따라도 직원에게 피해가 없을 것이라는 조항이 함께 들어가면 남자는 스트레스가 힐링되고, 여자는 상처가 발생되는 것을 중단할 수 있는 기회가 되는 것이다. 이는 남자든 여자든 회사에서 자신에게 관심을 준 것과 같은 효과를 나타낸다.

[질문] 중독증에 빠졌을 경우 자신이 중독증에 빠졌다는 것을 인식하지 못하나요?

[답변] 중독에 빠졌다는 것을 인식하지 못한다. 중독은 스트레스를 원천으로 강박이 만들어지고, 이 강박에서 벗어나고자 하는 표현장애이다. 중독에 있는 사람들의 공통점은 중독의 대상에 몰입한다는 것이다. 하지만 중독의 에너지원천은 스트레스이기 때문에 기분전환을 통해 마이너스에너지를 0으로 만드는 것일 뿐인데 당사자들은 강박에서 벗어나면서 마치 플러스에너지를 얻는 것이라고 착각하게 된다. 그래서 중독이 무서운 심리장애인 것이다. 본인이 느끼는 것은 재미와 즐거움이지만, 사실은 마이너스에너지만 계속 작용하기 때문에 몸과 마음이 점점 무너져간다는 것을 모른다. 스트레스는 힘들다 아프다 등을 느끼면서 어떻게든 제거 또는 치료하려고 표현해야 한다. 그런데 중독증에 있는 사람들은 작은 스트레스만 들어와도 재밌고 즐거운 표현을 하려고 든다. 그래서 중독증을 표현장애라고 한다.

[질문] 미용사 혹은 메이크업 종사자 중에 성공한 남자들은 어떤 심리인 가요?

[답변] 감정노동을 하는 남자일 뿐이다. 남자가 여자를 상대로 일을 할 때는 일에 재미를 느끼면 잘 버틴다. 여자를 상대로 일을 하는 것 자체가 재미있기 때문이다. 그래서 미용계통 쪽에서 성공한 사람들은 주로 남자들이 많다. 이 남자들은 신나고 재미있어서 일을 하는 것이기 때문에 스트레스도 거의 받지 않는다.

[질문] 여자감정노동자는 고객이 주는 관심으로도 힐링이 될 수 있나요?

[답변] 일부분은 힐링된다. 고객으로부터 "고맙다, 감사하다"라는 말을 듣게 되면 직업에 가치성을 느끼게 된다. 의미와 가치를 내가 알고 맞춰가는 것도 있지만 이런 고객들의 반응에 의해서 의미와 가치를 만들어가는 것도 나쁘지 않다. 다만 고객의 관심은 힐링되지만, 근본적인 상처치료는 되지 않는다. 상처를 치료하기 위해서는 반드시 원리를 정확하게 이해한 후 관심이 들어와야 한다.

[질문] 마사지를 하다 보면 단골손님들이 중요한 것 같습니다.

[답변] 여자감정노동자에게 단골손님이 많다는 것은 매우 중요한 것이다. 그런데 단골손님이 남자냐 여자냐에 따라서 다르다. 같은 여자가 단골고객이라면 직업의 가치성을 느껴 의미와 가치에 관련된 직업적인 힐링이

된다. 그러나 이미 만들어져 있는 상처는 치료되지 않는다. 여기서 위험한 것은 남자 단골고객이다. 그냥 단골고객이라면 문제될 것이 없지만 남자 고객이 목적을 갖고 "고맙다, 잘한다"라고 표현하면 여자감정노동자에게 관심으로 들어가게 된다. 그러면 이해 없는 관심에 노출되기 시작하면서 중독으로 빠질 가능성이 높다.

[질문] 운동을 하러 가면 주로 남자 트레이너들이 많고, 나이 많은 여성분들이 남자 트레이너에게 자신의 상처 이야기를 하면서 운동하는 장면을 자주 보게 됩니다.

[답변] 우울감이 느껴지거나 우울증에 있다면 운동을 하는 것은 좋다. 이때 여자 트레이너는 괜찮지만 남자 트레이너에게 운동을 배우는 것은 위험하다. 운동을 하다 보면 신체적인 접촉을 많이 하게 되고, 몸을 함께 움직이게 된다. 이때 몸이 함께 움직이게 되면 나이 차이와 관계없이 몸이 반응하게 되면서 남편이 아닌 다른 남자들이 남성으로 보이기 시작하게 된다. 그렇게 되면 남편과의 관계는 의미가 없어지게 되고, 남편 외의 모든 남자들에게 한꺼번에 노출되는 것과 같기 때문에 위험하다.

[질문] 마사지를 할 때 대부분의 남자손님들이 남자 마사지사에게 받지 않고 여자 마사지사에게 받으려고 합니다.

[답변] 남자는 기왕 마사지를 받는다면 여자에게 받는 것이 훨씬 재미있고 즐겁기 때문이다. 남자들이 마사지를 가는 것은 몸의 피로를 풀기 위해

서만 가는 것이 아니다. 여자든 남자든 중요한 것은 마사지에 자칫 중독될 수 있다는 것이다. 마사지를 계속 가지 않으면 몸이 아픈 것 같고, 이상해지는 것 같은 느낌을 받는다. 이것도 하나의 강박으로서 중독과 같다. 또한 마사지처럼 신체적인 접촉이 많은 그런 서비스업종의 경우에는 감정노동자가 중독에 걸릴 가능성이 매우 높다.

[질문] 여자들은 받는 상처가 많은데 다른 상처들은 다 치료되고 유독 한 상처만 커도 직업을 유지하기 어려운가요?

[답변] 여자의 감정은 하나로 이뤄져 있기 때문에 어느 한 상처만 작용해도 감정 전체에 영향을 준다. 이때 가장 강력한 트라우마를 갖고 있는 상처를 치료하는 것이 가장 중요하다. 한 가지 커다란 상처 때문에 다른 상처들도 함께 커지기 때문이다. 큰 트라우마를 치료해서 벗어나게 되면, 나머지는 상처들은 기본적으로 가지고 있더라도 일과 가정에서 치료했다가 다시 상처도 받았다가 하면서 잘 유지 또는 관리를 해나갈 수 있다.

[질문] 에스테틱 같은 곳을 운영하는 피부과 의사도 감정노동자인가요?

[답변] 피부과 의사뿐만 아니라 의사는 감정노동과 연결되어 있다. 사람을 상대하는 사람들은 모두 감정노동자라고 볼 수 있다. 감정노동은 반드시 사람을 다뤄야 되기 때문이다. 그래서 전문직에 있는 사람들은 대부분 감정노동자라고 보면 된다.

제11장

공무원의 갈등

　갈등이 발생되는 기본원인은 생각기준의 차이와 심리작용의 오류이다. 첫 번째는 나와 상대의 생각기준은 분명히 다른 것인데 틀리다고 생각하면서 갈등이 발생한다. 두 번째는 심리작용의 오류로 의식으로 인식하고 무의식으로 표현할 때 갈등이 발생할 수 있다. 또 한 가지, 직업적인 측면에서 갈등을 다룰 때는 반드시 점검해야 하는 것이 남자와 여자의 심리차이이다. 남자는 스트레스가 생기면 무의식이 제거를 하려고 하고, 여자는 상처가 생기면 무의식이 치료를 하려고 한다. 이것이 남자와 여자의 결정적인 차이이다.

　이 세 가지 원인에 의해서 갈등이 생긴다. 그리고 공무원의 갈등을 살펴보려면 직업적 특징이 한 가지 더 있는데, 바로 자아실현에 관련된 부분이다. 직업이 필요한 이유는 인간관계 속에서 자아실현 중 가치추구를 해나가기 위함이다. 가치추구는 경제적 가치, 관계적 가치, 사회적 가치가 있다. 경제적 가치는 재물을 목표로, 관계적 가치는 명예나 지위를 목표로, 사회적 가치는 사회 공헌을 목표로 한다.

공공기관인 공조직이 경제적 가치를 추구한다면 이는 공조직이라고 할 수 없다. 경제적 가치를 추구하는 것은 기업이 하는 일이다. 그러다 보니 통상적으로 공조직에서는 관계적 가치와 사회적 가치를 추구해나간다. 여기서 가장 결정적인 역할을 하는 것이 남자와 여자의 자아실현의 차이점이다. 여자는 현재행복을 추구하기 때문에 현재 내가 행복하지 않으면 일과는 관계없이 늘 갈등이 발생하게 된다. 남자의 경우는 내가 추구해나가는 가치성이 미래행복에 어떤 영향을 미치는지에 따라서 갈등의 유무가 결정된다. 공무원의 갈등은 생각기준의 차이, 심리작용의 오류, 남녀의 심리차이, 그리고 자신의 자아실현의 괴리에서 발생된다.

공무원이라는 직업은 1급부터 9급까지 급수가 존재하는데 이는 일종의 관계적 가치로 실제 진급 또는 사회적 지위를 목표로 공무원이 되고자 하는 사람들이 있다. 그러나 대부분은 안정적인 고용을 위해서 공무원이 된다. 이는 공무원을 사회적 가치나 관계적 가치가 아닌 경제적 가치로서 선택한다는 이야기가 된다.

인간의 자아실현은 목표를 향해서 죽는 날까지 추구해나가는 것이다. 그런데 공무원으로 이미 안정체계가 이루어졌다면 공무원이라는 직업에서는 더 이상 자아실현의 추구가 이뤄지지 않는다는 것이다.

예를 들어 공무원이 되고, 결혼을 해서 가정을 꾸리고 안정적이 되게 되면, 또 다른 자아실현의 욕구가 발생하게 된다. 여자는 현재행복을 추구하는데, 일에서 추구하고자 하는 목표가 없기 때문에 다른 행복을 찾게 된다. 기업에 다니는 여자는 자기가 하는 일을 가지고 더 나은 가치를 추구해나가기 위해서 자기계발을 하지만, 공무원들은 그러한 가치추구의 목표가 없기 때문에 일이 아닌 다른 곳에서 행복을 찾으려 한다. 일보다는 가정이 우선이 되면서 일은 그저 가사의 재정을 위한 수단이 된다.

　남자는 미래행복을 추구하는데, 공무원이라는 가치가 이뤄졌으니 이 바탕은 그대로 두고 또 다른 꿈을 꾸기 시작한다. 경제적 가치를 추구하는 사람은 가장 손쉽게 주식이나 부동산에 관심을 갖는다. 관계적 가치를 추구하는 사람은 인맥을 다지기 위해 친목단체와 같이 돈보다 인간관계에 관련된 부분에 관심을 갖는다. 그래서 공무원이 일반 기업에 다니는 직장인들보다 인맥이 넓다. 기업에 다니는 사람들은 가치추구를 해나가는 것과 연결된 사람들과 한정적으로 관계를 맺는 반면, 공무원들은 그들끼리만 연결된 것이 아니라 불특정 다수의 사람들과 관련해 친목단체가 많이 형성되어 있다. 또 다른 가치로 사회적 가치를 추구하는 사람은 경제적인 것은 안정적으로 만들어져 있으니 일과는 별개로 자원봉사를 하게 된다.

　인간은 누구나 자아실현을 추구하기 때문에 남자든 여자든 현실에 안주할 수 없는 체계가 만들어져 있다. 공무원이 나쁘다고 이야기하는 것이 아니다. 남자가 자신의 가치추구를 못하고 있고, 여자가 또 다른 행복을 향해서 가지 못하고 있다면 엄청난 스트레스와 상처가 만들어지고 있다는 것을 알아야 한다. 또한 일 외의 것을 추구하려는 과정에서 갈등이 심각하게 발생할 수 있다는 것을 알아야 한다.

　공무원 자체로도 충분한데 또 다른 가치를 추구하게 되면서 무너지는 사람들이 많다. 예를 들어 경제적 가치를 추구하기 위해 주식투자를 했다가 실패하게 되면 공무원의 기반마저 흔들릴 수 있다. 관계적 가치를 추구하는 것 또한 친목단체와 연결된 무언가로 인해 자신이 속해 있는 공조직에서 무너지는 현상이 발생할 수 있다. 또는 무엇인가 이룰 거라는 확신에 공무원을 스스로 포기하는 경우도 있다.

심리학 용어에 쾌락적응이라는 말이 있다. 예를 들어 수입이 없을 때는 '100만원이라도 있으면 좋겠다'라는 생각을 한다. 이때 100만원의 수입이 생기면 처음에는 매우 좋지만, 이 수입이 안정되면 이내 적응하게 된다. 자아실현이 현실에서 이뤄졌다는 것은 자아실현이 멈췄다는 말이 된다. 그러다 보니 또 다른 자아실현의 욕구를 추구해나가야 한다. 이때 100만원에 익숙해져 있는 것을 쾌락적응이라고 한다. 없던 것이 생겼을 때는 분명히 좋았지만 그것이 늘 나에게 존재하고 있으면 원래부터 있던 것이라고 생각하며 적응을 해버리는 것이다. 이 쾌락에 적응되면 이보다 더 나은 쾌락을 향해서 가는 것이 인간이다. 100만원이 있으면 200만원이 가고 싶고, 200만원을 가지면 더 많은 금액을 갖고 싶어지는 것이다. 인간은 누구나 쾌락적응을 하게 되어 있다. 그래서 안정된 급여가 처음에는 좋지만 자아실현이 멈춰버려서 남자든 여자든 이보다 더 나은 무엇인가를 만들어가려고 한다. 이때 많은 갈등이 발생한다.

사실 공무원들에게 생각기준의 차이, 심리작용의 오류, 남자와 여자의 심리차이로 인한 갈등은 누구나 겪는 자기 개인의 갈등이다. 그러나 일과 연관되어 자아실현이 멈춘 상태에서 이를 극복하려고 만들어진 갈등은 공무원이라는 직업의 특성에서 만들어지는 갈등이다. 공무원들은 가족들 때문에 스트레스를 받는 경우가 적다. 그보다는 자아실현의 추구가 멈추면서 생기는 스트레스가 훨씬 크다.

여자공무원일 경우, 대체로 가정이 안정되어 있고 행복감을 느끼면 현실에 안주하며 편안하게 그 안에서 산다. 자아실현의 의미를 찾은 것이다. 그러나 가정이 안정되어 있지 않고 행복하지 못하다면 분명히 또 다른 행복을 향해서 간다. 여자공무원이 끊임없이 무엇인가에 몰입해서 공부를 하고, 배우러 다니고, 대외적으로 자꾸 무엇인가를 하려고 하고 있다면 분명 가정이 안정되어 있지 않아서이다. 여자와 가장 가까운 인간관계는 남편 그다음에 자녀와 부모님이다. 미혼일 때는 부모님이 가장 우선순위에 있지만 결혼을 하게 되면 남편이 제1우선순위로 바뀐다. 그래서 남편과의 관계에서 문제가 생기면 자녀와의 관계에서도 반드시 문제가 생기고, 부모와의 관계에서도 문제가 생긴다. 그러다 보니 자기행복을 찾기 위해 공부나 취미에 빠져들려고 한다. 그래야 행복하기 때문이다. 집에서 상처를 받고, 집 밖으로 나와서 행복을 찾는 격이다. 여자공무원이 자신의 일을 잘 처리하고, 늘 감사해하고, 편안하게 살고 있다면 가정이 안정되어 있다는 이야기이다. 남편, 자녀, 부모님과의 관계에 문제없이 편안하게 가고 있다면 행복하다고 생각한다.

  이와 같이 여자공무원이 밖에서 행복에 관련되는 것을 찾고 있다면 갈등이 있다는 뜻으로 상처가 치료되지 않은 채 작용하고 있다는 것이다. 이와 같은 경우는 인간관계를 회복시켜야 한다. 인간관계에서 안정을 찾고 심리가 안정되면 다른 곳에서 행복을 찾을 이유가 사라진다. 인간관계를 회복하기 위해서는 나와 상대의 생각기준 차이, 심리작용의 오류, 남자와 여자의 심리차이를 정확히 알아야 한다. 정확히 알고 나면 저절로 치료가 일어나면서 힐링되기 시작한다. 남편과의 관계가 회복되면서 자녀와 부모님과의 관계도 회복된다. 인간관계에서는 나를 중심으로 관계상의 감정이 달라질 수 있다는 것을 알고 나면 자신을 중심으로 한 모든 인간관계가 회복될 수 있다. 행복을 찾아다니는 사람들은 자존감이 하락되어 있다는 것으로서 자아존중이 없다는 것이다. 자존감과 자신감은 다르다는 것을 명확히 알아야 한다.

자신감을 높이기 위한 강연, 책, 영상 등이 많다. 듣고 볼 때는 기분전환이 되면서 순간 자신감이 만들어지지만 현실로 돌아오면 이내 다시 상처가 작용하게 된다. 그러면 또 자신감을 찾기 위해서 강연을 듣지만 기분만 전환되었지, 감정이 회복된 것이 아니기 때문에 이내 또 상처의 감정이 올라온다. 이렇게 반복하면서 강연을 들으면 들을수록 상처는 점점 더 크게 작용하게 되면서 점점 더 강연을 찾게 된다. 이러한 강연들이 잘못된 것이 아니다. 다만 기분전환의 힐링을 위한 용도일 뿐이지 상처를 치료할 수 없다는 점이다. 상처치료는 누군가가 해주는 것이 아니라 마음과 심리의 작용을 정확하게 알고 스스로 치료해나가는 것이다.

여자는 심리가 안정되어 있으면 가정이 안정되면서 공무원으로 일을 하더라도 실수 없이 꼼꼼하게 일을 잘 처리한다. 남자는 가치추구가 멈추게 되면 무조건 문제가 발생하지만 여자는 의미와 가치를 동시에 추구하기 때문에 심리안정만 이뤄지면 그 안에서 행복하게 살아갈 수 있는 환경이 만들어진다. 그런데 이러한 여자의 심리작용을 모르기 때문에 기분전환을 위한 직무교육이 표준으로 만들어지고 있다. 여자는 자기 자신을 회복하는 프로그램만 진행해주면 어렵지 않게 스스로 회복해나갈 수 있다. 자신을 중심으로 하는 인간관계를 회복하면 스스로 행복을 찾아갈 수 있게 된다. 행복을 찾기 위해 각자 수많은 노력을 했지만 엉뚱한 방향으로 노력하고 있었기 때문에 노력을 하면 할수록 문제가 해결되지 않고 점점 문제가 커져왔던 것이다. 정확하게 알고 상처가 커지는 노력을 해서는 안 된다. 여자는 의미를 추구하기 때문에 원리를 정확하게 아는 이해와 관심을 받으면 자신의 심리를 안정시키면서 갈등이 힐링된다.

남자공무원일 경우, 미래행복을 추구하기 때문에 현재의 가치에 적응되지 말고 새로운 가치의 목표를 만드는 것이 중요하다. 공무원이라는 안정적인 직장을 얻었지만 쾌락적응이 되면서 무엇인가 더 큰 가치를 좇게 되어 있다는 것을 알아야 한다. 그런데 이러한 인간의 마음을 정확히 모른 채 다른 가치를 추구하려고 하면 주업도 부업도 다 무너질 수 있다. 남자 공무원의 대부분이 가장 손쉽게 접하는 경제적 가치추구는 주식투자 또는 부동산투자이다. 처음에는 소액으로 시작했다가 손실을 보았을 때 소액을 복구하기 위하여 점점 더 투자를 하게 되고 급기야 마이너스통장이나 대출까지 하게 된다. 주업으로 해도 힘든데 부업으로 해서 돈을 벌 수 있을 것이라는 생각은 위험한 발상이다.

가치추구에는 경제적 가치만 있는 것이 아니다. 이 외에 관계적 가치와 사회적 가치도 있으며 배우자인 아내가 행복을 추구해 간다면 내 곁에 의미도 함께 추구되어 함께 행복을 추구해 갈 수 있다. 그러나 남자는 자신을 중심으로 가다 보니 곁에 행복이 있는 것을 미처 깨닫지 못한다. 아내인 여자는 남편과 자녀, 부모와의 관계가 안정되면 죽는 날까지 행복하고 편안하게 살 수 있다. 그러면 남자는 남편이라는 지위를 갖고 여자인 아내를 행복하게만 만들어주면 다른 어떤 가치추구보다 더 행복해질 수 있다.

남자들은 주로 자신의 자기행복을 위해 자아실현을 추구해간다. 그러나 처자식이 안정되어 있지 않으면 자신의 자아실현을 추구하지 못한다. 남자의 행복도 조사에서도 이와 같은 사실이 증명되어 나타난다. 남자의 행복도 조사에서 가장 최하위가 이혼한 남자였다. 자기 자신이 불행하다고 느끼는데 이는 자신도 모르게 무엇인가가 빠져버렸기 때문이다. 바로 여자의 의미이다. 자아실현의 의미와 가치 중 의미를 잃어버리고 가치추구만 하다 보니 인생을 돌아보면 남은 것이 하나도 없는 것처럼 느껴지는 것이다.

남자라면 자신의 인생을 뒤돌아봤을 때 지금까지 살아온 것 중에 뭐가 남아 있는지 한번 생각해봐야 한다. 가치란 이력서와 같다. 어느 학교를 나왔고, 어디에 입사를 했고, 자격증을 취득하고, 퇴사를 했고 등과 같이 내 인생의 한 줄 한 줄을 넣는 것이 가치이다. 의미는 이력서에 한 줄 한 줄 만들어갈 때 내가 얼마나 행복했었는지에 대한 감정이다. 행복의 감정인 의미는 여자가 추구하고 가져가는 것이기 때문에 남자들은 가정이 없는 상태에서 뒤를 돌아보면 이력서 한 장만 남는 인생이 된다. 남자들은 죽을 때 철이 든다는 이야기가 우스갯소리로 나온 것이 아니다. 죽을 때가 돼서야 더 이상 가치추구를 할 수 없고, 이력서 한 장 남은 자신의 지난날을 보며 허망함에 눈물지으며 철드는 것이다.

남자는 감정을 가져갈 수 없기 때문에 의미를 추구할 수 없고 가치만 추구할 수 있다. 이제부터 내가 느낄 수도 없는 행복을 찾아가겠다고 하면 행복을 향해 가면 갈수록 밑 빠진 독에 물 붓기가 된다. 아무리 부어도 채워지지 않는 것에 끝없이 빠져들게 된다. 이때가 남자에게 아주 위험한 때이다. '나는 왜 살지, 나는 누구인가' 이런 생각들이 머릿속에 맴돌면서 삶의 의미를 찾기 시작하는데 그때 제일 많이 나타나는 행동이 모든 것을 내려놓고 산속에 들어가거나 종교에 심취하는 것이다. 이런 위험에 가장 많이 노출되어 있는 남자들이 바로 남자공무원들이다. 가치추구가 멈춰져 있기 때문에 느낄 수 없는 의미를 찾으려 들 때 위험에 빠지게 된다.

남자가 느낄 수 없는 의미인 행복을 추구하다 보면 중독으로 빠질 가능성이 매우 높다. 남자는 지속적인 감정을 느끼지 못하고 기분만 느끼는데 지속적인 재미와 즐거움에 빠지면 마치 행복의 감정처럼 느껴지기 때문이다. 그 재미와 즐거움의 대상이 사라지면 빠르게 다른 대상으로 옮겨가거나, 재미와 즐거움의 대상을 찾지 못하면 사는 이유를 잃어버렸다 생각하고 자살위험에 노출된다. 여자는 감정노동을 할 때 가장 큰 갈등과 위험이 있고, 남자는 공무원이 되어서 가치추구가 멈췄을 때 가장 큰 갈등과 위험이 있다.

　남자공무원이 갈등 없이, 위험 없이 살아가기 위해서는 또 하나의 가치목표를 세워 추구해나가는 것이다. 남자들의 힐링법은 자신의 안정된 기반은 버리지 않고 본업에 위해(危害)가 되지 않는 선에서 부수적으로 가치를 추구해나갈 수 있는 것을 찾으면 힐링된다. 예를 들어 일주일에 한 번은 자원봉사를 하거나, 재능기부로 어르신들의 이발을 해드릴 겸 이발방법을 배우는 등 누군가를 돕고 그 사람들이 기뻐하는 모습에 즐거움을 느끼는 것도 건강한 힐링법이 될 수 있다.

　지인 중 공무원인 한 분은 어르신들 한 분 한 분에게 단정하게 머리손질도 해드리면서 영정사진을 찍어 드리며 재능기부를 하는 분이 있다. 어르신들이 행복해하는 모습을 보면서 자신이 함께 너무 행복하고 즐거움을 느낀다는 것이다. 그렇다고 가정에 소홀한 가장도 아니다. 처자식과의 행복도 함께 가져가면서 자신의 가치 있는 일을 추구해나가는 것도 큰 의미가 있는 일이다. 공무원은 이중으로 직업을 가질 수 없도록 규정되어 있기 때문에 다른 직업을 통해 경제적 가치를 추구할 수는 없다. 직업이 아닌 취미와 나의 자아실현의 추구의 일환으로 내가 재미있고 가치 있게 느낄 수 있는 일을 찾는 것은 어렵지 않다.

　남자공무원이라면 무엇 때문에 갈등을 겪고 스트레스를 받는지 정확하게 알고 나서 부수적으로 건강하게 가치를 추구할 수 있도록 만들어주면 저절로 힐링된다. 그러면 타인에게 흔들릴 일도 없이 자신의 일을 잘 처리해나간다. 그러나 건강하게 힐링하는 방법을 모르기 때문에 권위의식을 갖고 사람 위에 사람이 있는 것처럼 자신도 모르게 행동하는 공무원들이 많다. 자기 자신도 왜 그렇게 되었는지를 모르기 때문에 스트레스는 해결되지 않은 채 점점 더 표현이 거칠어지기 마련이다.

사람이 자리를 만든다는 이야기가 있다. 《완장》이라는 소설과 영화가 있는데 내용은 이러하다. "당신은 지금부터 총괄대장입니다"라고 하며 완장을 채워주면 평상시에는 괜찮았던 사람도 자신도 모르게 사람들 위에서 군림하려고 한다. 이것이 관계적 가치의 가장 큰 맹점이다. 관계적 가치를 자기도 모르게 군림하는 권위의식으로 갖게 되면 그 순간부터 인간관계가 파괴되고 무너지게 된다. 현 사회에서 공무원들이 갈등을 힐링하지 못하면 흔히 볼 수 있는 현상들이기도 하다. 관계적 가치를 어떤 식으로 활용할 수 있도록 해줄 것인가가 중요하다. 공무원이라는 바탕 위에 왜곡되어 있는 자기 힐링법으로 관계적 가치를 추구하면서 자신이 특별한 위치에 있다고 생각하는 경우가 매우 많다.

공무원의 갈등을 힐링하는 방법은, 여자공무원의 경우 자신의 회복과 가정의 안정이다. 남자공무원의 경우 본업에 위해가 되지 않는 선에서 부수적으로 건강한 가치추구를 만들어가는 것이 힐링이다. 공무원의 갈등을 살펴볼 때는 남자와 여자의 자아실현이 왜 중요한지 정확히 알아야 한다. 여자는 불행하면 행복하려고 들고, 남자들은 안정되면 뭔가 새로운 것을 찾으려 한다. 인간이라면 누구나 다 자아실현을 하기 때문에 어쩔 수 없이 나타나는 현상이다.

그렇다면 갈등이 있는 것이 좋은 것일까? 없는 것이 좋은 것일까? 남자는 스트레스를 받고 있어야지만 정상이다. 그 스트레스를 부수적으로 어떻게 힐링해줄 것인가가 중요한 역할을 한다. 여자는 자신의 감정을 회복하면 되지만, 남자는 가치추구의 목표를 찾지 못하면 스트레스와 갈등 속에서 중독으로 빠질 위험이 매우 높기 때문에 공무원에서 가장 취약한 쪽은 남자이다. 남자공무원들이 재미와 즐거움을 추구한다고 해서 갈등이 해결되는 것이 아니다. 근본적인 해결인 가치추구에서 답을 찾아야 자신도 힐링되면서 처자식도 함께 힐링되고 안정을 되찾을 수 있다.

공무원이라는 직업 자체가 자아실현에 관련된 갈등이 존재할 수밖에 없기 때문에 이를 통해 또 하나의 기회를 만들어야 한다. 안정적인 기반으로 인해 갈등이 발생하지만 역으로 생각해보면 안정적이기 때문에 현명하게 가족과 함께 인간으로서의 인생의 의미와 가치를 함께 실현해나갈 수 있는 기회를 만들 수 있다. 갈등의 원인이 무엇인지 정확하게 알고 건강하게 자아실현의 방향을 잡을 수 있게 조금만 도와주면 스스로 건강한 힐링법을 만들어갈 수 있다. 건강한 가치추구의 방향을 찾아서 정말 가치가 있고 행복한 인생을 만들어갈 수 있기를 바란다.

질문과 답변

[질문] 공무원 중에서 다단계로 경제적 가치를 추구하는 사람들이 생각보다 많습니다. 이것이 공무원의 업무에 어떤 영향을 미치나요?

[답변] 다단계는 MLM(Multi-level marketing)이라고 칭한다. 최소한의 자본을 가지고 인적 네트워크를 이용해 수입구조가 만들어지는 경제적 가치를 지닌다. 인간관계가 경제적 가치를 추구하는 것에 포함되기 때문에

인간관계에 문제가 생기게 되면 경제적 가치의 추구에도 문제가 발생하게 된다. 따라서 모든 인간관계가 경제적 가치를 위한 목적관계로 바뀌게 된다.

그러면 이것이 공무원의 생활에 어떤 영향을 미치는지 살펴보자. 만일 경제적 가치의 추구가 잘되고 있다면 공무원이라는 직업 자체의 의미가 사라진다. 본업인 공무원에 관련되는 일은 적당히 하면 된다는 인식이 생기면서 업무의 효율성은 떨어지게 된다. 그러나 다단계에서는 인간관계가 필요하기 때문에 공무원이 하나의 목적수단이 되어버린다. 만약 다단계가 잘 되다가 안 되기 시작하면 점점 불안해지고 갈등이 생기게 된다. 즉 다단계는 잘 되든 안 되든 공무원의 업무에 문제가 발생할 수밖에 없다. 공무원은 직급별로 자기가 담당해야 하는 업무가 있는데 책임자가 다단계에 빠져 적당히라는 인식을 갖게 되면 10개의 일을 해야 할 것을 한두 개만 하고서 '이 정도면 충분히 잘하고 있어'라고 자기를 합리화시킨다. 이로 인해 업무의 효율은 급격하게 떨어지고 이로 인해 추가적으로 인원이 필요하게 되기도 한다.

이는 비단 다단계뿐만 아니라 공무원이 다른 경제적 가치를 추구하게 되면 나타나는 현상이다. 그 사람의 능력이 충분히 10개의 일을 하고도 남는데 다른 경제적 가치를 추구하면서 한두 개 하는 것으로 습관이 만들어지고 자기합리화로 포장하다 보니 공무원으로서의 업무가 방만해지는 것이다. 그래서 내가 부수적으로 어떤 가치를 추구할 때는 이것이 나에게 어떤 영향을 미치는지 정확하게 알고 행해야 한다.

[질문] 공무원은 커다란 조직인데 이 안에서 관리자로서 바람직한 상(像)은 무엇인가요?

[답변] 공조직에서는 관리자의 역할이 매우 중요하다. 만약 3급 공무원이 있다면 그 밑에 4급, 5급, 말단까지 조직이 크다. 관리자의 역할은 조직원들이 직무를 해나가는 데 있어서 유기적인 관계를 가질 수 있도록 만들어가는 것이다. 즉 인간관계가 중요하게 작용한다. 조직에서 관리자가 권위를 가지고 있다면 그 밑에 있는 사람들은 일을 열심히 한다. 문제는 이들에게 강한 스트레스가 발생한다는 것이다. 조직체계에서 직급을 갖고 일을 하는 이유는 남자는 인간관계에서 자신의 가치추구 때문이고, 여자는 의미추구 때문이다. 남자는 자신이 얼마나 열심히 일을 하고 있는지 알아주는 것만으로도 스트레스가 발생하지 않을 수 있다. 그런데 밤을 꼬박 새워서 일을 했음에도 "이걸 일이라고 해왔어!"라는 말을 듣게 되면 엄청난 스트레스 속에 들어가게 된다. 그렇다면 과연 이 사람의 업무효율성, 동료와의 관계성, 상하간의 관계가 원활하게 돌아갈까? 조직이 돌아가고 있기는 하겠으나 각자 일에 대한 가치는 결국 무너져서 공무원 외의 가치추구에 눈을 돌리게 된다.

직급이 올라가면 올라갈수록 더 많은 인간관계를 다스려야 하고, 사람과 사람의 사이를 조율하는 일이 절실하게 필요하다. 관리자는 조직이 원활하게 돌아가고 직무가 원활하게 수행될 수 있도록 인간관계를 관리해야 하는 자리이다. 한 사람 한 사람을 모두 신경 쓰라는 것이 아니라 가치추구의 정확한 이해를 바탕으로 스트레스와 상처가 없는 조직문화를 만들어야 한다. 아무리 컴퓨터가 많은 일을 처리한다고 하더라도 컴퓨터를 다루는 것은 사람이다. 결국 사람과 사람이 함께 모여서 인간관계 속에서 일을 하는데 사람과 인간이 어떻게 구성되고 어떻게 상호의 심리가 작용하는지 정확하게 알아야 관리가 가능하다. 모르기 때문에 관리자는 자기 스타일대로만 지시하고, 한 사람의 스타일에 의하여 나머지 사람들은 무조건 따라야 하기 때문에 스트레스와 상처가 발생하는 것이다.

관리자의 덕목은 인간의 마음이 작용하는 원리를 아는 것이다. 일보다 더 중요한 것이 관리자가 인간관계에 관한 원리를 정확하게 아는 것이다. 한 사람에게 문제가 발생하면 조직전체에 영향을 줄 수 있다는 것을 알고 한 사람마다 문제가 생기지 않도록 관리해주는 역할이 관리자가 해야 할 일이다. 스트레스와 상처가 발생하지 않으면 각자 주어진 역할을 잘 처리할 수 있게 된다. 그렇지 않을 경우 스트레스와 상처가 발생하여 일은 힘들고 서로 싸우며 경쟁하게 되는 것이다. 그래서 직급에 관련되는 교육은 무엇보다도 인간관계에 대한 원리를 알려주는 교육이 선행되어야 한다.

[질문] 인간관계를 본질적으로 아는 것도 중요하지만 일에 있어서는 현장업무도 잘 알고 있어야 시너지 효과가 나지 않을까요?

[답변] 조직은 현장업무가 어떻게 이루어지고 있는지 굳이 시찰하지 않아도 잘 알 수 있도록 문서나 체계로 만들어져 있다. 다만 아랫사람들이 전달하면 자신에게 엄청난 스트레스가 쏟아질 것을 알기 때문에 전달을 안 하고 있을 뿐이다. 각자 해야 할 업무는 분장되어 있다. 그래서 관리자는 인간관계를 본질적으로 아는 것이 중요하다. 인간관계를 알고 잘 다룰 줄 안다면 새로 부임하더라도 인간관계를 조화롭게 만들어 직무와 관련된 업무를 순조롭게 진행할 수 있다. 만약 전장의 장군이 현장을 몸소 알겠다고 지휘소에 있지 않고 이등병처럼 산을 뛰어 다니면 어떻게 될까? 그래서 조직은 상호간의 믿음으로 운영되어야 한다. 그러기 위해서는 조직이 스트레

스의 체계가 되어 있어서는 안 된다. 업무는 체계적으로 되어 있기 때문에 업무자체는 문제될 것이 없다. 다만 인간관계에 대하 본질적으로 원리를 모르다 보니 조직에 문제가 발생하는 것이다.

[질문] 남자 관리자들은 공통으로 여자 실무자를 다루는 것에 어려움을 느낍니다. 이로 인해 여자 실무자 또한 고충을 느낍니다. 여자가 휴직을 한다고 하면 관리자의 입장에서는 업무공백을 대체하는 데에 많은 어려움을 느끼는데, 이를 극복하는 것 또한 관리자가 원리를 아는 것에 달려 있는 것인가요?

[답변] 원리를 아는 것이 중요하다. 여자에게 상처가 작용하고, 여자는 의미를 추구하기 때문에 나타나는 현상이라는 것을 알아야 한다. 여자 실무자가 육아 휴직을 한다고 하면 관리자의 입장에서는 여자 실무자가 자녀를 출산하는 것으로 인하여 업무공백이 생기기 때문에 달갑지 않은 것이다.

업무를 하는 세 사람이 있다고 가정해보자. A가 고유하게 담당하는 업무가 있을 것이고, 상호 연관되는 업무들도 있을 것이다. 그런데 만일 한 사람이 빠지더라도 서로 보완되는 문화가 만들어진다면 어떻게 될까? 같이 일하는 사람들끼리도 업무공백에 대한 부담 없이 휴직할 수 있을 것이고, 관리자도 기피하지 않을 것이다. 그런데 이러한 상호 보완되는 문화가 안 되어 있으니 현장에서는 실질적인 어려움을 느끼는 것이다. 공무원들을 보면 그들의 공무는 권한은 없고 일에 대한 책임만 따른다. 그러다 보니 분명히 10개를 잘할 수 있음에도 1개만 하려고 한다. 한 가지 일을 잘하는 사람은 평가가 좋지만, 10개의 일을 잘하다가 하나의 일이라도 실수한 사람은 평가가 좋지 않게 나오기 때문이다. 그러다 보니 업무가 유기적으로 연동되지 않는 것이다.

[질문] 관리자가 느끼는 세대차이 또한 본질적으로 원리를 아는 것으로 극복할 수 있나요?

[답변] 인간의 마음은 태어나서 죽는 순간까지 남자의 마음, 여자의 마음으로 작용한다. 그래서 아들은 아빠와 비슷하게 혼을 내도 금방 잊어버리지만, 딸은 엄마와 같이 혼을 내면 두고두고 쌓아놓게 된다. 이는 세대차이보다는 남자와 여자의 마음이 작용하는 원리를 모르기 때문에 관리자가 힘들어한다. 예를 들어 여자 직원이 출산휴가를 진행하는 과정에서 불만스러운 이야기가 나오게 되면, 여자 직원은 평생 상처로 가슴에 묻어두게 된다. 그리고 나중에 문제가 생기면 안 좋았던 감정을 표현하게 된다. 오히려 출산을 축하해주고 격려해주면 그 여자 직원은 출산휴가 전에 업무에 관련된 조치를 꼼꼼히 처리해놓고 자리를 비우게 된다. 그래서 우리는 우선 출산을 축하해주는 문화로 바꾸어야 한다.

사실 나이는 그렇게 중요하지 않다. 문화, 사회, 환경이 달라졌을 뿐이지 인간의 마음이 작용하는 원리는 같다. 그래서 이 원리를 알려주면 어른들은 아이들이 왜 그러는지가 이해되고, 아이들은 어른들이 왜 그러는지 이해된다. 남자는 단순하게 스트레스를 제거하기 위해 무의식으로 표현한다. 그런데 우리는 인간관계 속에서 마음이 어떻게 작용되는지 모르다 보니 문제가 지속되는 것이다. 조직도 마찬가지이다. 알면 단순해지는 것들이 모르기 때문에 문제가 커지고 쌓이게 된다. 조직문화도 결국 사람과 사람이 만들어가는 관계성의 문화이다. 업무의 효율성을 높이기 위해서 직급을 나눠놨을 뿐인데 사람들이 서로 왜 서로의 위에서 군림하려고 하는 것일까? 오히려 조금만 알고 격려해주면 일의 효율은 더욱 높아진다. 휴직을 하더라도 "건강하게 다녀와라"라는 말 한마디에 기쁘게 모든 조치를 잘 처리하고 간다. 그런데 "굳이 쉬어야겠느냐"라는 말 한마디에 악착같이 자기 이득만 빼먹고 인수인계도 엉망인 채로 두고 가는 것이다.

[질문] 공무원들 중에 아이들 교육 때문에 주말부부로 사는 가정이 많습니다.

[답변] 주말부부는 장점과 단점이 있다. 평일에는 남자와 여자로 있다가 주말에 만나서 남편과 아내가 된다. 좋은 점은 연애하는 느낌이 들 것이고, 안 좋은 점은 언제든 다른 사람과 연애가 가능하다는 점이다. 그리고 아이들은 가족관계에서 상호 습관적인 것들을 배워나가야 하는데 부말부부의 가정에서는 주말에만 이런 것들이 가능하다.

또 한 가지의 문제는 자녀교육에 들어가게 되면 둘 중 한 사람이 자녀의 교육을 위해 희생된다는 점이다. 주로 대다수의 주말부부는 엄마가 아이를 양육한다. 이런 경우 엄마와 아이의 애착관계는 깊어지고 좋으나 가족과 남편과의 애착관계는 그렇게 녹록하지 않다. 또한 아내는 여자로서의 행복, 아내로서의 행복, 엄마로서의 행복을 가져가야 하는데 부부관계에서 아내의 의미가 자녀의 양육에만 초점이 맞춰져 있어서 엄마로서의 행복만을 크게 가져간다. 그러면 아내로서의 행복과 여자로서의 행복은 도대체 어디서 찾을 것인가? 지금은 엄마로서의 행복이 있기 때문에 큰 문제는 없는 듯이 보이지만 작은 문제가 하나라도 생기면 감당하기가 힘들다.

　주말부부로 살다가 이혼하는 사람들이 많은데, 슬프게도 자녀교육으로 인해 아내로서, 여자로서의 행복이 희생되었기 때문이다. 과연 자녀교육이 우선일지는 한 번쯤 생각해봐야 한다. 대부분들은 자녀교육이 우선이라고 하겠지만, 아내로서 여자로서의 행복을 보완해줘야 한다는 것을 남편이 알아야 한다.

　남자는 감정이 아닌 기분을 갖고 가기 때문에 의미를 추구하지 못하고 가치만 추구해간다. 자신의 일만 잘 되고 있으면 큰 문제가 생기지 않는다. 그리고 남자에게 집은 편안하게 쉴 수 있은 곳이다. 그런데 주말부부의 남편들은 대체로 가정이 있는 집에 가는 것을 피곤해하고 혼자 있는 집으로 돌아갈 때 편안함을 느낀다. 이는 가정이 무너지고 있다는 이야기이다. 남자에게 자신이 만들 수 없는 가정의 의미가 무너지고 있다는 것을 알아야 한다. 여자는 아이들에게만 초점이 맞춰져 아내로서, 여자로서의 행복이 무너지고 있기 때문이다. 이런 생활이 오래되면 오래될수록 아내는 아내로서 어색해지고, 여자로서도 어색해진다. 그래서 주말부부의 형태가 3년 이상 넘어가는 것은 위험할 수 있다. 3년이 넘어가면 의미의 방향이 바뀌어 서로 없는 것이 더 편안한 습관이 만들어질 수 있기 때문이다.

　주말부부에서 일반적인 부부로 전환을 하려면 서로 많은 노력을 해야 한다. 주말부부의 아내는 평일에는 아이들을 양육하면서 편안함을 누렸었다. 남편도 가치를 추구하면서 가족이 유지되고 있으니 아무런 생각 없이 편안하게 보내고 있었는데 작은 문제라도 발생한다면 일반 가정보다 문제를 해결하기 매우 힘들다. 주말부부가 오래되면 오래될수록 위기의 부부로 전환하기 시작하고 잘못하면 가정이 붕괴되기도 쉽다. 무엇이 옳고 그름인지 판단하는 것은 전적으로 부부가 선택해야 할 일이지 타인이 간섭할 문제는 아니다. 다만 이러한 위험성이 있다는 것을 알아야 주말부부라고 할지라도 부부간에 아내로서 여자로서 행복할 수 있도록 남편이 신경을 써줄 수 있고, 아내 또한 함께 갈 수 있는 무엇인가를 만들어갈 수 있다. 그러나 대부분의 주말부부로 사는 사람들은 이러한 것은 전혀 모른 채 아이들에게 모든 초점이 맞춰져 있기 때문에 생각조차 하지 못한다. 이러한 부분을 반드시 생각할 필요가 있다.

[질문] 여자도 힐링체계를 가져야 한다고 했는데, 힐링체계는 마음의 이치를 아는 것만으로도 충분한 것인지, 아니면 그 외에 구체적인 것이 있나요?

[답변] 여자와 남자의 힐링이 다른데, 여자는 우선적으로 상처를 치료해야 한다. 상처치료의 원리는 먼저 이해(理解)하는 것이다. 인간의 마음인 남자의 마음과 여자의 마음이 상호 작용하는 정확한 원리와 이치를 아는 것이다. 상처를 치료하기 위해서는 이해를 바탕으로 하고 난 후 관심이 필요하다. 이때 관심은 상대방에게서 받는 것만이 관심이 아니다. 내가 나 스스로에게 주는 것도 관심이다. 가령 나를 위해서 운동을 하던지, 무엇인가를 배우는 등 나에게 선물을 주는 것이다. 물론 주변에 사랑하는 가족이 있다면 가족이 주는 관심이 가장 효과적이다. 다만 가족이 아닌 타인에게 관심을 받으면 이는 상처치료가 아닌 상처해리로 가는 길이라는 것을 알아야 한다. 그래서 가장 1순위는 아는 것, 즉 이해이다. 이해가 바탕이 되지 않은 상태에서 관심이 들어가면 중독으로 빠지는 위험이 있다. 그래서 아프고 힘들더라도 이해가 선행(先行)이 되고 관심으로 갈 수 있도록 해야 한다.

[질문] 본업이 있고 일에 더 몰입하고 싶어서 부업과 같은 파트타임을 병행하면 이것은 자아실현이 아니라 자아실현을 무너뜨린다는 글을 본 적이 있습니다.

[답변] 여자는 감정이 하나로 통합되어 있기 때문에 부업에서 문제가 발생되면 본업에도 문제를 일으킨다. 본업이 탄탄하지 않은 상태에서의 부업은 치명적인 영향을 미칠 수밖에 없다. 이는 자아실현인 가치추구가 아니기 때문이다. 본업이 신이 나야 하고, 부업은 본업을 도와주는 역할을 해야 한다. 그래서 여자는 가능하다면 부업하기 전에 본업을 탄탄하게 해놓고 상처를 받지 않으면서 할 수 있는 것을 만들어가는 것이 중요하다. 의미가 탄탄한 상태에서 가치를 만들어갈 때 부업은 좋은 역할을 한다. 남자는 가치만 추구해나가지만 여자는 의미가 만들어지고 난 다음에 가치를 만들어가면 더 풍요로워진다는 점을 참고하자.

[질문] 불교, 기독교, 천주교와 같이 기성 종교를 믿는 것은 별문제가 없는 것 같은데, 신흥 종교나 사이비를 믿는 공무원이 있다면 업무에 어떤 영향을 미치나요?

[답변] 종교는 믿음에 대한 신념을 전제조건으로 가는 것인데 이 믿음이 누군가의 사리사욕과 특정한 목적을 위해서 만들어지면 사이비 종교이다. 예를 들어 기독교라고 할지라도 하나님을 믿는 것이 아닌 목사님을 믿는 단체라면 사이비 종교이다. 이단(異端)이라고 말하는데 만약 공무원이 사이비 종교에 빠져 있다면 이 공무원의 인간관계는 사이비 종교와 연결되

어 있어야만 한다. 그러다 보니 일반 사람들과 함께 인간관계를 형성하기가 매우 어려워지고, 업무의 효율성이 현저하게 떨어진다. 조직에서 일을 할 때 일만 하는 것이 아니라 서로 여러 가지 상호 인간관계를 가져야 하기 때문이다.

만약 본인이 믿는 사이비 종교에 장례문화를 받아들이지 않는다면 이 사람은 무슨 일이 있어도 장례식장에 가지 않는다. 그 이유는 딱 하나이다. 종교적인 신념으로 교리에 어긋나기 때문이다. 종교적인 신념에 거스르는 모든 것들을 차단한다. 또한 그 사람으로 인해 사이비로 연결될 수 있는 인간관계가 매우 많아진다. 내가 이 사람과 친해지려면 나도 사이비 종교에 들어가야 한다. 학교현장에 있는 선생님도 교육공무원인데 선생님이 사이비 종교를 믿는다면 제자에게 사이비 종교의 신념을 가르치려 할지도 모른다. 사이비와 연결되지 않는 인간관계는 모두 파괴시키려고 한다. 특히 이단인 사이비 종교를 믿는 사람이 누군가를 가르치거나 권력을 가지고 있다면 매우 심각한 일이 될 수 있다.

[질문] 요즘 결혼과 출산을 기피하는데, 공무원이 정년퇴직을 할 때까지 혼자 산다면 어떤 영향을 미치나요?

[답변] 공무원으로서 죽는 날까지 독신으로 산다면 그 사람은 그저 가치만을 추구했을 뿐이다. 남자라면 가치가 우선순위이기 때문에 가치를 추구했을 뿐이고, 여자라면 의미추구는 하지 않고 가치만 추구한 것이 된다. 독신으로 산다고 해서 잘잘못은 없다. 그러나 가치만 추구하다 보면 중독증에 들어갈 가능성이 매우 높다. 남자든 여자든 의미를 추구하지 않는 사

람들은 대체적으로 중독증에 빠져 있기 때문이다. 일중독이든, 취미중독이든 어떤 중독이든 중독에 빠진 사람들이 혼자 살려고 하는 경향이 많다.

현재 우리나라가 저출산 국가인 이유가 과연 무엇일까? 생각보다 많은 사람들이 중독에 빠져 있을 수도 있다는 이야기가 된다. 수많은 강연, 영상, 책 등이 이를 권장하고 있을 수도 있다. 기분전환에 관련되는 정보만 많이 들어오다 보니 감정에 관련된 의미를 굳이 찾으려 하지 않고 의미를 잃어버릴 수 있기 때문이다. 이러한 기분전환의 문화가 활성화되면 될수록 중독이 늘어날 수밖에 없다. 그러니 결혼할 이유도 사라지고, 출산을 해야 할 이유도 사라진다. 가치추구에 몰입하고 자신만 재미있으면 되고 타인은 타인의 인생일 뿐이고 자신과는 전혀 관계가 없는 것이다. 저출산 국가에서 아무리 돈으로 출산을 장려하려고 해도 해결되지 않는 이유이다. 근본적인 해결방법은 의미를 찾게 해주는 것밖에 없다. 의미라는 것은 사람과 사람이 만나 함께 행복을 만들어가는 과정에서 만들어지는 것이다. 국민들이 의미를 찾게 되면 출산은 저절로 장려되게 된다. 의미를 알고 나면 아이와 함께 가는 의미가 매우 크다는 것을 알 수 있게 되기 때문이다. 돈으로는 출산을 장려할 수 없다. 출산율을 높이는 데 성공한 나라들의 케이스를 보면, 제정적인 지원도 있었지만 그보다는 국민들에게 의미를 찾아주는 것에 많은 노력을 했다는 것을 알 수 있다. 의미가 회복되면 인간으로서 함께 행복하려고 하는 문화가 자연스럽게 만들어진다.

제12장

군인의 갈등

　남자들에게 있어서 가장 치명적으로 느끼는 갈등 중 하나가 군인의 갈등이다. 군대는 전쟁이 일어나지 않도록 예방하고 억제하는 힘을 갖도록 하며 국가의 생존을 책임진다. 나라가 무너지면 국민도 무너지기 때문에 군(軍)은 강건해야만 한다. 따라서 군이 강화되는 것에는 지나침이 없으며, 군은 강건하면 강건할수록 나라를 보호할 수 있는 힘이 생긴다.
　군인은 직업적인 측면을 가진 하사관과 장교의 간부가 있고, 국방의 의무를 수행하는 사병이 있다. 군인이 존재하는 이유는 외부의 침입으로부터 국가를 지키기 위한 인적자원으로 인적자원에 대한 의무를 부과하는 것이 국방의 의무이다.
　그러나 폐쇄되어 있는 공간 안에서 의무를 가진 사병과 직업군인의 간부들이 함께 존재한다는 것이 문제이다. 간부들은 사병을 통제하는 역할을 가진다. 직업군인이 의무를 지닌 사병들을 효율적으로 관리하고 통제하여 전쟁을 예방할 수 있도록 하는 것이 군 조직의 문화이다. 그렇다면 군인에게 갈등이 왜 생기는지 알아보도록 하자.

의무적으로 입대한 사병들은 의무가 부과되다 보니 모든 권리가 박탈되고 일정기간 동안 상급자로부터 통제를 받는다. 군대에서는 권리라는 개념이 없다. 우리는 자아실현의 권리를 갖고 인간관계의 사회를 살아가면서 함께 행복을 추구하는 가운데 나의 행복을 추구하고, 행복의 권리를 행사해 나가는 데 있어서 문제가 생기거나 어려움이 따를 때에는 그 책임은 자기 자신이 지도록 되어 있다. 행복의 권리에 의한 의무를 지도록 만들어져 있는 것이 우리의 자아실현이다.

나의 권리는 사람으로서는 자기 행복추구이며, 인간으로서는 자아실현의 추구이다. 사람일 때는 나 혼자만 행복하면 되는 것으로 내가 먹고 싶을 때 먹고, 자고 싶을 때 자는 등 무엇인가를 하고 싶을 때 자유롭게 하는데, 이러한 권리들이 철저하게 통제되고 의무만 주어지는 곳이 군대이다. 일어나기 싫어도 아침 6시가 되면 무조건 일어나야 한다. 즉 사람으로서 자기행복이 박탈당하는 것이다.

또한 남자는 자아실현을 해나갈 때 가치를 추구한다. 미래를 위해서 공부를 한다든지, 일을 하는 등 자신의 가치추구를 위해서 무엇인가를 하는데 이러한 가치추구도 함께 멈춰지게 된다. 즉 사병은 사람으로서 자기행복을 추구할 수도 없고, 인간으로서 가치를 추구할 수도 없는 것이다. 그래서 남자에게는 군대에 가는 것 자체가 스트레스이다. 열정이 차단되고, 미래에 관련되는 것들도 모두 차단된 채 폐쇄된 공간 안에서 일정기간 복무를 해야 한다. 그러면 의무복무를 하고 있는 사병이 자기행복의 권리, 가치추구의 욕구가 머릿속에 들어가게 되면 어떻게 될까? 이때 자기 갈등이 발생한다. 이런 사병의 갈등을 간부는 알아주지 않고 통제하려고만 하니 사병 자신의 갈등은 점점 더 커진다. 엄격하게 통제하면 통제할수록 갈등은 더 커져서 감당되지 않는다.

　갈등이 생기는 이유는 각자의 생각기준의 차이, 심리작용의 오류, 자아실현을 하면서 발생되는 자기 스트레스 등이 있다. 이러한 갈등을 일반 사회에서는 피하는 것이 가능하지만 군대에서는 피하려고 해도 피할 수가 없다. 벗어날 수도 도망갈 수도 없다. 만약 군대에서 벗어나겠다고 탈영이라도 하면 군법회의로 넘어가게 되고 처벌을 받게 된다. 군법은 전쟁 중에 즉결처분도 가능할 만큼 강력한 힘을 갖고 있다. 탈영이든 항명이든 무단이탈이든 자신의 인생을 전부 거는 행위와 같다. 그럼에도 이러한 극단적인 사건과 사고가 많이 일어난다. 갈등을 해소할 수 있는 방법이 없기 때문이다.

　사병들에게 자기행복의 권리와 자아실현의 권리가 전면 차단되어 있다는 것을 간부들도 모르고, 사병들도 자신이 왜 갈등을 겪는지 원인을 모르고 있다. 여기에 작은 사건이나 사고라고 발생되면 생각보다 상황이 심각해진다. 문제는 상급자로부터 받은 강요는 그렇다 하더라도 자기 안의 갈등을 가지고 있는 다수의 사병들이 같은 공간에서 24시간 함께 존재하다 보니 하나의 문제가 생기면 자기 갈등의 모든 원인을 상대의 탓으로 돌리려 한다. 상대에게 화를 표현하면서 자신의 스트레스를 해소하려고 한다.

　군대는 계급사회로 사병들은 이등병부터 병장까지의 계급이 존재한다. 이 사이에서 갈등이 생기면 내가 지금 이렇게 고통스러운 이유가 특정한 어느 상대 때문이라는 생각이 들면서 그 상대가 사라지는 것만이 목표가 된다. 만일 상대가 병장이라면 한두 달만 버티면 그 병장이 제대하면 괜찮아질 것이라는 미래행복이 존재하기 때문에 버텨지지만, 내가 제대하는 그날까지 이 고통이 지속될 것이라는 생각이 들어가면 그때는 정말 견뎌낼 수가 없다고 느껴진다. 사병들끼리의 갈등으로 내부에서 일어나는 내부갈등이다. 이를 간부는 알 수 없다. 이러한 사병들끼리의 내부갈등은 갈등의 원인을 알아야 힐링된다. 결국 인간관계에서 생기는 갈등인데, 갈등이 생기는 근본원인을 정확히 알아야 한다.

갈등이 발생되는 근본원인의 첫 번째는 자기 생각기준의 차이이다. 인간은 자기 생각기준을 가지고 있다. 자신이 가지고 있는 기준에 무엇인가 불합리하다는 것을 느끼기 시작하면 엄청난 갈등을 느낀다. 두 번째는 심리작용의 오류이다. 나도 모르게 무의식으로 표현한 것을 받아들이는 사람은 의식으로 받아들이기 때문에 상대방이 의식을 갖고 일부러 그런 표현을 했을 것이라고 생각하면서 갈등이 발생한다. 세 번째는 스트레스에서 벗어나려는 말과 행동과 표정으로 표현했을 때 발생한다.

내부갈등은 이 세 가지가 매우 중요하다. 내무반이라는 공간 안에서 늘 함께 생활하고 있는데 조금이라고 맞지 않으면 갈등이 발생하는 것이다. 요즘은 사병들의 스트레스를 해소시켜주기 위해서 부대 안에 PC방을 만들어주기도 하고, 훈련하지 않을 때는 힐링할 수 있는 것들을 만들어주려고 많은 노력을 하고 있다. 그러나 문제는 그러한 것들로는 갈등이 힐링되지 않는다는 점이다.

군대에서도 인성교육 또는 정신교육을 많이 한다. 직업으로 복무하고 있는 간부들이 사병들에게, 또는 병장이 사병들에게 정신교육을 시키게 된다. 그런데 마음과 심리의 원리를 모른 채 아래 계급에 있는 사람들을 가르치려고만 하기 때문에 문제가 해결되지 않는 것이다. 마음과 심리를 정확히 알고 그들에게 알려주고 스스로들이 갈등을 해결할 수 있게 해줘야 한다.

자살, 탈영, 구타, 총기사고 등 사건사고가 발생하는 이유는 매우 단순하다. 우리는 보통 스트레스를 친구를 만나서 술을 마신다든가, 운동을 한다든가, 무엇인가의 표현을 통해서 해소하는데 군대는 폐쇄문화이기 때문에 무엇인가를 표현할 수 있는 것이 없다. 운동을 하더라도 누군가 함께 해야 하고, 종교 활동을 간다고 하더라도 일렬로 줄을 맞춰 가야 하는 곳이 군대이다. 즉 군대는 사람으로서 존재할 수 있는 공간이 아니다. 특히 엄격한 통제가 필요한 전방지역으로 갈수록 화장실에 갈 때조차 2인 이상이 함께 가야 한다. 사병에게 군대는 사람으로 있을 수 없고, 그렇다고 해서 인간으로서 자아실현을 할 수도 없는 곳이다.

24시간 함께하는 군대문화에서 갈등이 생기면 해소할 곳이 없기 때문에 문제가 발생한다. 축구를 하거나 운동을 할 때는 잠시 스트레스가 사라진 듯 느껴지지만 내무반에 다시 들어가는 순간부터 또 다른 나의 갈등이 시작된다. 스트레스의 해소는 아주 일시적이고 지금 당장 눈앞에 마주치고 있는 현실이 다가온다. 그렇게 하루하루 버텨가는 것이 군대문화이다.

그렇다면 자기 안의 갈등을 어떻게 힐링하고 해소할 수 있게 해줘야 할까? 폐쇄되어 있는 환경은 바꿀 수가 없다. 그렇다면 현재 내가 군대에 와 있는 가치를 찾을 수 있게 도와줘야 한다. 가치에는 경제적 가치, 관계적 가치, 사회적 가치가 있다. 이 안에서 내가 왜 여기 있는지 그 가치를 찾아야 한다. 가령 경제적 가치를 추구하는 사람이 있다면 나와 함께 생활하는 사람들의 특성 하나하나를 살펴보며 경제적 가치를 어떻게 추구할 것인지 연구, 분석을 해가면 그것만으로도 신명이 난다. 만약 관계적 가치를 추구한다면 군대의 특성상 전국 각지에서 모인 사람들과 관계를 유기적으로 잘 이끌면 내 가치의 자산이 된다.

예를 들어 군대에 와서 다들 힘들어하는데 '나라도 솔선수범해서 뭔가를 한번 해봐야겠다'라는 자기 나름대로의 가치를 만들어가는 것이 중요하다. 가치는 추구하는 것이지 이루는 것이 아니다. 사병들에게 가치추구에 관련된 내용을 알려주면 그 안에서 많은 것들을 만들어갈 수 있을 것이다. 그러면 각자 자신의 갈등에 관련된 부분을 해소할 수 있는 시스템이 만들어질 것이고, 그들이 군대에서 생활을 하는 동안 많은 것을 얻을 수 있을 것이다. 이렇게 자신의 갈등을 해소할 수 있는 시스템이 만들어질 수 있다면 사건사고는 많이 줄어들 것이다. 이는 군대 안의 자살을 예방하는 프로그램이 될 수도 있다.

어느 한 부대에 자살사고가 많아서 고민하고 있었는데, 개인적으로 힘들어하는 사병에게 갈등을 해석해주고, 스스로 가치를 찾을 수 있게 해주는 방법을 알려준 적이 있었다. 그랬더니 보호관찰의 대상인 관심사병, 즉 고문관이라고 했던 친구가 갑자기 군대생활을 적극적으로 잘하게 되었다고 한다. 여기서 분명한 것은 갈등을 해소하는 방법은 스스로 갈등이 왜 생기는지 정확히 아는 것이다. 그렇다고 스트레스가 완전히 해소되는 것은 아니다. 스트레스를 사라지게 하기 위해서는 자기행복과 자아실현에 대해 정확히 알고 건강하게 추구해야 한다. 그런데 폐쇄적인 환경에서 아무것도 할 수 없다고 생각하기 때문에 스트레스가 해소되지 않는 것이다. 군대생활을 하는 동안 그 안에서 가치를 실현해나갈 수 있고, 제대를 하고 사회에 돌아가서도 가치를 이어서 만들어갈 수 있다는 것을 알려줘야 한다. 사병들에게 경제적 가치, 관계적 가치, 사회적 가치를 어떻게 군대 안에서 찾아갈 수 있는지 조금만 알려줘도 군대생활을 하면서 사건사고 없이 잘 마칠 수 있게 된다.

입대를 앞둔 아들을 둔 부모님이라면 아들이 군대를 가서 무슨 일이 생길까봐 걱정하고 두려워하지 말고 이러한 내용을 아들에게 한 번만이라도 알려주면 아들에게 갈등을 이길 수 있는 큰 힘이 된다. 갈등의 원인을 알게 되면서 군대에서의 사건사고를 예방할 수 있게 된다. 또한 군대의 복무기간은 매우 중요한 가치를 만들 수 있는 기회라는 것을 알려줘야 한다. 가치는 이루는 것이 아니라 추구해나가면서 겪는 경험이 모두 자신의 가치 추구의 바탕이 되어 더 큰 가치를 추구해나갈 수 있다.

사병들의 인성교육이나 정신교육은 갈등에 관련된 정확한 이해만 있어도 좋다. 예를 들어 자동차 정비병으로 입대를 했다고 하자. 자동차의 정비지식을 가지고 있으면 사회에 나와서 무엇인가 할 수 있는 또 하나의 가치가 만들어진 것이다. 또한 탱크조종사로 입대를 하게 되면 어떻게 될까? 사회에서 탱크를 조정할 일도 없고 '내가 이거를 배워서 뭐를 하나' 하면서 군대생활을 버티기 힘들다. 그러나 탱크는 중장비를 조종하는 원리와도 비슷하여 탱크를 조종할 수 있으면 다른 조종방법도 쉽게 배울 수 있다. 나에게 그런 기본적인 자아를 새로 만드는 계기가 될 수 있는 것이다. 그래서 이를 알려주면 생각보다 군대에서 많은 것들을 배울 수 있다.

이는 수학을 배우는 원리와도 같다. 수학은 생각하는 방법을 가르쳐주는 것 중에 하나이다. 처음에는 사칙연산으로 시작하지만 그다음에는 한 가지의 숫자를 감춰놓고 감춰진 숫자를 찾게 만든다. 이를 통해 이항하는 법을 배우기도 하고 앞서 배운 것을 응용하기도 한다. 한 단계 더 넘어가면 공식을 구해야 하고, 답을 찾기 위해 이런저런 생각을 하는 등 논리적인 사고(思考)를 하는 능력이 향상된다. 이러한 과정이 없이 창의력은 나올 수 없다. 수학을 포기하면 안 되는 이유는 인간이 살아가는 데에 있어서 자기의 생각을 점점 확대시키고 사고력을 증가시키는 데 꼭 필요하기 때문이다. 또한 많은 것들을 종합해서 창의력을 만들고, 사회생활을 원활히 해나갈 수 있도록 만드는 근본이 된다. 수학을 포기하는 것은 생각, 사고의 확대, 창의력을 포기하는 것과 같다.

군대도 원리가 같다. 군대생활을 하면서 훈련을 받고, 총을 들고 뛰어다니고, 단체생활을 하는 하나하나의 행위들이 나중에 사회에 나가서 가치를 추구할 때 매우 중요한 밑거름이 된다는 것을 알아야 한다. 군대생활을 하는 동안 자신의 시간과 젊음을 버리고 나온다고 생각하는데 버리고 나오는 것이 아니라 사회생활이나 가치추구에 필요한 것들을 습관으로 만드는 기간이라고 할 수 있다. 이러한 내용들을 정확히 알려주면 즐거운 마음으로 군대에 갈 수 있는 환경을 만들 수 있다. 그러나 아무도 인간의 마음이 어떻게 작용되는지를 알려주지 않기 때문에 군대에서 엄청난 스트레스 속에서 그저 시간낭비를 하고 있다고 생각한다.

사병들은 기본적으로 이러한 갈등을 끌어안고 있다. 폐쇄된 공간에 갇혀 있으니 갈등을 힐링하지 못한 채 점점 갈등이 커져간다. 갈등이 힐링되지 않으니 사건사고가 생길 수밖에 없는 곳이 군대이다. 남자는 스트레스가 하루만 지속되어도 매우 힘들어하는데 수개월 이상 스트레스가 지속이 된다고 생각하니 미래희망이 없다고 생각하고 하루하루가 갈등의 연속이 된다.

계급이 올라가서 상병이나 병장과 같이 제대를 앞둔 사병들에게는 사건사고가 잘 발생하지 않는다. 그 와중에 상병들이 자기 분에 못 이겨서 스트레스를 표현하는 경우가 있는데, 이는 스트레스를 힐링하는 습관에 문제가 발생되었기 때문이다. 이등병 때부터 스트레스를 힐링하는 습관이 잘못 만들어지면 악습이 반복된다. 전국에 수많은 군인들이 방법을 몰라서 갈등으로 힘들어하고 있다. 간부들이 사병들에게 정확한 원리를 알아서 알려준 다면 수많은 군인들의 갈등을 해결하기란 어렵지 않을 것이다. 간부와 사병들이 원리를 정확하게 알면 지금 생기는 사건사고를 현저하게 줄일 수 있을 것이다. 알면 아무것도 아닌 것 같은 일이 엄청난 사건으로 촉발되는 것을 예방할 수 있다. 우리는 최소한의 안전장치를 만들어야 한다.

직업으로 군복무하고 있는 간부의 갈등은 의무로 군복무를 하는 사병과는 전혀 다르다. 직업군인은 「공무원의 갈등」에 준해서 참고하면 된다. 군인의 갈등에서 가장 핵심적인 요인은 의무를 갖고 가고 있는 사병들이다. 사병들은 이러한 갈등으로 위험한 사건사고에 직면해 있다고 생각하면 된다.

사병들은 엄청난 갈등 속에서 매우 위험한 사건사고에 직면해 있다. 폐쇄되어 있는 환경은 대한민국의 남자라면 누구나 한 번은 겪어야 하는 의무이기 때문에 순응한다고 하지만, 이 안에서 발생되는 갈등은 '왜 나만 이렇게 고통스러워해야 하는가?' 하고 생각할 수 있다. 그러나 군대에서 갈등을 해소하는 방법과 원리를 배우고, 직접 경험해보고, 인생의 가치를 추구하는 데에 있어 가장 소중한 시간을 보내는 중이라고 생각하면 군대에서 보내는 시간은 결코 헛되거나 버리는 것이 아니다. 이 경험은 교육, 지식, 도서, 영상 등에서는 절대 배울 수 없는 것들이다.

예를 들어 내가 언제 탱크를 운전을 해볼지, 언제 비행기를 정비할지, 총을 들고 산을 뛰어 올라가볼지 모른다. 이러한 경험들을 과연 어디서 얻을 수 있을까? 이런 하나하나의 경험들이 나에게 매우 중요한 역할을 한다. 나의 군대생활을 통해 얻어진 경험들이 아직 군대에 가지 않은 친구들에게 관계적 가치나 사회적 가치로 활용해서 쓸 수 있는 하나의 비망록이 만들어지면 이 또한 나의 가치추구의 하나가 된다.

사병들은 심각한 갈등에 노출되어 있다는 것을 알아야 한다. 군대에 입대하는 것을 생각하는 순간부터가 갈등이다. 간부들은 공무원의 갈등에 준해서 가면 되지만, 사병들은 폐쇄되고 통제받는 공간 속에서 갈등을 해소하지 못하게 됨으로써 열정이 차단되고 인생이 무너진 것처럼 느낀다. 남자는 스트레스가 들어오면 열정이 즉시 차단되기 때문이다. 그러나 군대생활을 하는 동안 나에게 가치의 바탕이 만들어진다는 것을 안다면 이를 극복할 힘이 만들어진다. 미래의 행복을 만들어가고 있기 때문이다. 그래서 무엇보다 갈등의 힐링이 필요한 곳이 군대이고 사병들이다. 이를 간부들이 알고 조절해주는 것이 매우 중요하다.

간부들은 공무원의 힐링에 준하면 되지만, 사병들은 그것과는 다르다. 폐쇄된 문화가 매우 중요하게 작용하기 때문이다. 사병들에게 알려줘야 할 내용과 비슷한 곳이 또 있다. 바로 소년원이나 교도소이다. 죄를 지은 것과 죄를 짓지 않은 것의 차이는 있지만 의무적으로 폐쇄된 환경은 같다고 볼 수 있다. 인간이 갖게 되는 마음에서의 자기의 행복추구와 자아실현에 관련되는 부분이 폐쇄된 채 심리가 작용하는 원리는 같다. 그러면 의무적으로 입대하는 사병과 의무적이진 않지만 죄를 짓고 소년원 또는 교도소에 간 사람과의 차별만 두고 풀어나가면 된다.

오늘 하루만 잘 보내면 되는 것이 아니라 자신의 마음 안에서 어떻게 문제가 발생하고 이것을 어떻게 힐링해야 하는지 알려주는 것이 매우 중요하다. 정확히 알게 된 후 접하게 되는 도서와 인간관계의 경험은 모두 나만을 위한 가치추구의 자산이 될 수 있다. 이때 가장 중요한 것은 알려주는 것이지 가르치려고 해서는 안 된다. 관련된 내용을 그냥 알려주면 스스로 힐링되지만 가르치려고 하면 스트레스가 발생되어 또 다른 문제가 발생한다. 원리를 있는 그대로 정확하게 알려만 주면 스스로들이 찾아나가고, 그래야만 온전히 자기 것이 된다. 그래서 우리는 스스로들이 찾아갈 수 있도록 알려주기만 하면 된다. 그러면 의무적인 사병이더라도 즐겁고 신명나게 군대생활을 할 수 있다.

질문과 답변

[질문] 사병으로 있다가 간부로 넘어간 사람이 있습니다. 사병의 생활을 해봐서 그들의 마음을 더 잘 안다고 하지만 사실 사병들은 더 스트레스를 받는다고 합니다.

[답변] 사병에서 간부로 넘어간 경우 대부분들은 하사관이다. 사병에서 간부로 간 경우는 사회에서 가치실현을 하는 것이 아니라 군에서 가치를 실현하고자 의무에서 직업으로 바뀌었을 뿐이다. 이들의 공통점은 사병생활을 통해 갈등을 겪어봤지만 힐링해본 경험은 없다는 점이다. 갈등을 힐링하려면 첫 번째는 생각기준의 차이와 마음의 원리를 정확하게 아는 것이고, 두 번째는 자아실현에 관련된 생각의 전환이다. 사병에서 간부로 간 사람은 가치를 실현하고자 진로와 직업을 바꾼 것뿐이지 사회에 나가서 어떻게 가치와 연결해야 할지 모른다.

간부는 본인이 갈등을 많이 겪어와서 갈등이 뭔지는 아는데 힐링법을 모른다. 내부갈등이 왜 생기는지 잘 알지만 힐링법을 모르다 보니 통제하고 억압시키려고만 한다. 사병의 마음을 잘 안다한들 그들과 잘 어울릴 수 있을까? 오히려 사병들은 '잘 아는 사람이 어떻게 그럴 수 있는가'라는 생각에 더 스트레스를 받는다. 사병이나 사병에서 간부로 간 사람이나 둘 다 힐링법을 모르기는 마찬가지이다. 오히려 갈등에 대해서는 잘 알기 때문에 문제가 생긴다. 갈등만 알지 힐링에 대해서는 해결하는 방법을 모르기 때문이다. 갈등이 발생할 것을 알고 통제하고 강압적으로 억압시켰더니 잠잠해졌다고 하면 그 방법으로 모든 것을 해결하려고 들기 때문이다. 그래서 해본 사람이 더 무섭다는 말이 나오는 것이다.

[질문] 군에서 사병생활을 해본 간부가 더 무섭다는 이야기는 고부갈등에서도 나오는 말인 것 같습니다.

[답변] 고부갈등에서도 똑같은 갈등을 겪는다. 그런데 힐링하는 방법을 모르다 보니 며느리는 억압해두었다가 본인이 시어머니의 입장이 됐을 때 같은 갈등을 겪게 된다. 자신과 같은 갈등을 며느리가 겪을 것을 알고 그 갈등을 없애기 위해서 더 심하게 며느리를 대하게 된다. 그래서 고부갈등에서 매우 힘들고 어려웠던 사람일수록 시어머니가 되었을 때 두 가지 양산으로 나타난다. 첫 번째는 며느리에게 엄청나게 큰 갈등을 유발시키거나, 두 번째로 본인이 모든 것을 억압해버린다. 즉 며느리에 대하여 시시콜콜 신경을 써서 괴롭히거나, 아예 관심조차 두지 않게 된다. 그래서 여기서는 극과 극이 존재한다. 해결법을 몰랐기 때문이다. 갈등의 해결법을 알았다면 그때부터 '내가 몰랐구나, 이렇게 했어야 했구나' 하면서 미주알고주알 이야기한다면 갈등이 점점 해결되어갈 것이다.

[질문] 현역으로 복무를 하는 것과 사회복무요원의 차이점은 뭔가요?

[답변] 현역 외에도 공익근무요원이나 산업근로요원이 있다. 이 사람들의 공통점은 갇혀 있지 않다는 점이다. 군대를 출퇴근 하면서 군인의 갈등에서 가장 중요한 자기행복을 얼마든지 추구할 수 있다. 또한 자아실현도 추구할 수 있기 때문에 현역과는 엄청난 차이가 난다.

[질문] 학교현장에 있는 공익근무요원들이 문제를 일으키는 경우가 많습니다.

[답변] 자기가 행복하지 않거나 자아실현이 제대로 되고 있지 않으면 공익근무 때문에 안 되고 있다고 생각해서 문제가 발생하는 것이다. 현역들에 비하면 엄청난 해택을 받고 있는 것인데도 현역을 겪어보지 않았기 때문에 그런 것이다.

[질문] 공익근무요원은 현역의 경험이 없으니 자신이 가장 힘들다고 생각하는 것인가요?

[답변] 현역으로 제대한 사람들은 자기행복이 모두 차단되고, 자아실현이 모두 차단된 상태를 한번 겪어본 사람들이다. 일정기간을 겪어봤기 때문에 어지간해서는 쓰러지지 않고 사건사고를 일으키지 않는다. 군대에서 버티는 법을 배워왔다. 그러나 공익근무요원들은 이런 경험이 없다. 지금 당장 자신에게 문제가 생기면 현역을 복무하고 온 사람들은 버티는 힘이 있지만, 공익근무요원은 이런 경험이 없어서 버티는 힘이 적다. 사람이 최악의 상황으로 가면 둘 중에 하나로 간다. 하나는 자기를 완전히 무너뜨리

던가, 아니면 어떻게 해서든 극복하려는 본능이 되살아나기 시작한다. 생존본능이라고도 하는데 이는 현역에서 만들어진다. 그러나 공익에서는 그 본능이 만들어지지 않는다는 차이점이 있다. 현역이 결코 나쁜 것이 아니다. 인생을 살아가는 데에 있어서 결정적으로 힘들고 어려울 때 극복할 수 있는 힘을 만들어주는 곳이 군대라고 생각한다.

[질문] 의무복무로 가는 것과 자신이 자진해서 가는 것이 어떻게 다른가요?

[답변] 의무적으로 가는 것과 자원입대를 해서 가는 것은 다르다. 자원입대자들은 자신이 스스로 선택해서 입대를 한 것이기 때문에 사건사고가 잘 생기지 않는다. 자기가 스스로 원해서 가는 것은 자아실현 그 자체이다. 군대에서 꼭 무엇을 배우지 않아도 나의 미래를 위한 중요한 곳이 된다. 자신의 자아실현을 위해서 가는 곳이기 때문에 어지간한 것은 버티고 견딘다. 주로 해병대 같은 곳에 자원입대를 많이 하는데, 해병대의 훈련강도가 훨씬 강하다는 것을 알면서도 자원입대를 한다. 또한 그에 따른 자부심을 갖고 살아간다. 그 사람들은 사명의식보다는 자신이 자원입대를 해서 다른 사람들이 경험하지 못했던 것을 경험해보았다는 자부심이 매우 강하다. 그러나 자원입대가 아닌 어쩔 수 없이 군대에 입대하는 것은 자아실현이 차단된 상태로 들어간 것이다. 즉 자아실현을 하는 것과 자아실현이 차단되는 것은 많은 차이가 있다.

[질문] 의무로 가는 것과 자원해서 간부로 가는 것도 틀린가요?

[답변] 아니다. 간부는 의무가 아니라 직업을 선택한 것이다. 그렇기 때문에 그 자체가 자아실현이다. 육군사관학교나 ROTC 등 학교에 들어가서 임명을 받아서 직업군인이 되었든 모두 자원입대이지 의무가 아니다. 의무로 입대하는 것은 피하려고 수단과 방법을 가리지 않지만 선택의 여지가 없다. 어찌되었든 간부로 군대를 가는 것은 자신의 선택이다.

[질문] 군대에서의 경험이 소중한 경험이라고 자부심을 갖고 자기 기준만으로 상대를 무시하는 사람들이 있습니다.

[답변] 남자들끼리 만나서 우연히 군대이야기가 나왔다. 그러면 주로 누가 얼마나 더 고생을 많이 했는지에 대한 이야기를 한다. 그 이유는 그것을 극복했던 자신의 자랑이기 때문이다. 그때 견뎌냈던 힘이 자신에게 위기가 닥쳤을 때 극복하는 힘이기도 하다. 간혹 가정 혹은 여성들에게 이런 기준을 강요하면서 집을 군대처럼 다루는 남자들도 있다. 그것은 남자와 여자에 관련되어 있는 평등사상에 위배되고 있는 것으로 남성 우월사상으로 잘못 바뀐 것이다.

[질문] 남자에게 군대는 적응력을 키우는 힘이라고 하지만 여자는 다르지 않나요?

[답변] 우리나라 사병에는 여군이 없다. 여군은 간부로서 직업으로 가는데 자신의 선택에 의해서 자원한 것이다. 만약 여자가 의무로 군대를 가야 한다면 어떻게 될까? 여자는 감정을 기억하기 때문에 상처가 쌓이고 쌓여

우울증 또는 중독증으로 빠질 가능성이 매우 높다. 남자는 스트레스를 제거시키는 능력을 가지고 있기 때문에 자고 일어나면 지난날의 스트레스를 잊어버린다. 물론 오래 지속되는 경우도 있지만 기분전환으로 축구 또는 간식 등으로 날려버릴 수 있는 스트레스이다. 그러나 여자들은 스트레스를 쌓아서 상처로 기억하기 때문에 군대를 복무하는 기간 동안 상처는 점점 더 커져 상처해리가 되어버린다.

[질문] 기숙학교에서 남자기숙사와 여자기숙사 생활이 많이 다를 것 같습니다.

[답변] 많이 다르다. 기숙학교에서는 폐쇄된 공간 속에서 생활을 하게 된다. 기숙사 또한 통제된 생활 속으로 들어가기 때문에 의무복무나 다름이 없다. 그러나 자신이 스스로 선택해서 들어갔느냐, 부모님에 의해서 어쩔 수 없이 들어갔느냐에 따라서 전혀 다르다. 자진해서 기숙학교에 들어갔을 때는 자신의 자아실현의 목표가 있다. 그래서 이들은 통제된 생활을 하더라도 나름대로 의미와 가치가 있는 일이라 여기며 자기 스스로들이 길을 찾아간다. 반면 부모님에 의하여 억지로 끌려간 학생들은 견디기가 매우 힘들다. 통제된 환경에서 스트레스를 해소할 시간이 없다 보니 점점 쌓여서 사회에 나왔을 때 폭발할 가능성이 높다.

[질문] 입대하기 전에 사귄 여자 친구를 제대하고도 만나는 남자가 있고, 제대하고 바로 헤어지는 남자가 있는데 차이점은 무엇인가요?

[답변] 제대 후 연인관계를 지속하는 경우는 남자도 여자도 서로에게 자기가 행복하거나, 서로에 대한 미래의 확신을 갖고 있기 때문이다. 반면 여자가 이별을 원하는 경우는 상처의 작용이 아니라 지금 당장의 희망이 없거나, 관심을 받지 못할 경우이다. 반면 제대 후 남자가 이별을 통보하는 경우는 제대하고 보니 자신의 미래가치가 바뀌었기 때문이다. 자신의 가치를 추구하는 데에 있어서 이 여자가 함께 갈 수 없다는 판단이 들면 이별을 선택하게 된다.

[질문] 직업군인은 근무지역 따라 거주지를 자주 옮깁니다. 그로 인해 겪는 어려움이 있을 것이고, 군인아파트에 살면 남편의 서열에 따라서 아내와 자녀들의 보이지 않은 갈등이 많다고 들었습니다.

[답변] 계급과 진급이 연결될 때 근무지가 바뀔 수도 있고 원래대로 있을 수도 있다. 근무지가 바뀔 때 나의 자아실현에 가족이 함께 따라오는 경우가 있고, 주말부부로 지내는 경우가 있다. 직업군인의 경우도 주말부부일 경우는 「공무원의 힐링」을 참고하면 된다. 직급이 올라갈수록 근무지역을 옮기는 이유는 매너리즘에 빠지지 않게 하기 위함이다. 한 가지를 잘하다 보면 내가 하지 않아도 업무는 잘 돌아가게 된다. 그러다 보면 인간의 마음은 또 다른 가치를 추구하려고 하는데 이를 막기 위해서 일정 기간 지나면 다른 곳으로 근무지가 바뀐다. 똑같은 일이라 할지라도 환경과 사람들이 바뀌었기 때문에 새로운 곳에서 새롭게 만들어나가야 한다. 이것을 끊임없이 반복시켜놓은 것이 장교의 생활이다.

[질문] 직업군인의 아버지를 따라 아이들도 같이 옮겨 다니는데 새로운 관계에 잘 적응하지 못하는 아이들이 있습니다.

[답변] 아이가 관계적응기에 있을 때와 자아형성기에 있을 때가 다르다. 관계적응기에 있을 때는 가장 기본적으로 부모와의 관계는 큰 문제가 되지 않는다. 그러나 부모와의 관계가 적응이 안 된 상태에서 자꾸 옮겨 다니게 되면 다른 아이들과의 관계에서 적응을 잘 하지 못하고 문제가 생긴다. 대체로 부모와의 관계가 원활할 때는 관계적응기에 문제가 생기지 않는다.

아이가 자아형성기에 있을 때는 많이 옮겨 다닐수록 자아형성이 잘 된다. 왜냐하면 자아형성은 경험과 시행착오에 의해서 형성되는데, 새로운 환경들이 조금 힘들더라도 다양하고 많은 것을 경험하게 된다. 살아가면서 이 환경에서도 적응해보고, 저 환경에서도 적응해보면서 자아를 형성해가는 것이다.

[질문] 어떻게 보면 '새 학기 증후군'과 같은 이치인가요?

[답변] 그렇다. 새로운 환경에서 좋은 경험을 만들어가는 것이다. 일반 공무원은 자기가 원하는 대로 옮겨 다닐 수도 있고 나름 조정할 수 있지만 군대는 조정이 잘 되지 않는다. 계급이 하나 올라가서 진급을 하면 거의 대부분은 근무지를 이동해야 한다. 한 부대에 오래 있을 수가 없다. 그렇지만 역으로 생각해보면 자아형성기의 아이들에게 긍정적인 시행착오의 기회가 많아지는 것이라고 볼 수도 있다.

[질문] 군부대 안의 부인들 간의 암투는 어떻게 해석해야 하나요?

[답변] 부인들끼리도 남편의 계급에 따라서 위계질서를 갖는다. 생각보다 아내들에게 상처가 많고 직급에 관련된 욕심이 매우 많다. 그런데 만약 남편이 제대하고 일반사회에 나오게 되면 아내들이 적응하기 힘들어한다. 김장할 때가 되면 예전에는 아래 계급에 있는 아내들이 와서 함께 김장을 다 해줬는데, 이제는 자기 손으로 해야 하니 적응되지 않는 것이다. 그래서 계급사회가 좋을 때도 있지만 좋지 않을 때도 매우 많다. 제대를 한 후 수직문화에서 수평문화로 적응하는 것이 쉽지 않기 때문이다.

[질문] 직업군인이 제대할 때 자신이 원해서 하는 경우와 타의에 의해서 어쩔 수 없이 제대하는 경우는 어떻게 다른가요?

[답변] 예를 들어 간부에서 제대를 할 때 원해서 나가는 경우는 또 다른 가치를 추구하기 위해서 나가는 것이다. 그러나 강제로 제대를 해야 하는 경우는 가치추구가 갑자기 차단이 되어 버린 것과 같기 때문에 매우 힘들 수 있다. 기간을 주고 제대를 통보하더라도 힘든 것은 마찬가지이다. 남자에게 가치가 차단된다는 것은 매우 치명적인 것이다. 그만큼 남자가 현재 가치추구를 하고 있던 것을 멈추고 자신의 인생 전체가 달린 가치추구의 대상을 갑자기 새롭게 찾기란 매우 어렵기 때문이다. 만약에 제대의 기간이 정해져 있고 새로운 가치를 찾더라도 현재의 가치를 하나도 추구하지 못하기 때문에 딜레마에 빠지게 된다. 그래서 남자들은 제대하는 날이 비록 정해져 있더라도 제대가 다가와야지만 그제서 무엇인가를 찾으려고 한

다. 현재의 가치추구가 당장 차단된 것이 아니라 아직 가치추구 속에 있기 때문에 새로운 가치가 눈에 보이지 않는다.

제대 전에 군대에서의 가치추구도 제대로 되지 않고, 새로운 가치도 찾지 못하는 애매한 시간을 보내게 된다. 그러다 보니 주식투자나 부동산 등 앉아서 할 수 있는 것을 찾게 되는데 심리가 안정이 안 된 상태에서의 가치추구는 무너지기 마련이다. 그러다 제대를 하게 되면 일반적인 사회경험을 해보지 못했기 때문에 안전장치가 없는 상태에서 사회에서의 실전적으로 시행착오를 겪게 된다. 제대를 하기 전에 사회에서 안전하게 시행착오를 겪을 수 있는 교육이 필요한데 그렇지 못한 것이 현실이다. 가장 중요한 사회에 적응할 시간을 주지 않는다는 것이 가장 안타까운 일이다.

[질문] 남자들은 가끔 군대에 다시 가는 꿈을 꾼다고 합니다.

[답변] 기억의 파편이 남아 있기 때문이다. 어떤 때는 전쟁하는 꿈을 꾸기도 한다. 내 기억 속에 있던 파편들을 잠자는 동안 무의식이 끌고 올라와서 꿈으로 나타나게 만들어주는 것이라고 생각하면 된다.

[질문] 요즘은 입대시기를 자기가 결정해서 가는 경우가 많습니다. 군대를 빨리 갔다 오는 것이 나은 것인가요?

[답변] 자신의 인생계획에 따라서 가면 된다. 그런데 가능하면 빨리 갔다 오는 것이 좋다고 생각한다. 자기의 기준, 자아가 더 많이 형성되기 전에 갔다 오는 편이 덜 힘들기 때문이다. 그리고 제대 후 학교생활에서 더 큰

가치를 얻는 방법을 얻어올 수도 있다.

[질문] 요즘 친구와 동반입대도 가능한데 좋은 선택인가요?

[답변] 괜찮다고 생각한다. 나 혼자서 고생하는 것보다는 함께 고생하는 친구가 있을 때 더 위로가 될 수 있기 때문이다. 그런데 군대에 가서 친구와 사이가 나빠지면 다른 이야기가 된다. 어떤 것이 더 좋은지 나쁜지 논할 문제는 아니라고 생각한다. 그러나 입대할 때는 친구와 함께 간다면 심리적으로 많이 안정을 가질 수 있다.

맺음말

저자는 한국심리교육원(www.kip.ac)의 대표이고, 다양한 심리장애를 연구하고 치료법을 개발하고 있다. 저자가 심리장애를 치료하기 위한 상담과 교육을 근거로 심리테라피[1], 외도테라피[2], 제스테라피[3], PTSD테라피[4] 등을 개발하였다. 저자는 심리학, 상담학, 정신의학 비전공자이지만, 오랜 기간 동안 심리장애를 치료하기 위한 심리상담과 치료교육을 통하여 마음이론(mimind), 성마음이론(xesmind)을 개발하고 검증했다.

또한, 마음의 문제로 인하여 일상생활에 어려움과 고통을 겪는 분들이 다시 행복한 마음으로 살아갈 수 있도록 도움을 드리고 있다. 특히 저자는 중증우울증, 외상트라우마, 히스테리, 성격장애, 망상장애, 중독증과 같이 심각한 중증심리장애를 전문으로 치료하고 있다.

가벼운 심리문제나 심리장애는 다른 상담실에서도 해결할 수 있겠지만, 중증심리장애는 인간의 마음을 정확히 알지 못하면 치료되지 않기 때문에 큰 어려움을 겪는다. 또한 이러한 중증심리장애를 치료하는 전문가가 그리 많지 않기 때문에 심리치료를 하고자 해도 쉽지 않은 것이 현실이다. 그래

---

[1] 심리테라피: 인식장애, 감정장애, 표현장애 등 3개의 심리장애 중 1개의 심리장애가 발생하였을 때의 치료법으로서 비대면 온라인치료기법이다.
[2] 외도테라피: 배우자의 외도로 발생하는 외상트라우마의 치료법이면서 외도를 한·배우자의 관계중독을 치료하는 비대면 온라인치료기법이다.
[3] 제스테라피: 남성의 성기능장애를 치료하는 비대면 온라인치료기법이다.
[4] PTSD테라피: 외상 후 스트레스장애 및 3개의 심리장애가 모두 발생을 했을 때 이를 치료하는 비대면 온라인치료기법이다.

서 중증심리장애를 앓고 있는 많은 분들이 종교와 무속에 의지하여 겨우 살아가거나, 약물에 의존하여 살아가는 경우가 많다. 이들은 심리치료가 불가능하다고 지레짐작으로 포기한 채 고통 속에서 살아가는 경우가 많다.

이 책은 지난 5년 동안 심리포럼을 진행하면서 논제로 발표했던 갈등의 내용을 정리하여 갈등의 이해와 원인 그리고 갈등의 힐링을 중심으로 집필하였다. 기업 임직원의 갈등, 고부간의 갈등, 부부의 갈등, 부모와 자녀의 갈등, 청소년의 갈등, 교사의 갈등, 감정노동자의 갈등, 공무원의 갈등, 군인의 갈등 등 다양한 인간관계의 갈등에 대하여 집필하였다.

다양한 인간관계에서의 갈등은 생각기준의 차이, 심리작용의 오류, 남자와 여자의 심리차이, 자아실현의 추구 등에서 발생한다. 첫 번째는 나와 상대의 생각기준은 분명히 다른 것인데 틀리다고 생각하면서 갈등이 발생한다. 두 번째는 의식으로 인식하고 무의식으로 표현할 때 심리작용의 오류로 인하여 갈등이 발생한다. 세 번째는 남자는 스트레스가 생기면 무의식이 제거하려고 하고, 여자는 상처가 생기면 무의식이 치료하려고 하는 심리차이에 의하여 갈등이 발생한다. 네 번째는 남자는 미래의 가치추구를 하고, 여자는 현재의 의미추구를 하는 자아실현의 추구로 갈등이 발생한다. 이처럼 다양한 인간관계에서의 갈등은 남자와 여자가 문제의 인지와 해석의 방법, 스트레스와 상처의 작용, 갈등과 대립이 서로 다르면서도 복합적으로 작용한다는 사실도 밝혔다.

현재 살아가고 있는 사회에서는 다양한 인간관계가 형성되고 있고, 이러한 인간관계에서 감정대립과 갈등은 매우 다양해지고 있다. 이 책을 통하여 다양한 인간관계의 갈등이 어떻게 작용하는지 분석해보고 갈등을 힐링할 수 있는 방법을 찾을 수 있고, 필요한 경우에는 다른 방법도 많이 연구할 수 있을 것이다.

    이 책이 출간되기까지 많은 도움을 준 이경옥 님, 송윤수 님, 황유미 님, 김경미 님, 이진희 님 그리고 전문가과정에 있는 여러분들에게 진심으로 감사드린다. 무엇보다 심리포럼에 관심을 갖고 참여하여 토론을 함께 해주신 분들과 저자에게 심리치료를 하신 분들에게도 감사드린다. 이분들의 심리치료에 대한 임상이 있었기에 치료기법을 개발할 수 있었다. 또한 저자가 인간의 마음과 심리가 작용하는 원리를 연구하고 집중할 수 있도록 하고, 실패를 딛고 열정적으로 살 수 있도록 습관을 만들어준 많은 지인들과 친구들에게 감사드린다. 마지막으로 저자가 지금까지 어떠한 일을 하더라도 믿고 응원해준 가족들에게도 감사한 마음을 전하고 싶다.

2020년 9월

한국심리교육원 대표 김범영